谨以此丛书献给万德珍女士：
感谢她为此生存理性存在之间
　　　付出一生，
　　　陪伴一生，
　　　唱和一生！

四川师范大学重大成果孵化资助项目

第9卷

唐代兴　著

平等保障自由

生存论研究丛书

中国社会科学出版社

图书在版编目(CIP)数据

平等保障自由 / 唐代兴著. -- 北京：中国社会科学出版社，2025.4. -- (生存论研究丛书). -- ISBN 978-7-5227-4870-2

Ⅰ. D081

中国国家版本馆 CIP 数据核字第 2025EB7352 号

出 版 人	赵剑英
责任编辑	刘亚楠
责任校对	张爱华
责任印制	张雪娇

出　　版	中国社会科学出版社
社　　址	北京鼓楼西大街甲 158 号
邮　　编	100720
网　　址	http://www.csspw.cn
发 行 部	010-84083685
门 市 部	010-84029450
经　　销	新华书店及其他书店

印刷装订	北京市十月印刷有限公司
版　　次	2025 年 4 月第 1 版
印　　次	2025 年 4 月第 1 次印刷
开　　本	710×1000　1/16
印　　张	18
插　　页	2
字　　数	278 千字
定　　价	118.00 元

凡购买中国社会科学出版社图书，如有质量问题请与本社营销中心联系调换
电话：010-84083683
版权所有　侵权必究

总　　序

世界自在，而人立其中。其存在，须臾不离阳光、空气、气候、水、土地；其生存，总要努力于技术、科学、经济、政治、教育、艺术、宗教的武装，既丰富内涵，更挑战极限：

技术，创造生存工具，持续地挑战安全的极限；

科学，开拓存在疆界，持续地挑战经验的极限；

经济，增长物质财富，持续地挑战富裕的极限；

政治，平衡公私利欲，持续地挑战权利的极限；

教育，开发生命潜能，持续地挑战智力的极限；

艺术，追求生活善美，持续地挑战自由的极限；

宗教，赋予存在信仰，持续地挑战心灵的极限。

所有一切都有正反实用，唯有哲学，历来被视为无用之学。然而，无论技术、科学，或经济、政治、教育，甚至艺术或宗教，其正反实用达于极限状态，往往演化出绝望，因为绝望之于希望，才走向哲学，开出"存在之问"的**新生**之道。

一　哲学发问存在的当世取向

哲学在无用中创造大用，本原于它专注存在及其敞开，并从发问存在出发，开出存在之思而继续向前，始终行进于存在之问的当世之途，这构成哲学不同于哲学研究的根本性质定位和功能定位。

1. 哲学的自身定位

哲学乃存在之问，偏离存在之问，遗忘或丧失存在之问，哲学必然消隐。哲学一旦消隐，存在世界因丧失思想的光芒而沦为荒原，人必自得其乐于物质主义的愚昧进而沦为暴虐主义的耗材。这是因为哲学始终是当世的，以存在之问为基业的当世哲学，直接地源于人类的存在困境和生存危机。人类的存在困境和生存危机永远属于当世，是当世的必然**制造**：人类的每一个当世存在必然演绎出只属于此"在世之中"的存在困境和生存危机，哲学的存在之问就是直面人类的当世存在困境和生存危机而展开，以探求其根本的解救之道，这一根本的解救之道构成武装当世政治、经济、文化、教育、科学、技术的根本智慧、最高知识和统领性方法。这是哲学的当世消隐必然带来存在荒原和非人深渊的根本原因，这也是它与哲学研究根本不同的所在。

哲学是当世的，哲学研究是历史的。

哲学的当世取向及其努力，源于它对"在世之中"的人类发出存在之问，以探求其存在困境和生存危机的根本解救之道；哲学研究的历史取向及其努力，在于它只关注**已成**的哲学思想、知识、方法的历史及其具体内容的哲学著作，哲学理论，哲学思想、知识、方法体系，或与此关联的哲学思潮、哲学运动和哲学家。

所以，哲学关注的对象是人类的当世存在，具体地讲是人类当世的存在困境和生存危机；哲学研究关注的对象是已有的哲学成就，这些成就包括已经功成名就的哲学家，和这些功成名就的哲学家创造出来的哲学思想、哲学知识、哲学方法、哲学理论、哲学体系、哲学著作和由他们涌动生成的哲学思潮、哲学运动、哲学流派、哲学传统。

哲学研究追求严肃、严谨、庄重；哲学却崇尚使命和责任。

哲学研究**可能**成为事业，但对于更多的人或者大多数人来讲**只是**一种职业，所以哲学研究可以会聚形成庞大的群体，庞大的职业圈，庞大的师门承传，甚至可以汇聚成为课题、项目、获奖的江湖，或可曰：哲学研究可成为甚至往往成为敲门砖、工具、手段。哲学研究所拥有的这些都与哲学无缘：哲学作为对当世的存在之问的根本方式，不能成为职业，只能成为**事业**，所以哲学在任何时代都只是极少的人所能眷顾。因为，哲学之为哲学的基本标志，是存在之问；哲学研究之为哲学研究的基本标志，是对哲学家的哲学成果（认知、思想、知识、方法、著作、体系）之问。

哲学研究可类分出东方或西方，也可类分出古代、近代或现代，更可类分出国度与种族，还可类分出思潮和流派、著作与人，以及阶级和门派。哲学却全然与这些无缘、无关，因为哲学**不仅是当世的，更是世界的**，它就是立足当世而开辟人类存在之问的**世界性**道路。

要言之，哲学研究是人类根本思想、根本知识、根本方法的历史学，或**历史阐释学**；哲学却是人类根本思想、根本知识、根本方法的当代学，或**当代创造学**。

2. 哲学的当世努力

哲学研究的对象产生于历史，哲学及其创造源于当世的存在困境和生存危机，这就是自古磨难出英雄，从来动荡激哲思。古希腊哲学诞生于存在的自然之问，并朝存在之伦理和政治哲学方向发展，前者不仅因为存在世界引发出惊诧和好奇，更是突破大海束缚开拓存在空间的激励；后者源于突围战乱的绝境而探求人性再造的生存反思。春秋战国之世，如果没有"天子失官，学在四夷"的存在困境和"道术将为天下裂"的生存危机，则不可能有探求如何解救时世的思想方案的诸子盛世的产生。

存在的困境，创造思想盛宴；生存的危机，孕育哲学盛世。

以直面存在困境和追问生存危机的方式彰显自身的哲学，始终是当世的。唯物质主义存在和祛魅化生存，基因工程和人工智能开启生物人种学忧惧，后环境风险带动地球生物危机，极端气候失律推动疫-灾世界化，加速迭代变异的病毒正以肆虐全人类的方式全面改写着人类的历史，而更新的殖民主义浪潮推动全球化的空间争夺、价值对决、军备竞赛、武器至上等会聚生成、运演出风云突变的当世存在，构筑起以后人口、后环境、后技术化存在、后疫-灾、后经济-政治为基本向度的**后世界风险社会**陷阱，必然激发哲学追问以拆除学科藩篱、突破科学主义，摒弃细节迷恋，走向生态整体，以关注存在本体的方式入场，开启哲学的当代道路，探索哲学的当世重建。

哲学的当代道路，即是沿着经验理性向观念理性再向科学理性方向前进而必然开出生存理性（或生态理性）的道路①，因而，生存理性哲学，应该成为解救当世存在的根本困境和危机的根本之道的哲学。

哲学展开存在之问的方式，就是理性。哲学以理性方式敞开存在之问有多种形式，具体地讲，以理性方式敞开存在的经验之问，即是经验理性哲学；以理性方式敞开存在的观念之问，就是观念理性哲学；以理性方式敞开存在的科学（或曰方法）之问，就是科学理性（或曰工具理性）哲学；以理性方式敞开存在的生存之问，就是生存理性哲学。由于**存在敞开生存**始终呈自身的位态，所以生存理性哲学亦可称为**生态理性**哲学。因为"生态"概念的本义是生命存在的固有姿态，当生命存在敞开生存时，其固有的姿态也随之呈现其存在敞开的原本性位态，这一本原性位态即是存在以自身方式敞开的生存朝向（详述参见"生存论研究"卷3《生成涌现时间》第1章第四部分），所以，生存理性哲学也就是生态理性哲学。

二 生态理性之思敞开的初步

生态理性哲学的基本主题是"当代人类理性存在何以可能"？它落实在生存上，则凸显出四个有待追问的基本问题：

一、人善待个人何以可能？

二、人善待环境何以可能？

三、人善待文明何以可能？

四、人善待历史何以可能？

生态理性哲学直面当世存在困境和生存危机而发问，探求其解决的根本之道，就是为人善待个人、人善待环境、人善待文明、人善待历史提供可能性，包括认知、思想、知识、方法及其生态整体路径等方面的可能性。因而，发问当世存在困境和生存危机，探索和创建生态理性哲学，不仅是当世哲学家的事业，也是当世文学家、科学家以及其他当世思想家的共同事业。

1. 生态理性哲学的形上视域

基于如上基本定位，生态理性哲学的认知起步，是重新思考人类书写，

---

① 参见唐代兴《生态理性哲学导论》，北京大学出版社2005年版。

考察人类书写事业的主体构成，由是于1987年、1988年先后完成《书写哲学的生成》和《人类书写论》（1991）两本小册子。以此为起步，尝试思考生态理性的本体论和形而上学问题，于1989年完成生态理性本体论《语义场导论：人类行为动力研究》（1998年初版，十五年后修订增加了15万字，于2015年以《语义场：生存的本体论诠释》再版）；1990年完成生态理性形而上学《生态理性哲学导论》（2005）；1991年完成生态理性本体论美学《语义美学论纲：人类行为意义研究（1）》（2001年初版，一年后市场上出版盗版本，2003年重印）；1992年完成生态理性政治哲学《语言政治学：人类行为意义研究（3）》（至今未出版）；1993年完成生态理性美学《形式语义美学论纲：人类行为意义研究（2）》（因2001年家被盗，电脑被偷，此书稿因无纸质本而丢失）。继而尝试思考生态理性哲学方法问题，先后形成《思维方法的生态化综合》（1990年2月）、《再论生态化综合》（1991年3月）、《生态化综合：全球化语境下的文艺学方法》（1992年4月）等论文，其后予以系统思考，于2000年完成《生态化综合：一种新的世界观》（2015）。

依照哲学传统，哲学应包括三部分内容，即形而上学、本体论，认识论和实践哲学。认识论是形而上学、本体论指向实践哲学的中介，实践哲学应该成为形而上学、本体论达于生活世界指导人生和引导社会的方法论。实践哲学，在经典的意义上是伦理学（或道德哲学）和政治学（或政治哲学）（比如亚里士多德就是如此定位实践哲学，笛卡尔在此基础上增加了医学和力学，黑格尔却以法哲学的方式将伦理学和政治哲学统合起来），但在完整的意义上，实践哲学的基本部分应包括伦理学、政治哲学、教育哲学和美学（或曰"美的哲学"）四个方面：伦理学，是哲学走向实践引导人如何善待人的根本方法和普遍智慧，或可说伦理学是哲学引导人如何与人"生活在一起"的根本方法和普遍智慧；政治哲学，是哲学走向实践引导社会如何善待人的根本方法和普遍智慧，或可说政治哲学是哲学引导社会如何与人人"生活在一起"的根本方法和普遍智慧；教育哲学，是哲学走向实践引导人如何成己成人立世的根本方法和普遍智慧，或可说教育哲学是哲学引导人如何从动物存在走向人文存在而成为人和进而成为大人的根本方法和普遍智慧；美学（有别于审美学）或曰"美的哲学"，是哲学走向实践引导人如何善待自己的根本方法和普遍智慧，或可说美学是哲学引导人如何**悦纳**内在的自己而自由地存在、生活和创造的根本方法与普遍智慧。生态理性哲学的当世探索与创建，就是如上全境视域的。

2. 生态理性思想的伦理建构

从2001年始，生态理性哲学的探索性创建就从其基本问题转向生态理性的实践问题。实践哲学虽然主要由伦理学、政治哲学、教育哲学和美学构成，但此四者中，伦理问题却成为实践哲学的基础性问题。

伦理问题之所以构成实践哲学的基础性问题，是因为如斯宾诺莎和黑格尔所说，伦理是一种存在的精神实体。在西语中，ethics源于古希腊语 ëthos（ηθος），意为气禀和品性；但与 ëthos 关系密切的词是 ethos（εθος），意思是风俗、习惯。所以，气禀、品性、习惯、风俗构成 ethics 的基本语义。相对人而言，气禀和品性属内在的东西，构成**个体**的内在精神规范；习惯和风俗却是外在的东西，构成**社会共同体**对个体的外在规范：这种外在规范的个体化呈现，就是习惯；这种外在规范的群体性呈现，就是风俗。或者，习惯表述气禀和品性向外释放形成的个体行为约束方式，当这种行为约束方式因**共同行动的便利而约定俗成为主体间性**的行动自觉，就成为风俗。风俗是超越个体行为习惯的一种普遍性体认方式、行为模式、精神结构。

伦理作为一种存在的精神实体，是从个体出发，以个性精神为动力，以个体行为方式的**群体性扩散**所构筑起来的**伦理地存在**的普世性体认方式、行为模式和精神结构。伦理地存在，是指以个体为主体的体现普世性体认方式、行为模式和精神结构的存在方式。这种体认方式、行为模式、精神结构的内在规定性及基本诉求是什么呢？ethics没有提供这方面的信息，但汉语"伦理"概念却为之提供了这方面的解释性依据。在汉语中，"伦理"之"伦，辈也"（《说文》），揭明"伦"的本义是**辈分**，辈分的本质是**血缘**。血缘和辈分既将人先天地安排在**各自该居**的关系位置上使之获得等级性，也规定了人与人界线分明的**类聚**关系，即血缘之内一类，血缘之外另一类。血缘、辈分、类聚，此三者生成性建构起人间之"伦"，简称人伦。人伦作为一种基本的人道，却是自然使然，因为血缘、辈分、类聚都源自自然，因而都是自然的：血缘不由人选择，辈分也是天赋于人，当一个生命种子在母体中播下，辈分就产生了；原初意义的类聚是由血缘和辈分生成，比如，你生而为女人或生而为男人，以及你生而为丑女人或美女人、矮男人或高男人，或者生于富贵之家还是贫贱之家，均不由你选择，它对你来讲，是自然地生成，自然地带来，并自然地将你带进矮或高、丑或美、贫穷或富贵之"类"中，并且是强迫性地使之成为种种"类"的符号、代码，比如生于贫穷地域的贫穷人家，你就成为"穷人"一类中的"穷人"代码。从根本讲，血缘体现**自然生育法则**，辈分和类聚蕴含大千世界存在物如何**存在的天理**（即"自然之理"的简便说法）。遵循血缘这一自然生育法则和辈分、类聚这一存在天理向外拓展，就形成民族，建立国家，产生国家社会的人伦关系形态。亚里士多德在《政治学》中指出，人单独不能存在，更不能延续种类，相互依存的男女因为生理的成熟而结合，所以配偶出于生理的自然产生两种结果，一是男女出于生理的自然而结合组成家庭；二是男女因为生理的自然结合产生生育，所以生育亦是生理的自然。生育的繁衍，使家庭扩展成为村坊，村坊的横向联合，产生城邦。[①] 这一生成敞开进程，既遵循了自然生育法则，也发挥了辈分和类聚这一存在天理的功能。"伦"字所蕴含的这一双重之"理"，使它有资格与"理"字结合而构成"伦理"：《说文》释伦理之"理，治玉也"，意指"理"的本义为璞石之纹路，按照璞石的天然纹路将其打造成美玉的方式，就是"治玉"。所以"理"蕴含了自然形成、人力创造和改造自然事实的预设模式与蓝图这样三重事实。整体观之，"伦理"既指一种**自然存在事实**，也指一种**理想存在事实**，既蕴含自然之理，也彰显人为之道。因为"伦理"既是由"伦"生"理"，也是由"理"生"道"，这一双重的"生"机和"生"意的本质却是"信任"。作为源自自然而生成社会基本结构的伦理达于个体化的人与人"生活在一起"的道德的主体性桥梁，即是信任。（见下页"总图1"）

伦理作为一种存在事实，既是自然存在事实，也是人为存在事实。而凡存在事实，无论从形态学观还是从本体论讲，都具有内在关联性并呈现开放性生成的关系。所以，统合其自然存在事实和人为存在事实，伦理实是一种**人际存在关系**，简称为人际关系，它敞开人与人、人与群（社会）、人与物、

[①] ［古希腊］亚里士多德：《政治学》，吴寿彭译，商务印书馆1983年版，第5—6页。

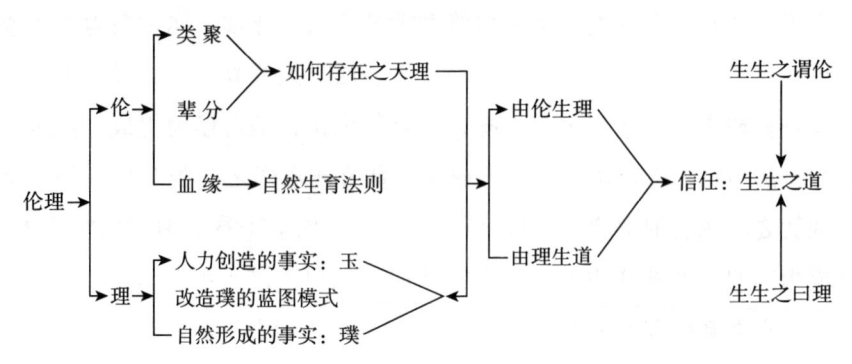

```
                    ┌─ 类聚 ─┐
              ┌─ 伦 ─┼─ 辈分   ├→ 如何存在之天理 ─┐
              │      └─ 血缘 ─→ 自然生育法则 ───┐├→ 由伦生理 ─┐         ┌─ 生生之谓伦
   伦理 ──────┤                                 ││             ├→ 信任：生生之道
              │      ┌─ 人力创造的事实：玉   ─┐ │├→ 由理生道 ─┘         └─ 生生之曰理
              └─ 理 ─┼─ 改造璞的蓝图模式       ├→┘
                     └─ 自然形成的事实：璞   ─┘
```

[总图1：汉语"伦理"蕴含自然-种族-社会三维精神结构]

人与环境（自然）诸多维度，形成一种**四面八方和四通八达**的开放性取向、态势或诉求。由于人是以个体生命的方式存在，并且其个体生命需要资源滋养才可继续存在，滋养个体生命的所有资源都没有现成，都必须通过劳动付出甚至以生命为代价方可获得。人的存在之生，需要利的滋养，因为利而生发争夺，产生权利与权力的对抗、博弈或妥协，更因为利的得失而必生爱恨。所以，伦理本质上是一种**充满利害取向**的人际关系，或可说是一种充满利害选择与权衡的人际关系，蕴含生、利、爱、群——生己或生他、利己或利他、爱己或爱他、群己与群他——的对立统一朝向，这种对立统一朝向落实在个人存在敞开生存的日常行为中，就表现为其利害选择与权衡的德或非德，或德或反德。这一对立统一朝向落实到社会共同体的秩序构建上，就是善恶机制、价值坐标、社会方式的建立，并以此善恶机制、价值坐标、社会方式为依据，选择政体，形塑制度，建立边界和限度的法律体系。

从根本言，实践哲学的探讨，无论是政治哲学探讨，还是教育哲学探讨，或者美学探讨，其背后都伫立着一个**伦理坐标**，忽视这个伦理坐标，其探讨无论怎样深入，都会产生**不得其中**的局限。正是基于此，当运用初步形成的生态理性思想和方法来重构实践哲学时，首要工作就是做**伦理检讨**。

无论中西，伦理学既是最古老的学问，也是与世常青的学问。古老的伦理学发展到今天，存在许多最为根本的和基础的问题，这些问题集中表现在伦理学、道德学、道德哲学的混同、伦理的基础理论与方法的等同，道德与美德不分、功利与道义对立、责任与义务混淆，等等。但其症结却是对伦理学的性质定位错位，这即人们总是擅长或者说喜欢从价值入手来定位伦理学，并以价值为依据、尺度、准则来考察伦理问题，由此很自然地忽视了**人性**问题和**利益**问题。更准确地讲，这种做法是无视人的他者性存在处境和生存状况而将伦理想象地观念化。从根本讲，伦理学**不是**价值的科学，而是**人性塑造的学问**。人性不是价值事实，而是天赋的存在事实。人性的存在敞开呈现出来的首要问题、根本问题、本质问题，不是价值的问题，而是"因生而活，为活而生"且"生生不息"的问题，具体地讲即是存在安全和生活保障的问题，这一存在和生存的根本问题所开出来的第一要义，是"利"，即人"因生而活"关联起利，人"为活而生"也关联起利，人生生不息地诉求"因生而活，为活而生"的劳作同样关联起利。从个人言，人与人之间的爱恨情仇，均因为利，均以利为原发动力并以利为最终之行动目的；对社会言，人与群体、人与社会、人与政府等之间的生存纽带，依然是利，政体的选择、制度的安排、法律的制定，都以利为原发机制和最终的校准器。伦理的价值主义，架空了人性和人性存在，这种架空人性和人性存在的做法无论是无意还是刻意，都是要洗白"因生而活，为活而生且生生不息"的"利"这一原发动力和原发机制，最终导致政体选择、制度形塑、法律制定丧失人性土壤和利益这块基石，而使野心家、阴谋家任性虚构存在，使地痞、流氓横行生活世界。

从生态理性思想出发并运用生态综合方法来检讨人类伦理，首先是走出伦理学的**科学主义和价值主义**怪圈，考察"利益"问题，于2001年完成《利益伦理》（2002），然后以"利益"为校准器，检讨制度形塑与公正的问题，于2002年完成《公正伦理与制度道德》（2003）。以此为两维视野，探讨引导国家成为"善业"并使人人能够过上"优良的生活"[①]的道德应该是什么道德，于2003年完成《优良道德体系论》（2004）。以"优良道德"为判据，检讨社会的政体选择的道德基础和个人生存诉求幸福的知识基础这两个有关于**道德社会**的基本问题，先后完成并出版《宪政建设的伦理基础与道德维度》（2008）和《生存与幸福：伦理构建的知识论原理》（2010）。

从整体讲，如上关于"利益"、"优良道德"、"公正与制度道德"、"伦理价值构建与政体选择"、"生存与幸福"五个专题研究，仅仅是我为构建伦理

---

① ［古希腊］亚里士多德：《政治学》，吴寿彭译，商务印书馆1983年版，第7页。

学的生境体系所做的"**准备性研究**"。

我将贯通生态理性哲学思想和生态化综合哲学方法的伦理学生境体系，称之为生境伦理学。我所讨论的生境伦理，不是人们习惯性看待的"生态伦理"，而是指伦理学是引导个人和社会尽可能释放其有限理性，在境遇化生存中面对利害关系的选择与权衡时做到有边界和限度，既使自己生和生生不息，同时也使他者（他人、群体、自然物、生命、自然环境、存在世界）生和生生不息。从本质讲，伦理学是使人和人组构起来的共同体**共生存在**并生生不息的伦理知识、学问和方法，这种伦理知识、学问和方法成为引导和激励人**营造共生存在之生境的**智慧。我所致力于构建的生境伦理学体系，就是这种性质的知识、学问和方法体系，它由三联书店出版的伦理体系（共九卷）构成，包括导论《伦理学原理》（2018）和卷 1《生境伦理的人性基石》（2013）、卷 2《生境伦理的哲学基础》（2013）、卷 3《生境伦理的知识论原理》（2013）、卷 4《生境伦理的心理学原理》（2013）、卷 5《生境伦理的规范原理》（2014）、卷 6《生境伦理的实践方向》（原书稿名《生境伦理的宪政方向》）（2015）、卷 7《生境伦理的制度规训》（2014）和卷 8《生境伦理的教育道路》（2014）。

3. 生态理性思想和方法的验证性运用

生态理性的哲学方法是生态化综合，其所敞开的思维视野是**生态整体性**，诉求整体动力学与局部动力学的合生，具体地讲，就是在问题的拷问和理论的建构过程中，始终诉求整体动力向局部动力的实现和局部动力对整体动力的回归。仅就伦理思考及其理论建构言，即是将人性论、认知哲学、心理学、政治哲学、教育学统合起来予以有序探讨，并形成初步的成功。于是运用生态理性思想、方法和伦理学理论来做印证性研究，即检验生态理性思想、生态化综合方法和伦理学的生境理论是否具有可拓展运用的可能性。这种尝试研究主要从文化、环境和中国传统哲学三个方面展开。

第一个方面是运用生态理性思想、生态化综合方法和伦理学的生境理论来研究文化，并不是主动为之，而是应北京大学"软实力课题组"邀请，完成其"文化软实力"课题最终以《文化软实力战略研究》（2008）出版。这种对"文化软实力"的思考虽告一段落，却在后来拓展到对一般文化的断断续续的思考，并于近年发表数篇文章并形成《文化创新文明论》（待出版）。

第二个方面是运用生态理性思想、生态化综合方法和伦理学的生境理论来检讨当世存在环境，追问环境伦理和环境哲学问题，却是源于主动为之，其契机是2008年汶川地震。在所有的宣传与说教中，地震是纯粹的自然现象，并且是无法预测。仅后者言，地震确实无法精确地预测准确爆发的时间和地点，却能预测出爆发的大致时间域和范围域，旱震专家耿国庆的旱震理论及其被采用所产生的预测实绩无不表明这一点。就前者论，在人类的自然生存时代，具体地讲是在农牧时代，地震以及海啸、火山爆发、气候失律等自然灾变，都是纯粹的自然运动之呈现。但在人力改变地球状貌甚至地质结构的现代工业社会和后工业社会，气候极端失律、频发的海啸、地震等自然异动现象以及疫-灾，都渗透了人力因素，是人为破坏环境的负面影响层累性积聚突破自然生态容量极限时所爆发出来的**人为灾难**。科学研究发现，"过去几十年，地球快速变暖，并不是太阳能量释放发生变化所致"，而是人类无节制地向大气层排放温室气体所致。① 在深刻维度上，环境灾害却展露出人类存在危机和人类可持续生存危机。这一双重危机首先源于人类文明对自己的伤害，具体地讲，它"是人类决策和工业胜利造成的结果，是出于发展和控制文明社会的需求"②。所以历史学家池田大作和阿·汤因比才如是指出，"在现代，灭绝人类生存的不是天灾，而是人灾，这已经是昭然的事实。不，毋宁说科学能够发挥的力量变得如此巨大，以至不可能有不包含人灾因素的天灾。"③ 我基于汶川地震背后的**人力性**因素④和**人为性**灾难⑤而展开环境伦理思考，于2010年完成《灾疫伦理学：通向生态文明的桥梁》（2011）。其后，继续运用生态理性思想、生态化综合方法和伦理学的生境理论思考现代环境灾难频发的宇观因素，也即气候极端失律的人力因素，完成环境哲学-伦理学研

---

① ［美］安德鲁·德斯勒、爱德华·A. 帕尔森：《气候变化：科学还是政治？》，李淑琴等译，中国环境科学出版社2012年版，第80页。
② ［德］乌尔里希·贝克：《什么是全球化？全球主义的曲解：应对全球化》，常和芳译，华东师范大学出版社2008年版，第43页。
③ ［日］池田大作、［英］阿·汤因比：《展望21世纪》，荀春生译，国际文化出版公司1997年版，第37—38页。
④ 卢清国：《汶川地震与三峡库区蓄水的关系》，《北京工业大学学报》2009年第4期。
⑤ 范晓：《汶川大地震下的奥秘》，《中国国家地理》2008年第6期。

究四卷，即卷1《气候失律的伦理》（2017）、卷2《恢复气候的路径》（2017）、卷3《环境悬崖上的中国》（未能出版）和卷4《环境治理学探索》（2017），与此同时发表了50余篇环境哲学-伦理方面的论文，重在探讨环境**生境运动**的原发机制和环境**逆生态运动**的生变机制和原理，提炼出环境生态运动的场化原理和环境逆生态运动的层累原理、突变原理、边际效应原理，以及环境生态临界点和环境生态容量极限。对环境生态运动的系统性思考和理论建构，实已从环境伦理和环境哲学领域达于存在场域的自然哲学领域，为后续更为深入地和系统地展开生态理性本体问题的研究，打开了存在世界的自然之维。

环境问题，不仅是自然问题，更是社会问题，而且首先且最终是社会问题，所以，环境问题涉及自然环境和社会环境两个维度。就社会环境言，其整体的恶化态势主要由唯经济主义、唯技术主义和唯政治正确的集权主义、唯武器主义四者合生推动，最终将人类社会推进了后世界风险社会陷阱，近年来，就唯技术主义以加速度方式造就整个人类的**技术化存在**现实，分别集中检讨了两个方面的问题，一是检讨以计算机为运演工具、以会聚技术为认知方法、以大数据为分析方法、以基因工程和人工智能为主要形态的生物工艺学技术给当前和未来人类带来的整体危害和毁灭性危机；二是检讨生物环境以及微生物环境的整体破坏和病毒实验带动的全球化彼起此伏的疫-灾，如何从整体上改变了地球生态和人类生态而形成一种我们至今不愿正视的**疫灾化存在的生态场域**。① 对前者的思考所形成的文章陆续刊发出十来篇，对后者的思考所形成的系列论文却一篇都未刊发出来。在如上两个方面的尝试探讨基础上，完成了《后世界风险社会》（将由上海三联书店出版）。

第三个方面是运用生态理性思想、生态化综合方法和伦理学的生境理论来思考中国先秦的孔子哲学，具体讲就是以生态理性思想和伦理学的生境理论为指导，运用生态化综合哲学方法尝试创建语境还原的方法和内证的方法来会通理解《论语》，抉发孔子哲学的思想生成逻辑和理论体系，完成并出版了《〈论语〉思想学说导论》（2019）和《〈论语〉思想学说会通研究》（185

---

① 参见唐代兴《后疫病时代的环境生态场域变异及重构》（《鄱阳湖学刊》2023年第3期）和《疫灾生态场域的社会形成和人文审视》（《甘肃社会科学》2020年第6期）。

万字，2023)，为抉发本土文化之大传统即诸子思想资源，以为当世文化重建打开一扇新的门窗。

三 生态理性之思的继步向前

以生态理性为志业，将其意愿生成为持存的思维、认知的土壤是逆生态化的环境（自然环境和社会环境）、被立体地扭曲的人性和被连根拔起的文化和传统，以及在整体上被运动主义和二元社会结构重塑的荒原般贫瘠的农村，其志业意愿、思维、认知受孕于早年的生活经历和阅历，尤其是十年农民生活。展开其志业之旅的书写尝试始于 1985 年，经历两年的文论思考之后于 1987 年开始转向对生态理性问题的意识性关注。2001 年将问题思考的重心从生态理性哲学的基本问题转向人类伦理的生境问题，既是思维运动中对问题关注重心的自然转移，但更是个人生存（工作和研究）环境因素的逼促和推动。2001—2020 年这 20 年间，从整体讲是围绕伦理问题展开，但具体言之，其关注重心也经历了从伦理基础理论的重建向环境哲学-伦理、技术哲学和中国传统哲学中孔子哲学诸领域之间的游弋，虽然其主题始终是生态理性的，但主要是对初建起来的生态理性思想和方法的运用，体现面的拓展，这种研究最终将存在之问的根本问题和基础问题又以更新的和更为深度的方式催发出来，吁求重新检视和拷问，由此转向"生存论研究"。

"生存论研究"的基本意向，是回到生态理性的基础认知和基本问题本身，对生态理性的源头问题、本原问题予以进一步澄清，在此基础上展开综合审问，由此敞开如下四个维度的"存在敞开生存"何以可能的再审问。

1. 生存论的形上认知

"生存论研究"关注的首要问题是生存的基础问题，分别从以下五个维度敞开其讨论。

第 1 卷《书写哲学的生成》讨论人类精神创造主体的书写哲学生成何以可能。

这是一个一直被忽视的问题，即一个人成为一代伟大写作家的主体条件何以具备。这个问题被聚焦于书写哲学（或曰写作哲学），即一切伟大的写作家创作文学、探索科学、创造哲学或建设思想体系的书写哲学何以生成的社会因素和个体条件。从思维方式观，人类伟大的写作家大致可以归为两种类型，一是擅长于运用**抽象性具象**的思维形式的文学家；二是擅长于运用**具象化抽象**的思维方式的科学家和哲学家、思想家。他们是运用语词语言或者是综合运用符号语言和语词语言从事存在书写的志业者。个体将自己成就为一代写作家的主体前提是具备个性人格化的书写哲学。写作家书写哲学的生成建构既以生存意向为基础，更以心灵意向为动力。前者由写作家之生活经历与人生阅历、生活变迁与自由阅读层累性生成，后者是写作家对天赋生命的意志因子、智慧因子、体质结构、气禀朝向的反身性体验、领悟和自为性觉解所生成，其原发动力是写作家的物种生命天性和人本存在天性，前者由物种本能、种族原型和个体性力构成原发性的生命意志机制，后者乃生存无意识的层累性积淀和成长无意识的创生性建构，其转换生成的必然方向是生命意志向生存意志的生成和生命无意识对文化无意识的激励，此二者有机整合生成性建构起写作家的书写哲学及精神意向。

第 2 卷《存在敞开的书写》讨论哲学展开存在之问并建构存在之思的本性、方式及面对后世界风险社会进程的生存理性消息。

哲学开启的存在之问，既牵涉存在**为何**存在之问，也带动存在**何以**存在之问。仅后者言，存在以敞开自身的方式存在。存在以敞开自身的方式存在，即是书写。而存在，既是存在世界的存在，也是人的世界的存在，并且，人总是以历史（自然史和人文史）性敞开的方式存在于存在世界中，而存在世界既自在，又存在于人的历史性敞开"过去→现在→未来"的不可逆进程中。哲学则屹立于过去走向未来的**当世交汇点**上展开世界性的存在之问并构建人的存在之思。无论存在世界或人，其存在始终敞开书写，并且，存在世界以自身方式敞开存在而书写着人，人既以自然存在的方式又以人文存在的方式敞开自身存在而书写着存在世界。所以，人与世界互为书写构成存在本身，哲学对人的世界与存在世界互为书写的存在之问构建存在之思的敞开过程，亦是存在书写。基此基本认知，首先梳理存在敞开书写的条件、源头方式及发展进程，然后从近代哲学向现代哲学方向演进切入，考察存在敞开书写的形式化道路呈现出来的时空视域与多元方式，揭示其存在敞开书写的自然之理以及整体动力向局部动力实现和局部动力向整体动力回归的认知方向。以此向前聚焦后世界风险社会的人类进程，探询存在书写运思的哲学方向，拷问人的世界性存在根基与存在世界存在的内在关联，报告**限度生存的**生态理性哲学消息。

第 3 卷《生成涌现时间》讨论生态理性哲学的场存在论和场本体论何以可能。

存在必然敞开自身。存在敞开自身既是存在的空间化铺开，更是时间的**生成性**涌现。《生成涌现时间》讨论的主题是存在敞开自身的空间化铺开如何以涌现方式生成时间。对此主题的讨论主要是梳理生态理性、共生存在、场态本体、生境逻辑这四个概念，通过这四个概念内涵及其关联生成的历史的梳理来呈现生态理性哲学之认知框架和思想体系构成的四个范畴。在发生学意义上，哲学的存在之问发生于生物存在的物向人文存在的人迸发的转捩点上，或可说哲学发生于自然人类学向文化人类学的萌生进程，其萌生的方式是**心觉的**，继而开出**知觉**的方式。哲学发问存在的发生学向继生论方向敞开，自然形成从天启向人为的方向演进，使理性成为哲学发问存在的基本方式，哲学发问存在的这一理性方式获得了调和心觉和知觉的功能。人为的哲学的最初形态是经验理性，继而开出观念理性，观念理性对主体主义的认识论形而上学道路的开辟，必然结出科学理性（或曰工具理性）之果，推动理性回返生态理性（或曰生存理性）的本原性道路。所以，生态理性，既是生态理性哲学发问存在的思维方式，也是其发问存在的认知视域和存在姿态。从生态理性出发，生态理性哲学发问存在的主题，既不是经验存在，也不是观念存在，更不是工具存在，而是生存书写的生态存在；并且生态理性哲学发问存在的存在论，既不是"变中不变"的静持存在论，也不是"不变中变"的动变存在论，而是"变中不变"和"不变中变"**互为会通**的共生存在论。生态理性哲学的共生存在论打开场态本体论的全新视域，并获得生境逻辑的支撑。

从根本讲，卷三是通过对"生态理性""共生存在""场态本体"和"生境逻辑"四个概念范畴的内涵及其生成演化的逻辑推证，来重建早已被遗忘和抛弃了的存在本体论，这即生态理性本体论，或可称之为场本体论。生态理性哲学的场本体论的内在规定是存在语义场的自生成、自凝聚、自存在、自持守。在存在场本体论中，存在语义场的自敞开的存在，即生境存在。生境逻辑的自身规定是生境。在存在语义场中，生境属于本体范畴，是其存在场本体论的本体，存在语义场本体的内在规定性是生境；生境的本质是生，生境的本性是生生。并且，生境作为存在场本体论的本体概念，蕴含三个方面的内涵，并为解决三个维度的根本问题提供了可能性。首先，生境蕴含场化的存在世界的本原状态；其次，生境蕴含场化的存在世界的生成动力；最后，生境蕴含场化存在的本质和本性。由此三个方面，生境敞开的逻辑，乃生境逻辑；生境敞开的方法，乃整体动力向局部动力实现和局部动力向整体动力回归的认知方法和思想方法。

第4卷《限度引导生存》讨论人与世界共生存在视域下限度生存的实然和应然问题。

此卷是在由生态理性、共生存在、场态本体、生境逻辑四个范畴建构起来的本体论框架和形而上学蓝图规范基础上讨论如下四个基本命题：

(1) 心灵镜像视域的生成。

(2) 人是世界性的存在者。

(3) 自然为人立法，人为自然护法。

(4) 限度生存的实然状态和必然方向。

世界原本是一个圆浑的存在整体，但因为人这种物种从自然人类学向文化人类学方向演化，原本动物存在的人踏上了人文存在的进化道路，于是世界的自身存在开出了一个人的存在，存在也因此呈现存在世界的存在和人的世界的存在。哲学的存在之问也就必然同时敞开存在世界的存在之问和人的世界的存在之问，哲学的存在之问所开辟出来的形而上学道路，同样有了人存在于其中的存在世界的本体论和存在世界存在于人的存在世界之中的本体论，卷3《生成涌现时间》，致力于讨论人存在于其中的**存在世界的本体论**，揭示人的存在和人的存在世界如何可能在存在世界中生成涌现，以及人的存在和人的存在世界得以生成涌现的根本标志或先决条件"时间"何以产生的原发机制和存在论动力。与此相对应，卷4《限度引导生存》则致力于讨论存在于其中的**人的存在世界的本体论**，即人的世界的存在本体何以生成建构。人从自然人类学向文化人类学方向演进，或者说人从动物存在向人文存在方向生成的人的存在和人的存在世界如何从存在世界中凸显出来的前提性条件，是人的自然人类学的**动物心灵**向文化人类学的**人文心灵**的形塑，这就是**人的**

心灵镜像的生成。人的心灵镜像一旦自为地生成，则必然构建起人的**心灵镜像视域**。人的心灵镜像视域无论之于个体还是之于人类整体，都是以历史化的此在的方式或者说以"在世之中"的方式不断生成拓展，或外向的生成拓展，或向内的生成拓展，而始终生生不息地自我发展其存在敞开生存的精神意向。

人真正从动物存在的深渊中解脱出来成为世界性的人文存在者，始终行进在路上。这就是说，人作为世界性存在者并不是一种静持的存在状态，而是一个动变的生成性形塑的进程状态。在这一自我形塑的进程状态中，人必须为走出其存在的实然而进入应然努力，不断地拓展其世界性存在的自然面向和社会面向，必须遵从和守护的自然律令，就是"自然为人立法，人为自然护法"。所以，"自然为人立法，人为自然护法"本身成为人的世界性存在的根本律令和法则，遵从和守护这一根本的律令和法则而存在于存在世界之中永相发展的基本方式，就是**限度生存**，这既是人的自然人类学的实然，也是其文化人类学的必然。

第5卷《律法规训逻辑》讨论宇宙创化的存在律法指南和规训人的智-力逻辑何以可能。

卷3是对存在世界的共生存在予以场态本体论拷问，从而建构起本体论形而上学；卷4是对人的世界性存在予以限度生存论的审查，以此建构起一种认识论的形而上学。从卷3的场本体论拷问到卷4的限度生存论构建，则铺开了人类作为一种自然人类学向文化人类学方向演化到底能走多远的张力问题。这一张力问题的实质即是共生存在的**本体的本体**，即其逻辑的体认和建构、遵从和运用的问题。

自然人类学向文化人类学进发的历史进程，使存在世界成为两分的世界，即自然存在的世界和人的存在世界，由此内在地呈现两分的逻辑，即存在世界的**存在逻辑**和人的世界的**人力逻辑**，可以将前者称为存在世界的**存在律法**，将后者称为人的世界的**智-力逻辑**。由于自然存在的世界和人的存在世界是互涵的，即人的存在世界存在于自然存在的世界之中，自然存在的世界亦部分地存在于人的存在世界之中，存在世界的存在律法与人的世界的智-力逻辑之间也就必然地出现合与分的问题，这种合与分的实质表述是：到底是由人的智-力逻辑来统摄存在世界的存在律法，还是由存在律法来规训人的世界的智-力逻辑？这就涉及一个根本问题，即到底是存在世界创造、养育了人类物种，为人类物种从自然人类学向文化人类学方向持续进化提供了土壤、条件、智慧、方法？还是人的世界创造、养育了存在世界，为存在世界持续地存在敞开提供了土壤、条件、智慧和方法？这个问题的答案显然是前者。因而，存在世界的存在律法构成人的世界的智-力逻辑的源泉、准则、规训、原则，也规定了人的智-力逻辑对人的存在世界和宇宙自然世界的运用范围。基于如此基本认知，卷5《律法规训逻辑》首先讨论了人类的智-力逻辑的来源及生成建构和发展，具体分析知识探究（主要着眼于科学和哲学）的逻辑、思维规律的逻辑和生存规则的逻辑建构与发展的准则、原理、特征、功能、局限，以及无限度地运用智-力逻辑来服务人的存在所造成的根本局限和这种局限如何形成对人类存在歧路的开辟，对人类当代之根本存在困境和生存危机的制造。在此基础上讨论存在世界的存在律法，着重探讨存在世界的自然的律法、人文的律法、社会的律法，以及此三大律法的融贯与会通对智-力逻辑的引导和规训，如何可能引导人类重建继续安全存在的新文明。

2. 生存的人本条件

当展开存在世界的存在之问和人的世界的存在之问而建构起存在世界的本体论和人的世界的本体论之认知框架，才可正式进入人的问题的检讨。使人的问题的检讨有依据。

第6卷《意义与价值》讨论人得以存在的本原意义及其价值生成。

从本质讲，意义和价值对于存在世界本身并不具有本原性，因为意义和价值并不是造物主创化世界所成，而是存在世界继创生的产物，即意义和价值是后来生成的。以此观之，存在世界即是存在世界本身，不存在意义和价值的生成问题；并且，人处于自然人类学状态，也不存在意义和价值的生成问题。只有当自然人类学的人获得文化人类学的趋向、态势、特征并进入持续演进的进程之中，意义和价值的生成才在世界中产生。所以，意义产生于人的自然人类学向文化人类学方向演化，具体地讲，意义产生于人的动物存在向人文存在的努力。但意义的源泉却是存在世界本身，是人的自然人类学本身。

以存在世界（包括人的自然人类学）为源泉，意义构建起人的世界蓝图的内在框架，意义也构建起人的世界的基本格局，而充盈这一内在框架并撑起这一基本格局的内容却是价值。价值是意义的实项内容，但意义却是价值的来源，没有意义，不可能有价值，所以，意义生成价值，价值呈现意义。将存在世界、意义、价值三者贯通形成存在之整体的却是**事实**本身，即人的存在世界这一存在事实和宇宙自然世界这一存在事实。

第 7 卷《善恶的病理问题》讨论人的存在信仰敞开或遮蔽如何生成其生存论的善恶朝向。

以存在世界为源泉，构建以事实为依据，以意义为框架和以价值为基本格局的人的蓝图，必然涉及信仰和善恶。人从自然人类学走向文化人类学而生成意义，意义的充盈形式和呈现形态是价值，价值的本质内涵也即是意义的本体，是信仰：赋予意义框架以实项内容的是信仰，信仰充实意义使意义成为意义，并赋予意义以**自持存在的**不变方向和坚韧气质。信仰的自为坚守，创造价值；信仰的自为极端、信仰的人为异化、信仰的自我迷失，此三者从不同扇面解构价值。因而，价值的守与失、正与邪，必生发出善恶。从表面讲，价值创造出善恶，善恶构成价值的表征；从本质论，信仰既生成价值，也生成善恶。因为信仰有正邪之分，守正的信仰创造正价值，敞开为善；邪恶的信仰创造负价值，敞开为恶。

从本质讲，善、恶既不构成一一对应的关系，也不构成必然的关系。**恶是善的意外，而非善的必然**。因为善守正的信仰是人对存在意义的张扬和对生存价值的实现，信仰的迷失和信仰的异化（信仰的绝对化、极端化是信仰异化的基本形态）才造成人的世界——包括个人存在和社会存在——的世界的**精神病理学**，人的存在及其敞开一旦形成精神病理学特质，必然丧失存在的人本意义而扭曲或歪曲价值，沦为恶报。是以观之，善恶之间虽然不构成一一对应的必然性，却潜伏着**相互转换**的或然性，即开出"由善而恶"或"因恶而善"的可能性。这种或然性或可能性均需要追溯到信仰本身，因为信仰的正邪，构筑起心灵与精神的分野：守正的信仰是心灵性质的，生成心灵之善；**失正从邪**的信仰是属于精神学的，生成病理之恶。从来源讲，病理之恶生发于两类情况，一类是由**信仰的迷失**造成，一类是由**信仰的邪恶**造成。病理之恶，既可以暴力方式呈现，比如政体、制度及其结构的暴力方式，武装的暴力体系方式和语言的暴力方式；也可以非暴力方式呈现，平庸之恶、习俗之恶、传统之恶、社会风气之恶和善良意愿之恶等，构成非暴力之恶的主要方式。

从存在的在场性和存在的历史性两个方面拷问，信仰和价值的病理学方式造就了人间的暴力之恶和非暴力之恶。从本质言，无论是暴力之恶还是非暴力之恶，实是信仰和价值的**病毒**。信仰和价值的病毒一旦产生，就会传播，就会传染。病理之恶的传播和传染总是社会化的，这种社会化传播和传染的方式不仅腐蚀伦理，颠覆道德，而且可选择**邪恶**的政体，并通过构建邪恶的制度、法律、教育、市场和分配等社会机制而加速传播和传染其信仰和价值的病毒，最终将人沦为工具，进而将人作为**耗材**而任意处置，形成社会化的工具之恶和人的世界的耗材之恶。

第 8 卷《论尊严》讨论人之尊严存在的生存论形塑及方法。

人从自然人类学向文化人类学进化，产生人的存在意义，必通过信仰、价值、善而获得书写，其书写过程的实质性努力，是既要避免信仰的异化和迷失，更要防范价值的失范或扭曲而陷入精神病理之恶的深渊。但仅就人的存在个体言，其意义的生成，信仰的确立和价值的构建要避免滑入病理之恶的深渊而持守人的存在，其基本努力就是创造和守护尊严，因为尊严构成形塑**人的存在**的根本方式。

人作为个体是渺小的，却是**神性的和神圣的**，因为人的生命得之于天，受之于地，承之于血脉而最终才形之于父母，所以人是天地神人共创的杰作。人无论出身贫富，都具有天赋的神性和神圣性，这是人以尊严的方式存在于世界之中的**根源**，也是人以尊严的方式存在于苍天之下和大地上的**底气**。不仅如此，人原本是物，属自然人类学，却自为地走出一条与众生命和万物根本不同的路，那就是以自然人类学为起步开出了文化人类学方向，使个体的人从动物存在持续地进化为人文存在。人的人文存在相对万物存在言，它**汇聚并会通**了造物主的神圣和存在世界的神性，而使自己成为神性的和神圣的存在。所以，人以尊严的方式存在，不仅拥有自然基础，更有人性依据，还有人自身的天赋条件。

天赋人尊严地存在的条件，就是人拥有生命并成为人的**个体权利**。

从根源、依据、条件三个方面讲，人从自然人类学走向文化人类学，从动物存在成为人文存在，应该完全拥有尊严而尊严地存在，但实际的存在并非如此，这源于人的先天的缺陷和后天的局限。人的先天的缺陷，体现在人是个体的、有死的而且是需要并非现成的资源滋养的生命存在，所以人是弱小的、有限的。人的后天的局限，体现在人永远不能真正解决存在安全和生活保障的问题。由此两个方面形成人必须互借智-力才求得生存，因而必须组建社会。人的社会的产生，源于人致力于解决存在安全和生活保障的努力，而这一努力的本身构筑起社会必然成为不平等的根源。由此，等级、强权、暴力伴随社会，由政治、财富、知识形塑的威权主义必然导致人的尊严失迷；更根本的是，由暴力生成的生物主义强权，往往造成人的尊严的全面沦陷。所以，人要能够形塑尊严的存在，必须从根本上解决**人的**生物主义和威权主义，恢复人能够从动物存在的深渊中走出来成为人文存在的人的权利。

第9卷《平等保障自由》讨论尊严存在的人敞开生存、诉求自由和幸福的根本条件。

人从动物存在的深渊中走出来成为人文存在的人，应该享有的根本的人的权利是什么。

从存在世界中开出的人的世界，实是自然人类学对文化人类学的开辟。自然人类学开辟出文化人类学，就是人从动物存在的深渊中走出来成为人文存在的人。**人的人文存在必须用尊严来形塑**，这表明尊严虽有自然的依据、人性的依据和自身的条件，它却不是天赋的，而是后天**人为的努力**。尊严的后天人为性质和努力方式，将威权主义和生物主义凸显出来，突出人的存在权利的重要和根本。用人的存在权利来抵制生物主义和解构威权主义，构成尊严形塑人的存在的根本方法。

人的存在权利涉及方方面面，但根本的方面有二，一是平等，二是自由。相对而论，平等是自由的绝对前提，自由是平等的实现方式。其他所有的权利由此衍生出来并回归于此。

平等的问题发生于人的存在，属于人的存在世界问题，但平等的土壤、平等的根源、平等的依据却来源于存在世界：存在世界既向四面八方敞开，也涌向四通八达。存在世界的四面八方性和四通八达性生成存在世界自身存在敞开的场化运动，存在世界存在敞开的场态化运动，构成平等的土壤；场化运动的存在世界的共生存在方式，构成平等的根源，存在世界自生生它的生生本质和生境逻辑，构成平等的依据。正是因为存在世界构成平等的土壤、根源、依据，平等之于人才获得了天赋性。

平等既是神圣的，这种神圣性注释了人的存在意义，并通过信仰来定型并以价值来显现；平等又呈现永恒性，这种永恒性既有其自然的来源，更出于人的存在境况本身。这就是天赋的平等落实在人的文化人类学进程中，就是根本的不平等。这种根本的不平等不仅是生存论的，其首先是存在论的。所以，从不平等的实然存在出发展开平等追求，客观地敞开存在论、生存论和实践论三个维度。

在存在论意义上，不平等来源于个体和社会两个方面：就个体言，不平等根源于出生、地域、造诣三大因素。从社会讲，不平等构成社会的本质，也成为社会的本体结构，即社会是以不平等为准则构建起来，并以不平等为依据而运作。

存在论的不平等必然落实在生存的方方面面而生成出生存论的不平等。生存论的不平等，既可是个人之为，更源于社会之为，并且主要来自社会之为。具体地讲，社会形塑社会的生存不平等才造就出个人的生存不平等。社会形塑社会生存不平等和个人生存不平等的实质方式，是通过选择政体、生成制度、建构法律和编制规程体系并最终通过国家机器和语言两种基本工具来实现。在生存论的不平等框架下，形成了实践论的不平等。实践论的不平等的具体呈现，从个体言，就是出生、地域、造诣的无限度张扬；从社会讲，就是来自四面八方和四通八达的被规定性和被规训化，包括教育、择业、劳动、分配、消费和言行等方面的被规定性和被规训化。

存在的不平等是宿命的。在不平等的存在宿命框架下，诉求平等构成人的存在的根本权利，这种根本权利的享有通道只能是生存论的构筑和实践论的形塑。这种构筑和形塑也潜伏着四面八方的或然性和四通八达的可能性，但它集聚于诉求的六个基本方面，它以尊严地存在为目标，诉求人格平等、起点平等、机会平等、原则平等和构筑运作原则的机制平等，由此努力最终诉求尊严平等而实现尊严地自由存在。

第 10 卷《自由化育美生》讨论人的存在自由和自由存在的善美敞开的社会条件。

如果说人格、尊严、起点、机会、原则和运作原则的机制平等，构成人人拥有天赋权利而生存的根本保障，那么自由权利的平等配享却是人人创造美化生存的保障。

在人的存在权利体系中，作为根本的存在权利之平等和自由，虽具有生成论的逻辑关联，但其之于个体之人和由个体之人缔造出来的社会而言，根本功能和作用是各有其别：**平等是保障生存的，自由是创造生活的**，具体地讲，自由是创造美的生活的根本权利。

自由之于人和社会，是最为古老而又常青的问题。但在过去，思想家们更多地将对自由的热情置于实践的论域，并更多地予以政治学的探讨，由此使自由问题成为生物主义和威权主义的最为敏感的问题，也成为病理学之恶得以泛滥之源，即生物主义和威权主义总是**任性地自由**，是从政治出发用强权来定义他们的自由和规训社会与众民的自由。但就其本身言，自由，既是一个存在论问题，也是一个生存论问题，最后才是一个实践论问题。实践论的自由问题，本应该以生存论的自由为指南并必以存在论的自由为依据；并且，实践论的自由，始终是政治学性质的。要使政治学性质的实践论的自由获得尊严、人格、起点、机会、原则和运作原则的社会机制等方面的人人平等的性质规定，并发挥其如此性质规定的创造美生的功能，必须先立其存在论的自由依据和生存论的自由界标。

自由和平等一样，在本原意义上不是由人来确定，而是由造物主的创造所书写，因为自由是属存在世界的，是存在世界的自身方式，也是存在敞开自身的具象方式。存在世界以自身方式敞开存在，即是自由。造物主创化存在世界以同样的方式赋予存在于存在世界中的存在者以自身方式敞开存在，所以，造物主的创造中，存在者同样享有存在的自由。人类物种是存在世界之一存在者，它以自然人类学的方式敞开存在，亦是自由地存在。在造物主的创造中，存在世界以自身方式敞开存在的自由，即是自身的本性使然，存在世界中的存在者以自身方式敞开存在的自由，同样是自身本性使然。自然人类学的人向文化人类学方向敞开，而使动物存在的自己从黑暗的深渊中走出来而显发为人文存在，同样是自身存在本性使然，这即其自然人类学的存在本性向文化人类学的存在本性生成使然。作为文化人类学的人的存在本性，就是意识地觉醒自身存在的他者性中"**有权如此**"地存在，这种"**有权如此**"地存在的自由即绝对自由。"**有权如此**"地存在就是人从自然人类学向文化人类学方向进发的存在自由。

人的存在自由源于天赋，是天赋的人权。天赋人权的存在自由之于自然人类学的人，是与所有存在者一样遵循从造物主的创造本性而一体地存在，自然不会产生存在自由的**裂痕**，更不会出现其存在自由的**破碎**。人的存在自由生发出问题，出现裂痕并敞开破碎，完全在于人从自然人类学向文化人类学方向进发途中所生发出来的意识将以自身方式存在的本性膨胀，使其"**有权如此**"地存在突破了**他者性**的存在边界，为解决这一存在意义上的裂痕和破碎，只能抑制意识对本性的膨胀而诉求其存在敞开"**只能如此**"地生存。人的存在敞开只能如此地生存的自由，就是生存论的自由。人的生存论的自由，就是**以他者性为界**（他人、他物、他事以及他种存在环境）的自由，这种以他者性为界的自由，就是相对自由的**己他权界**的自由和**群己权界**的自由。这种以他者性为界的己他权界的自由和群己权界的自由落实在生活运动中——更具体地讲，落实在人与人生活在一起的言行中——就是**权责对等**的自由和**公私分明**的自由。

以他者性为界的生存论自由，从人与人和人与群（群体、社会）两个维度规定实践论的自由，落实在个体（个人、群体、权力组织、政府）的实践运动中，就是**生活的自由**。生活的自由，不仅是相对的自由，而且是内涵清晰、边界明确的自由，这即是**有责务**的自由和**有节制**的自由。这种以责务和节制为本质规定的生活的自由，一旦忽视、遗忘或强行拆除了权责对等的责务和公私分明的节制，就会滑向"有权如此"地存在的绝对自由。在生活世界里，能够独享"有权如此"地存在的绝对自由的人，只能是少数人，但它必然是以绝大多数人丧失相对自由的权利为前提条件。所以，在生活世界里，当"有权如此"地存在的绝对自由得到表彰性认同或成为"合法"的时，则是生活大众的"只能如此"地生活的相对自由也即是有责务和节制的自由全面丧失的体现。这种人为地丧失其以责务和节制为本质规定的相对自由的基本环境，总是通过政体选择、制度生成和法律构建来呈现，来保障，来实现。因而，在生活世界里，人若要能获得平等的保障而创造美生的存在自由，却需要通过人权民主的政体、制度、法律来奠基。所以，在以他者性为界的生活世界要开辟美生存在的自由生活，不是个人所能做到的，需要"众人拾柴"的努力共同构筑权利民主的认知方式、价值体系和行动方法来全面清算生物主义和威权主义，前提是人人自觉地**自我医治**病理学的精神，诚心诚意地抛弃平庸之恶。因为生物主义和威权主义生产的精神病理学，总是传播垄断和谎言的病毒并传染平庸之恶。

3. 生存论的善业基础

第 11 卷《自然的善业》讨论自然生成的国家为何是善业和国家回归善业本原何以可能。

有关于"国家"，有两种定义，一是亚里士多德的定义，他在《政治学》中明确定义城邦（即国家）是一种善业，指出人们创建城邦（国家）的目的就是促使人人能过上"优良的生活"。二是马克思主义将国家定义为"暴力工具"和"压迫机器"。若对这两种"国家"定义予以选择，或许其民生者会取前者，威权者会取后者。但无论取向前者还是取向后者，都将如下基本问题凸显了出来：

第一，何为国家？或曰：国家是做什么的？

第二，国家何由产生？或曰：谁缔造了国家？

第三，国家得以缔造的依据何在？本体何在？本质何在？

第四，谁可以支配国家？或曰：谁才是国家的主人？进而，谁有权代表国家？

第五，何为正常的国家？或曰：正常国家的构成条件有哪些？

第六，如何使国家正常？进而，怎样使国家始终保持正常状态？

第七，在自然生成并遵从自然的法理的正常国家里，经济权、知识权、教育权、政治权（包括立法权、行政权、司法权）、媒体权如何有限度和有边界地配置，实现高效率地运作以保障人人存在安全、人人平等生存、人人生活自由和幸福。

如上构成第 11 卷所讨论的基本问题，并以期通过对如上基本问题的严肃讨论而可清晰地呈现以存在律法（自然的律法、人文的律法、社会的律法）为依据、以天赋的人性为准则、以人类文明为指南、以"生存、自由和幸福"为目的善业国家样态及其回归之道。

第12卷以"**文明牵引文化何以可能?**"为主题讨论文明对文化的牵引和文化对文明的进阶何以可能。

在习惯性的和感觉经验性质的认知传统中，文化和文明是等义与互用的，但实际上，文化与文明有根本区别：

文化，是人的自然人类学向文化人类学方向演化的成果，这种成果可能是形态学的，也可能是本质论和本体论的。英语 culture 源自拉丁文 cultura，而 cultura 却从其词干 col 而来，col 的希腊文是 con，表农夫、农业、居住等义。所以 culture 一词指农夫对土地的耕作，并因其耕作土地而定居生活，亦有培育、训练以及注意、敬神等含义，后来引申出对人的培养、教化、发展等内涵。归纳如上繁富的内容，"文化"概念的原初语义有二，一是指人力作用于自然界（具体地讲是土地），对自然事物进行加工、改造（具体地讲是耕作土地，种植并培育庄稼），使之适用于自己（具体地讲是生产出粮食以养活自己）。二是指人通过一己之力（比如耕作土地培育庄稼、饲养家禽并驯化动物）作用于自然界或自然事物的行动同时实现了对自身的训练，使自己获得智力发展并懂得其存在法则（比如自然法则）和掌握生存规律（比如人互借智-力地劳动和平等分享劳动成果等）地谋求生存、创造生活。要言之，文化即是**改变**（对象或自己）的成果，它可能是好，也可能不好，更可能成为坏。"五毛"们所从事的文字书写工作，却每天都在实实在在地创造着文化，但其创造出来的文化，不仅不是好的，而且还是坏的。不好的文化，不是文明；坏的文化，更远离文明。只有蕴含文明内容和张力的文化，才是好的文化。

所以，**文化不等于文明，文明只是文化的进步状态**，只有蕴含一种进步状态和进步张力的文化，才是文明。

并且，**文化史也不等于文明史**。在存在世界里，只要人类存在，只要民族存在，其文化就不会中断而天天创新。文化创新是文化的本性，只要文化存在，只要活着的人还运用文化，文化就无时不在创新。但文化并不能保证文明，文化创新也不保证其有文明的诉求和文明的内涵，所以，**文化不会中**

断，但**文明可能中断，甚至常常中断**。这种现象在人类文化史和民族文化史中比比皆是。

文明，是文化的进步状态。从文化到文明，其根本区别不在"文"，而在于**由"化"而"明"**。"明"的甲骨形式⿰日月、⿰日月、⿰日月、⿰日月，"从日，从月，象意字，日月为明。本义是光明。"卜辞义为"天明意。'其明雨，不其明雨'。"①所以，《说文》释"明，照也。从月从囧，⿰日月古文明从日。"无论甲骨文，还是《说文》，"明"字均表示自身乃日月所成。日月乃天之具体表征：天者，宇宙、自然、存在，相对人、人类言，它是存在于人和人类之外并且使人和人类必须伫立其中的存在世界。所以，"明"作为"天明意"，是指宇宙、自然、存在世界通过日月照亮，并以"明"的方式彰显天的意志、宇宙的力量和自然的法则，指引人和人类按照天意的方式存在。《尚书·舜典》"濬哲文明，温恭允塞。"孔颖达疏："经天纬地曰文，照临四方曰明。"② 其后，《易传·干·文言》曰"见龙在田，天下文明。"孔颖达疏"天下文明者，阳气在田，始生万物，故天下有文章而光明也"。《舜典》和《易传》关于"文明"的这两段文字可为互文，从四个不同的方面定义了何为"文明"。其一，**文明是对人的教行**。人（从动物到人）的本质（而不是形态、形式）的和本体的改变，是通过教行来实现。其二，文明以律法为本质规定，并以律法为指南。具体地讲，文明作为以教行改变人的根本方式，其最终依据是宇宙律令，自然法则和万物生长的原理，这就是"经天纬地曰文，照临四方曰明"的理由和"天下文明者，阳气在田，始生万物，故天下文章而光明也"的原因。其三，文明需要先行者，即以宇宙律令、自然法则和万物生长的原理为依据对人施以教行，使之成为人的前提，是必须"天明意"，即使自己明天意：**只有明其天意的人，才可施教行**。用宗教语言表述：文明需要天启者；用现代语言表述：文明需要先行者，文明始终是先行者的事业。其四，文明构成文化的指南的具体方式，就是文明先行者指引人的存在明天意、人的生存守律法，人的生活有边界，人的行为有限度。

以此观之，人的存在世界更需要的是文明，而不是文化。因为野蛮也可

---

① 马如森：《殷墟甲骨文实用字典》，上海大学出版社 2008 年版，第 165 页。
② （清）阮元校刻：《十三经注疏》，中华书局 2008 年版，第 125 页。

能创造文化，流氓同样可以创造文化，愚昧更可以创造出文化来，而**文明总是抵抗野蛮、消灭流氓、解构愚昧的社会方式和人类方法**。

第 13 卷以"教育与律法、人性和文明"为主题讨论教育何为和何为教育及形塑人性的可能性条件。

比较而言，文化的创造更多地充盈功利、实利甚至势利，并有可能呈非人性、反道德取向；与此不同，文明的建设，始终需要祛功利、实利、势利。文明是人性的光华，呈道德和美德的光辉，它需要教育的入场。

教育历来被定义为"传道，授业，解惑"，这一教育观念在近代得到了全面的确立，那是因为近代以来的教育更加宣扬**知识**的教化和**技能**的训练。其实，如此定义和规训教育，已从根本上解构了教育本身，使教育丧失了它自身的本性。因为这种性质的教育全面贯通了实利主义甚至势利主义，并且是以文化知识为根本资源。

真实的和真正体现其自身本性的教育，只能是以存在世界为源泉，以存在律法为依据、以人性为准则，以**文明知识**为根本资源。要言之，教育的自身本性有三：一是**律法主义**；二是**人性主义**；三是**文明主义**。由此，对教育的理解和界定，既可以从遵从律法角度来定义，揭示教育就是引导人学会遵从律法而存在；也可以从人性再造角度来定义，突出教育就是训练人进行人性再造而共谋生存；还可以从会通文明知识角度来定义，强调教育就是激励人会通文明知识而服务生活。但无论从哪个方面切入来定义教育，都是实现使人成为人而**有人性地生活**和使人成为大人而**有神性的存在**。为此，讨论教育和探索实施教育，其首要前提是澄清如下四个基本问题：

（1）何为教育？这个问题涉及世界存在与人的存在问题，具体而言，涉及自然人类学与文化人类学的问题。

（2）为何教育？这个问题涉及人的动物存在与人文存在的问题。

（3）如何设定教育的目的？这个问题涉及人的存在本体论和生存论。具体地讲，首先涉及人在宇宙中的地位，人的神性存在；其次涉及人为何需要尊严地存在；最后涉及人在不平等的存在世界里诉求平等和自由的美好生活如何可能的问题。

（4）教育的正常展开需要哪些基本条件？这个问题首先涉及教育的本性

和教育的异化；其次涉及国家的定义和定位；最后涉及文明的建设和文明如何可能形成对文化创造的引导与净化。

第14卷以"知识分子的形塑"为主题讨论技术化存在和实利主义生存场域中知识分子形塑何以可能。

知识分子的形塑问题实由两个具体的方面构成，即知识分子的自我形塑和知识分子的社会形塑。对这两个问题的澄清，涉及一个前提性问题，那就是国家社会和人类社会为何需要知识分子？这个问题总是被另一个问题缠绕和困惑，那就是谁是历史的创造者？或者（1）谁是文明的创造者？和（2）谁引领或推动了历史的进步和文明的前进？

如果民众可以创造历史，或者民众有能力推动历史的进步和文明的前进，实是可以不需要知识分子，或者知识分子可有可无，所以，采取威权主义和生物主义的双重方式来解构性矮小、软骨性诬化甚至从肉体到精神灭绝知识分子，是完全可行的，也是必要的，而且还应该是"合法"的。反之，如果创造历史或者说推动历史进步和文明前进应主要由知识分子来担当，那么，人类世界可以允许其他任何阶层堕落，也不能允许知识分子堕落。因为知识分子的堕落意味着人的世界重新沉沦到自然人类学的黑暗的渊谷，更意味着人从人文存在重新倒退到动物存在，牲畜猖獗于世，倒行逆施其绝对自由的丛林法则指导生活。

从历史观，历史的进步是以文明的前进为标志。而文明的产生和前进都需要先行者。这个先行者就是知识分子。作为文明先行者的知识分子，之所以有存在的依据和不可或缺的理由，就是**文明需要教行**。文明对教行的需要，则需要知识分子来担当和施行。知识分子担当和践履教行的基本方式有三：一是教育；二是探索真理、创造知识；三是道德的表率和激励。

因而，当历史进步和文明前进需要知识分子，当教育、真理探求、知识创造和道德表率与激励需要知识分子，知识分子的形塑问题就呈现出来成为至为紧要的人类存在论和社会文明论问题，这个问题落实在知识分子本身，就是知识分子的自我形塑和知识分子的社会形塑问题。

知识分子的自我形塑需要诸多条件，但主要条件有三个方面：

一是个人方面的，即作为知识分子"不应该成为什么"和"应该成为什么"两个方面，具体到日常生活中，就是"不当为什么"和"当为什么"，对这两个方面的界定和澄清，才可"当为而必为"和"不当为而必不为"。

二是社会方面的，即社会在政体选择、制度生成、法律构建等方面形成善待、尊重、激励人成为知识分子的环境。这涉及社会对"人"的基本定位和人与社会、国家的本原性关联。

三是历史、文化、传统的祛虚构和净化。祛虚无主义和净化的历史、文化、传统是形塑知识分子的基本土壤，也是形塑知识分子的重要社会方式。

第 15 卷以"知识、学术与大学"为主题讨论知识分子不可取代的独立工作如何形塑人的进化和社会文明。

知识分子之所以可以作为独立的社会阶层而存在，在于它具有其他阶层不能取代的独特性，这种独特性就是**创造**。知识分子的创造最为集中地铺开为三个方面：一是创造知识，为此而必须探索真理，解构遮蔽；二是创造学术，为此而必须弘大批判的学问，抵制意见的奴役，克服思想的瘫痪；三是创造大学，为此而必须遵从存在的律法，追求普遍的道理，张扬创造的个性，鼓励自由的探索。

知识分子创造大学的努力，是使大学本身成为创造的方式，创造的中心，创造的动力源泉。

大学之成为大学的根本性质和自身本分，是能够立定"四不服务"的阵脚，即不服务宗教，不服务政治，不服务经济，不服务就业。大学一旦成为**服务器**，变成服务宗教、政治、经济和就业的**工作站**，大学则不复存在，即或是它具有硬件齐全的设施和阵容庞大的形式结构。

大学保持创造的基本面向，是追求**存在真理**和创造**知识理性**。

大学也肩负服务的职能，却是以探求存在真理和创造知识理性的方式来展开对人的服务，即服务人的**人性再造**，服务人的**心智成长**，服务人的存在自由和生活幸福。

知识、学术、大学，此三者因为知识分子而自为弘大，构成文明的象征。文明即是知识、学术和大学，它的土壤是思想，灵魂是信仰，准则是存在的律法。知识、学术、大学因为知识分子而存在、而创造和发展、而弘大和繁荣。所以，知识分子是文明的主体，大学是文明的核心阵地，知识和学术、是文明的形态和光辉；而存在律法、信仰和思想，是文明的源泉。

4. 生存论的美学智慧

第 16 卷以"美的存在"为主题讨论人的美生存在的依据和基础。

美的存在论问题，是美的形而上学问题。

美的形而上学问题，是从哲学的形而上学发散开来的问题，它的基石由哲学发问存在所构筑。

哲学发问存在的形而上学的核心问题，是存在何以存在的本体论问题，由此形成美的形而上学的核心问题，亦是美何以为美的本体论问题。

美的存在论问题也涉及两个世界的存在，即存在世界的存在和人的世界的存在。

美之于存在世界的存在论，实是存在世界（具体地讲存在事物）以何种方式敞开自身存在？对它的拷问揭发出两个方面：一是存在世界的存在之美敞开为简单与复杂之美；二是存在世界的存在之美敞开对称与非对称之美。由此，复杂创造简单和简单创造复杂，构成美的存在论源泉。

美之于人的世界的存在论，即是人的世界以何种方式敞开自身存在？对它的发问必然凸显出两个维度四个方面的存在之美：（1）物在美和人在美；（2）知识美和原则美。

美的存在论的探讨必然铺开美的本体论，无论是存在世界的简单创造复杂的存在之美，还是复杂创造简单的存在之美，或者人的世界的物在之美和人在之美，或者是知识之美和原则之美，其本体之美都是场态之美和场域之美。其本体的本体之美，必是以生为原发机制、以生生为动力之源的生境逻辑之美。

造物主创化的以宇宙自然为宏观构架并以生命为实存样态的存在世界，就是它自身，它融通铸造真善美的律法于自身的内在神韵。只有人这种生命样态从自然人类学向文化人类学方向演化而推动动物存在的人从黑暗的深渊中走出来成为人文存在的人的这一过程中，构筑存在世界之内在神韵的真善美才因为人的意识的生成及自为弘大而获得了人为的"分"并立意于诉求意识地"统"。由此，美的存在论自然地生发其主体存在论。

美的主体存在论所必须讨论的核心问题有三：一是美的主体存在的发生学机制；二是美的主体存在的心灵学动力；三是美的主体存在的意向性方向。

第 17 卷以"美的形式"为主题讨论存在之美敞开自身的形态学。

存在，无论是存在世界存在，还是人的世界存在，其存在敞开即是书写，而存在书写必然形式化。存在书写的形式化呈现即是形式。形式化存在书写的形式，始终是**"有意味的形式"**。

形式的有意味性，源于对存在世界的形式化。形式化将存在世界化为美的形式的"意味"内容，既可能是存在世界的本真性，也可能是存在世界的本善性，更可能是存在世界的本美性，还可能是存在主体的心灵意向，以及存在主体敞开存在之问的情欲之美、思想之美、灵性之美或神性之美。

存在世界的实存样态是生命，生命书写自身存在的形式化努力所生成的"有意味的形式"，可归纳为三大类：

第一类：存在世界敞开书写的有意味的形式，它广涉存在世界敞开自身的方方面面，但最为紧要的方面有六：

（1）材料的"有意味的形式"。

（2）光与色的"有意味的形式"。

（3）时间和空间的"有意味的形式"。

（4）制造物的"有意味的形式"。

（5）确定性与非确定性的"有意味的形式"。

（6）存在之场敞开其四面八方和四通八达的"有意味的形式"。

第二类：人为书写的存在世界敞开有意味的形式，它同样涉及人的存在的方方面面，但最基本的形式之美有六：

（1）声音的"有意味的形式"。

（2）语言的"有意味的形式"。

（3）符号的"有意味的形式"。

（4）语词的"有意味的形式"。

（5）组织与结构的"有意味的形式"。

（6）秩序与混沌的"有意味的形式"。

第三类：主体性敞开的有意味的形式，它也涉及存在主体的方方面面，但最主要的形式之美有六：

（1）情感生发的"有意味的形式"。

(2) 想象敞开的"有意味的形式"。

(3) 心灵镜像视域敞开的"有意味的形式"。

(4) 自由表达的"有意味的形式"。

(5) 思想创造的"有意味的形式"。

(6) 知识生成与理论构建的"有意味的形式"。

第 18 卷以"美的生活"为主题讨论存在之美的生活形塑。

存在之美的生活形塑,也可称之为生活形塑的存在之美。

美的生活问题,涉及三个基本方面,一是人的生活何美之有?二是人的生活何以需要美?三是人的生活美在何处?

讨论"生活何美之有",必然牵涉出自然人类学的人走出黑暗的深渊向文化人类学进发和人从动力存在上升为人文存在的存在"意义"。意义构成人的生活之美的源泉。

拷问"生活何以需要美",必然牵涉出人的本原性的存在处境、状况和何以可能在其存在处境、状况中自持地存在的信仰、希望、爱。因为在最终意义上,唯有信仰、希望、爱的合生才能煽旺自由存在的持存、坚韧、坚守。因为,美是自由的象征,美更是自由的追求、行动、守望。而这,恰恰是生活的本质构成,亦是生活的本质力量。

追问"生活之美在何处",必然从存在意义本身出发,以因为自由而信仰、希望、爱本身而回归生活自身:生活之美在生活本身,生活之美在生活之中,生活之美在生活的经营、生活的创造和生活的全部努力和所有行动的过程之中,但首先且最终在身体之中,在身体的敞开与行动之中。

生活之美无处不在。有生活,就有美。经营生活,就在经营美,创造生活,就在创造美。并且,生活的想象,创造想象之美;生活对存在的记忆,创造记忆之美;对存在的遗忘,创造遗忘的美。生活的完整,是生活的完美;生活的残缺,亦呈现生活的残缺之美。残月之于人的生活,既是残缺之美,也是期待和想象完美之美。

第 19 卷以"生态修辞的美与恶"为主题讨论生态修辞的美的哲学问题。

生态修辞是存在敞开生存的基本方式,所以,生态修辞既是一个存在论概念,也是一个生存论概念,更是一个生活论概念。但无论是存在论意义的生态修辞，还是生存论和生活论意义的生态修辞，都是形式化的，并通过形式化而获得"有意味的形式"，所以，生态修辞也是美学的。

美学的问题，既是美的问题，也是丑的问题，前者呈现真善和利义取向的自由，或可说美的存在本质是真，美的生存本质是善，美的生活本质是利义取向的相对自由。后者呈现假恶和欲望取向自由，或可说丑的存在本质是假，丑的生存本质是恶，丑的生活本质是利欲取向的绝对自由。

由此，生态修辞涵摄了真善美利义和假丑恶欲望，但生态修辞首先是创造，既可创造出真善美利义的限度自由，更可创造出假丑恶欲望的无度自由。

生态修辞是存在的智慧，这种智慧的源泉是存在世界的本体之场，原发于造物主对以宇宙自然为宏观样态、以生命为实存样态的存在世界的原创之生和继创之生生。生态修辞这个存在的智慧被人运用于生活的构建，就演绎成为根本的和普遍的方法，广泛地运用于个人生活和社会运动的方方面面，其中最为根本的方面，就是政治、经济、教育、文化和生活交往交流等方面。

生态修辞运作于政治、经济、教育、文化等领域，既有实体的方式，也是虚体的方式，前者主要是通过政体、制度、法律、组织、结构、秩序、规程和教化（观念、内容、方式、方法）、宣传、伦理、道德等社会方式来实现；后者主要是通过语言来实现。而在更多的时候是对其实体方式和虚体方式的综合运用。这种综合运用既可呈现柔性的取向，也可呈现暴力的取向。一般来讲，在正常的社会里，生态修辞的运用主要呈柔性取向；在非正常的社会里，生态修辞的运用主要呈暴力取向，包括政体的暴力、制度的暴力、法律的暴力、武装的暴力，而最为普遍的和无孔不入的是语言的暴力。运用语言的暴力来予以生态修辞的基本方法主要是象征、隐喻、（扩张、压缩或扭曲的）夸张、虚构，而历史虚无主义和民族主义是其象征化、隐喻化、夸张性和虚构化的语言的暴力的基本的和普遍的方法。

生态修辞的美，创造人的尊严存在，诉求生存、自由和幸福。生态修辞的恶，不仅是暴力主义的，而且是平庸主义的。

第20卷以"哲学意向的中西会通"为主题讨论哲学的人类学和世界主义及其超越性会通。

哲学的超越性会通，首先涉及哲学何为和哲学为何的问题，其次涉及哲学的性质定位和本分问题。哲学是存在之问，但其存在之问原发于存在的困境和生存的危机，因而，哲学的存在之问，是为解构存在困境和生存危机提供根本的解决之道（真理、知识、方法）。所以，存在必须且只能面对存在而发问，包括面对存在世界的存在和人的世界的存在而发问，并且这种发问不是历史的，只能是当世的。由此两个方面观，哲学何为和哲学为何的问题，实际地蕴含哲学超越性会通的自身依据。

哲学会通是空间化的，而非历史性的。因为哲学始终行进于当世，是对在世之在和在世之中的当世存在的发问，而非对哲学成就的历史的发问，这是哲学与哲学研究的根本分野之呈现。

哲学的超越性会通，只能在哲学意向的层面。所谓哲学意向，即是哲学发问存在的场态化的视域意向、思想意向、方法意向和存在敞开生存的心灵镜像意向、情感意向、精神意向。

哲学意向的会通，既源于中西哲学个性的激励，也源于中西哲学共性的鼓动。因而，理解哲学的个性和共性，是探讨哲学以意向的方式会通的真谛的前提条件。

哲学的个性，主要由特定的地域、具体的民族、民族化的自然语言和个体化的哲学主体即哲学家所书写。

哲学的共性，主要由宇宙自然、存在世界、律法（主要是存在的律法，但也涉及人文的律法和社会的律法）、真理、宗教、信仰、人文精神等因素所书写。

哲学会通的基本方法，是问题。

哲学会通的根本方法，是形而上学，即存在本体论方法，或可说是场化本体论方法。

目 录
CONTENTS

总　序 ··· 1

自　序 ··· 1

导　论 ··· 1

第1章　社会 ·· 11
一　社会的型式 ·· 12
　　1. 社会的不同构成型式 ·· 13
　　2. 两种社会型式的呈现 ·· 17
二　社会的性质 ·· 20
　　1. 社会的先在性 ··· 21
　　2. 社会的民生化 ··· 29
三　社会的构成 ·· 37
　　1. 历史·人性·主体 ··· 38
　　2. 信仰·公意·自由 ··· 44
　　3. 多元论的社会结构 ·· 48
四　社会的功能 ·· 53
　　1. 生长·开放·保守 ··· 53

  2. 善美·节制·共生 ·· 61

第2章 自由 ·· 65

 一 自由的两个来源 ·· 66
  1. 何为"自由"？·· 66
  2. 物种进化的自由 ··· 69
  3. 化物为人的自由 ··· 73

 二 自由的存在敞开 ·· 81
  1. 存在自由 ··· 81
  2. 生存自由 ··· 88

 三 自由的生活实训 ·· 97
  1. 基本含义的理解 ··· 98
  2. 自由实行的方式 ·· 102

 四 生活自由的权界 ··· 106
  1. 自由与任性 ·· 107
  2. 权界的自由 ·· 115

第3章 平等 ·· 130

 一 不平等的根源 ·· 132
  1. 不平等的两维呈现 ······································ 133
  2. 出生·地域·造诣 ······································ 135
  3. 制度·结构·分配 ······································ 142

 二 平等的基础 ·· 151
  1. 政治平等 ·· 152
  2. 法权依据 ·· 155
  3. 人性土壤 ·· 159
  4. 思想基石 ·· 163

 三 平等的基本方式 ·· 168
  1. 平身与平利 ·· 169

2. 平权与平责 ·· 174
　四　平等的生活法则 ·· 177
　　1. 自然和边界 ·· 177
　　2. 坚守和容忍 ·· 181

第4章　公道 ·· 189

　一　人道 ·· 189
　　1. 人道的内涵构成 ·· 189
　　2. 人道的理性结构 ·· 193
　二　公正 ·· 197
　　1. 公正区别于正义 ·· 198
　　2. 公正的人道本质 ·· 205
　　3. 公正的平等自由 ·· 211
　三　仁爱 ·· 218
　　1. 仁爱的本质与基础 ·· 218
　　2. 自律的方式和行为 ·· 222

参考文献 ·· 226

索　引 ·· 231

后　记 ·· 241

自　序

　　生存，总是既牵涉过去和已然，也带出未来和将然，却始终敞开于当下而杂糅着实然和应然。对由生存引发出来的生存问题的正视，必涉及价值判断，由此使价值重建构成正视生存问题的必要前提。然而，重建价值需要当世哲学和思想，哲学和思想的当世创造需要能够发问当世存在的哲学家和思想家。这要求生存论研究首先关注活跃于每一个当世的哲学家、思想家产生的自身因素、社会土壤和历史条件，然后检视一切已然的哲学和思想的成就虽然为探索解救当世的根本之道提供诸多的启发（参见卷一《书写哲学的生成》），但由于这些已然的哲学和思想无论如何博大精深和精致，都是相对产生它们的已然当世而言，面对正从四面八方涌来又向四通八达奔流而去的杂糅着实然和应然并总是忙乱应对黑暗的未来的当世存在困境和生存危机，能够正面提供解救的根本之道（即存在的根本智慧和方法者），只能执着于发问正在进行时的当世存在的当世哲学（参见卷二《存在敞开的书写》）。于是，"生存论研究"分别从三个层面发问当世存在：卷3《生成涌现时间》，发问存在世界何以存在，构建存在世界的本体论；卷4《限度引导生存》，发问人的世界何以存在，建构人的世界的本体论；卷5《律法规训逻辑》从律法与逻辑入手，会通存在世界的本体论和人的世界的本体论，建构当世存在的知识论和方法论。如上工作为重构生存论价值体系提供了认知、思想和方法论。卷6《意义与价值》讨论价值重构的基础问题，即存在（存在世界和人的世界会通）敞开的意义如何经历"事实"的桥梁而向价值生成，勾勒价值重建的逻辑和内涵体系。在此基础上，卷7《善恶的病理问题》重新拷问从信仰到善恶的根本问题，构建起价值重建的方法论；卷8《论尊严》正面重建主体论和目的论的价值坐标体系。如上方面的工作可概括为清基、筑基和成则建法，即清理认知的蛛网，构筑信仰和思想的基石，建构价值通则和普遍的方法论，为生存论研究提供存在的信仰、思想、认知、方法体系。

二

从第9卷始，正面检讨生存问题。

生存问题，无论之于个体还是之于类（群类、族类、种类），其核心问题始终是平等和自由。平等、自由，作为问题而呈现，总是因为人，并且总是**因为人向人聚集**。这就是说，当人向人聚集，必然地生发出平等和自由的问题来，然而，其根源却因为人本身。假如平等或自由之于人仅仅属或然，或仅仅是偶然，那么偶然之后，或者避免或然，平等或自由就不会在人身上发生。一旦这样，人向人聚集也就不会引发出平等或自由的问题来。然而，事情并非如此简单，平等或自由并不是外在于人的或与人偶遇的"东西"，而是**人之内在性敞开**。

自由，是人的内在性敞开。

自由作为人的内在性之敞开，引发出平等。这就是说，人的内在性一旦自为敞开，不仅呈现自由，而且也带出平等。所以，平等也具有其**内在性潜质**。能够生发出自由且可带出平等的人之内在性，不过是蕴藏于人的生命之中的生性和生机，它是人作为物理存在和生物存在而被创化所成。具体而言，造物主创世界，不仅创化出世界的实存样态宇宙自然和万物生命，也创化了世界得以继创生之生性和生机。人这一自然物虽是万物中之一平常物和众生命中之一渺小生命，但它仍然与宇宙自然和万物生命同享了造物主创世界的全部现实性和可能性，包括得以继创生的生性和生机，即自生之生性和共生之生生机制。从发生学和本原论观，生和生生是造物主的创化力，也是造物主赋予所有创造物——包括宇宙和自然、万物和生命，以及人这一平常而渺小的生物——继创生的本性和原发动力。所以，宇宙自然、万物生命、人类生物得以继创生的本性和原发动力，就是其自为存在和关联存在的内在性。被创化所成且能自为和互为其继创生的生之本性和生生的生机，就是存在的内在性，它既是一切存在者的内在性，也是所有存在者得以关联存在的内在性，当然也是人这种得以与他者关联存在的内在性，这种内在性的存在性敞开就是自为的生和互为的生生，这种自为之生和互为之生生，就是自由。这种内在性和内在性敞开的自由，是造物主对人这种物和人这种生命的赋予，这种内在性和内在性敞开的自由，成为自然人类学的物向文化人类学的人方向敞开的原发动力，并成为文化人类学的人从"化物为人"走向"化人为人"和"化人为神"的原发动力。这是人"生而自由"和自由是"天赋人权"的存在论依据，这也是人"生而平等"和平等是"天赋人权"的存在论依据。没有这个存在论依据，无论是自由还是平等，都难以成为生存的根本问题、核心问题；没有这个存在论依据，自由和平等的生存论问题，往往可能被归类为非合法性问题。生物主义、唯物质主义以及各种形式的激进主义，之所以能够以各种面目和方式否定自由和平等，就是因为这些"主义"阉割了人的存在论来源。

三

生存问题，首先是一个人的问题，一个个人问题，然后才是一个社会问题，一个由人组成的社会问题。客观而言，人是生存问题的根源，但生存问题却真正产生于**人向人聚集**，这就是说生存问题始终产生于人向人聚集的社会。讨论生存问题，必须聚焦于社会。这是因为，社会不仅产生于人，是人的存在敞开关联生存引发出来的一切可能性的会聚之所，也是国家诞生和存在的母体，更是政府的落地生根的土壤和运作国家的平台。

生存问题作为人化的社会问题，无可回避地聚焦平等和自由的所有问题和全部可能性，这些所有的问题，最终只能通过构建公道的方式来谋求解决；这些全部的可能性，最终只能借助于公道功能的全方位释放来实现。因为平等和自由的问题始终生生不息地发生，所以公道解决平等和自由的问题及方式和实现平等和自由的努力，也会因此而生生不息地运作。所以，平等、自由、公道，此三者构筑起社会解决人向人聚集和人与社会组织、人与政府、人与国家之间保持理性的限度并形成不可逾越的、明智的边界约束框架、权利-权力结构。

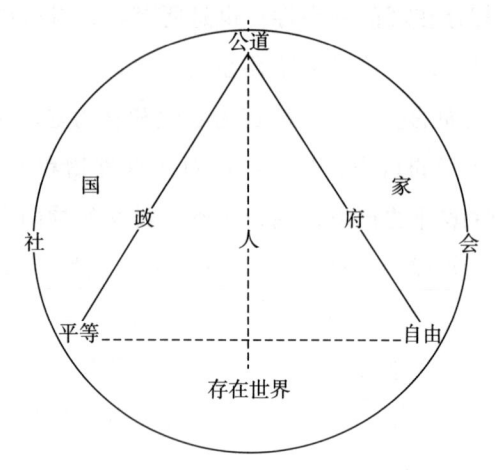

```
            公道
           /|\
          / | \
      国 /  |  \ 家
       /政  人  府\
    社/    |    \会
     /     |     \
    平等---+---自由
          存在世界
```

[序-1：权利约束权力的社会结构]

四

  自由是天赋的，天赋自由，不仅于人，首先是存在世界。宇宙自然和万物生命皆因其生和生生而自由，人"因生而活，为活而生，且生生不息"的生存本质和行动指向，就是自由。所以，自由是天赋的，更是人为的。天赋与人为的合生发力，自由无可阻挡。只有当人被彻底地沦为非人之物，沦为纯粹的工具、人矿和耗材之时，天赋与人为的自由行动、自由努力才可被阻挡，甚至被消灭。

  在社会里，自由与不自由或自由与无自由的根本标志，是平等或非平等、平等或不平等。从发生学和本原论，由自由引发的平等并非天赋，只有当天赋的自由朝生存领域敞开遭遇不自由时，平等才被引发出来。平等始终源于人为，具体地讲，**平等源于自由对自身的行动和要求**。平等的非天赋性，根源于平等在本原上是非平等的，即平等不是一个天赋人权的问题，而是一个天赋自由的权利遭受阻遏时引发出来的问题，所以，平等是因为自由而产生并为其自由而获得自身存在的资格并发挥存在功能。

  进而言之，造物主创世界，赋予世界（及其实存样态宇宙自然和万物生命）继创生之生性和生机，使之内在化的生性和生机敞开为自由的原创力，却并没有赋予其平等，具体到人类物种进化为人种，成为文化人类学的人类进程中，其"因生而活，为活而生，且生生不息"的行动与努力，就是突破不平等的种种阻碍而得自由。具体地讲，人与所有物种生命一样，无论在原创化阶段，还是在继创生进程中，都无平等可言，这种不平等的天命落实在人类从自然人类学的黑暗深渊中走出来向文化人类学方向前进构建人的社会的进程中从两个方面凸显出来：首先，不平等是原发性质的，这即人的出生、地域、天资、造诣的差异性一旦向存在敞开的所有领域，就呈现本质的不平等。而由出生、地域、天资、造诣等差异性生发出来的原发性质的不平等，却构成组建人类社会的必需条件，即只有充分承认出生、地域、天资、造诣的客观存在的合理性并使其获得建构社会的合法性时，社会才得以建立，并获得结构的定义和秩序的功能。其次，不平等也是继发性质的，这就是说，社会的不平等，除了诸如出生、地域、天资、造诣等原发性质的因素，更有其人为性质的不平等因素，这些继发性质的不平等因素，呈现为建构社会的组织形式、社会结构的构建、社会秩序的安排、个人权利与利益的分配和社会权力的安排与运行等都需以出生、地域、天资、造诣本身的差异为原发条件，并以不平等的出生、地域、天资、造诣为社会动力。由此两个方面使由人所组织建构起来的社会必然地成为普遍不平等的社会。其一，原发性的不平等因素即人的出生、地域、天资、造诣，既构成社会不平等的来源，也成为一切不平等的前提、出发点和原发机制；其二，继发性的不平等因素即社会组织形式、社会结构方式、社会秩序安排、社会分配方式——包括权利分配方式、权力分配方式、利益分配方式和责任分配方式——等对出生、地域、天资、造诣的承认和合法性维护所形成的不平等，构成催化社会不平等的基本因素。

如上来自原发性质和继发性质的不平等，形成对天赋自由的阻遏力量，这种阻力量激发出人的天赋自由的本性更为激烈地释放出争取自由的活力和行动，而直指不平等，即突破天赋的不平等和人为的不平等，因为争取天赋自由的人们深知，只有突破来自天赋与人为两个层面的不平等坚冰，才可实现天赋自由的权利和天赋自由的幸福，由此，因为自由而向平等开展的生存运动在充满活力的社会里生生不息地展开，并总是获得生生不息的自由成就。

五

因为自由而争取平等,通过平等而实现自由和保障自由,使平等成为自由的前沿阵地。消灭不平等,成为人类社会的主体化意愿,但因为不平等总是构成社会(结构、秩序、创生、发展)的基石而终不可消灭,只能退而求其次,那就是尽可能地缩小不平等的社会空间,具体地讲,就是社会正面选择人权至上的权利政体,消灭和根除一切形式的蓄意制造不平等的制度和任性扩张不平等的法律,解构一切形式的维护与自由相违背的社会组织形式、社会结构方式、社会秩序安排,以存在世界的存在法则、自然法则、生命法则和人权法则——具体而言就是以自然律、人文律、社会律——的合生为依据,以平身、平利、平权的权利为准则,以人的自由和尊严存在为目的来不断地完善社会机制,提升社会平等水平,使日益广泛的平等真正担当起保障自由和实现自由的责任,使日益普遍的平等成为保障自由和实现自由的基本方式,这就需要构建以人道为指南,以公正为规范,以仁爱为滋养力量的公道社会机制,全面培育和立体释放自律的人文力量和他律的社会力量。

导　　论

匈牙利诗人裴多菲·山陀尔（Petöfi Sándor，1823-1849）在《自由与爱情》（*Freedom and Love*，1847）中宣誓"生命诚可贵，爱情价更高。若为自由故，两者皆可抛"。然而，无论从生活的逻辑观，还是以理性的逻辑言，**生命不存，何来自由？**爱情本是自由的象征，无有爱情的生活，自由又有多少意义？但诗之为诗总以反常理的方式——以反语言、反修辞、反逻辑——的方式来表达被实利化的生活遮蔽了的本质存在。裴多菲的这首诗亦是如此，以一种违反常理的方式，用"生命"与"爱情"为铺垫来表达"自由"高于一切。

自由为何高于一切？

自由能否高于一切？

自由基于什么而高于一切？

自由高于一切有无条件要求？

一

近代英国作家笛福（Daniel Defoe，1660-1731）的《鲁滨孙漂流记》（*Robinson Crusoe*，1719）讲述了一个英雄励志的故事：鲁滨逊·克鲁索（Robinson Crusoe）出身于中产家庭，其一生志于遨游四海。在一次去非洲的航海途中遭遇风暴而只身漂流到一个无人的荒岛上，但他以其坚韧不拔的意志在这与世隔绝的荒岛上生活了长达28年之久，并以始终不懈的努力寻求逃生之方，最终得以返回故乡。

笛福的《鲁滨孙漂流记》并不是虚构作品，而是取材于苏格兰的一个名叫亚历山大·塞尔柯克的水手的真实经历，即水手塞尔柯克因与船长发生争吵，于1704年9月被船长遗弃在大西洋中的一座荒岛上，度过了4年又4个月后，被伍兹·罗杰斯船长所救。笛福以塞尔柯克的传奇故事为蓝本来表达他的社会理想。但无论是真实的水手塞尔柯克，还是虚构的鲁滨孙，其意外来到一个无人烟的荒岛上——这样一个除了自己再无他人的世界——应该是一个能完全地听从意志的安排，并想干什么就干什么、想不干什么就不干什么的绝对自由的世界，但鲁滨孙和塞尔柯克为什么要千方百计地逃离如此自由存在之地？并因得以逃离荒岛而庆幸呢？

塞尔柯克的荒岛经历和鲁滨孙的漂流故事，或许表达了与诗人裴多菲完全不同的生命观、爱情观和自由观。试想，如果这个荒岛尚有人烟，有适宜生存的气候，有充沛的物质条件，有丰富的矿产，有方便的交通，当然还有包括除自己之外的众多男人和女人，有存在的安全和流连忘返的爱情，无论是真实的塞尔柯克还是虚构的鲁滨孙，会想着逃离吗？

塞尔柯克的实际荒岛经历和鲁滨孙的虚构荒岛漂流，隐含三个方面的共同性内容：第一，他们都是被迫来到这样一个只有一人的与世隔绝的世界；第二，他们都被迫享受这**一人世界**的自由存在，却并未因此获得可以任性地自由的世界而感到快乐和幸福，而是以此为人生的灾难和痛苦；第三，他们自被迫踏上这只有他自己的一人世界之日始就渴望逃离，并最终得以逃离而回到**社会大众的**世界，并以此庆幸余生。这三个方面的隐含内容又表明了一个共同的事实：**人的自由始终是有条件要求的。**

二

宗教，是人类存在的一种神圣精神方式。宗教经典，不过是对表述这种神圣存在的精神方式提供一个体系化的理念的依据。但这个体系化的理念的依据也不完全是凭空的想象，而应该是对远古人类的**本原性存在**的**想象化追溯**，它所表达的核心信念、思想和精神始终是真实的，正是因为这种真实性，宗教和由此可以无限播散开去的信仰存在才能抗拒一切形式的腐蚀而铺张出永恒的魅力。

以此来看《圣经》的创世纪，其实是想象性追溯了**人类自由的发生学**。人类自由的发生学问题，蕴含两个至为根本的问题：一是人类自由是伴随人类的诞生而发生；二是人类自由的发生隐含了性质和内容完全不同的两次经历，这都源于人类的两次诞生。在人类现有的人文宗教中，能够较为完整地想象性追溯了人类两次诞生的发生学和两种性质与内容完全不同的自由的发生学经历的只有《圣经》——《圣经·创世纪》想象性追溯了人类前后相续却跨度巨大的两次诞生，以及由此诞生所引发的不同自由内涵与取向。

首先，人类的第一次诞生，源于耶和华的创世界。耶和华创世界的工程共经历了六天时间。在前五天，耶和华先后创造了天地、空气、海陆、昼夜、生命。然后在第六天创造了人这一物种生命。耶和华创世界，赋予了所创世界和构成其世界的万物、生命包括人这一物种生命各居其位的存在，并赋予他们**各自为生**的条件和自由。

第一天，上主耶和华创造了天地。但由于所创造出来的"天地还是混沌空虚，深渊上还是一团黑暗。上主的灵在水面上运行"，为解决黑暗问题，他创造了光，将光与黑暗区分开来，并将其分别称为"昼"和"夜"。

上主所创造的天地，尽是水。于是第二天，他创造出空气，把水分出上下，将空气以上的水名之为"天"，使空气以下的水漫于大地。

第三天，上主继续其工作，首先将漫于大地的水聚于一处，使旱地从水中暴露出来，并称前者为"海洋"，后者为"陆地"；然后使"大地上生出青草"、"结种子的蔬菜和各种结果子的树木"。

第四天，上主将天上变成光体，分出昼夜，作为"规定时节和年月日的记号"。具体地讲，上主在天上创造出两个大光体，较大的光体控制白天，较小光体控制黑夜，并且还造出众星。将这些光摆列在天空之中，使之普照在大地上。

第五天，创造出生命，包括天上的飞鸟，水中的生物和陆地上的动物，包括牲畜、昆虫、野兽，使它们各从其类，并祝福它们"滋生繁多"。

第六天，上主造人。他说："让我们照我们的形相，按着我们的模样造人，叫他们管理海里的鱼，空中的鸟，各种野兽，在地上爬行的各种爬虫。"于是，上主按自己的肖像，造了一男一女，并祝福他们说："你们要生育繁殖，充满大地，治理大地，管理海中的鱼，天空的飞鸟，各种在地上爬行的生物。"并特地将伊甸园里的树上的各种果子分配给人做食物，将地上青草分配给天空中的飞鸟和地上爬行生物的食物。①

耶和华六天创世界的核心工作可概括为三个紧要的方面：一是将原本是水的宇宙分出上天之水和大地之水，然后将上天之水变成空气，空气凝聚而成为雨，将大地之水归整为海洋，并使陆地从水中显现。二是在天空和大地、陆地和海洋中创造出不同的生命，并赋予生命得以繁殖的两个来源，即光源和食物。三是按自己的肖像创造出管理天空、大地、海洋中生物的人，这就是亚当和夏娃，并赋予他们以管理的特权和自由。但同时赋予他们以"不能吃伊甸园中知善恶树上的果实，哪天你吃了，就必定要死"的训诫。

这就是人的第一次诞生。在第一次诞生中，人是作为造物主的创造物而出场，即诞生成为万物之一物和众生命之一生命的自然人类学的人，与此相伴随发生的是作为自然人类学的人的自由，这种自由是与万物和生命同质的。具体地讲，造物主给定的自由，是没有人的意识的自由，是依造物主赋予的本性的自由。这种性质和内涵的自由，在今天的人类看来没有实际的意义，但它是根本的，因为它事实地构成了后来其自然人类学的人向文化人类学的人方向进化而再发生的人类自由的本原和依据。

人的第二次诞生，也即人的第二次自由的发生学，却根源于人的第一次诞生和最初的自由的发生学。人的第一次诞生，是**被诞生**。诞生而在的人，只是上帝耶和华的人，或曰自然人类学的人，因而，第一次诞生中的发生的自由，亦是耶和华赋予的自由，或曰自然人类学的自由。人的第二次诞生却根源于第一次诞生，即因为第一次诞生而孕育了第二次诞生，这就是耶和华

---

① 袖珍本：《圣经》，思高圣经学会译，香港天主教方济会1988年版，第9—12页。

按照自己的肖像创造了人，并给他提供食物园，而且将表征善恶的智慧树也种植在这一食物园之中。这一切绝非偶然，很可能是耶和华的特意安排。假如这是耶和华的特意安排，或可用科学的方式来解释，那就是造物主耶和华赋予了人类物种进化的土壤、场域和机制，并特意地以训诫的方式提醒亚当和夏娃，如果你们愿意承受惩戒，则可如此这般。果然，夏娃虽然并不主动而只是被动，但最终不辜负耶和华的潜在期待而欣然接受了蛇的引诱、偷吃了知善恶之树上的禁果，犯下了原罪，被耶和华驱逐出伊甸乐园，发落风尘，降生于大地之上，人由此开始了流浪地球而在大地上自由地意识、自由地向往、自由地生活和自由地繁衍。

夏娃和亚当偷吃禁果，是人类自己在不经意中开启了第二次诞生。人类的第二诞生，表面看是被蛇诱惑而体现特别的无辜和无奈；但从实质言，却是夏娃和亚当的**自为**，它是人类物种从自然人类学的黑暗存在深渊中走出来而朝文化人类学方向展开，这种展开的标志，就是夏娃和亚当吃下知善恶的智慧果这一隐喻所表达的那个东西，即人质意识的获得、自由意识的诞生，具体地讲就是对象意识和分离观念的产生，它最初汇聚成直观的善恶意识和惊惧情感。所以这些汇聚起来构成了人的自由的第二次发生学，即人获得了**以自己的方式**去意识、触摸、感受自己和自己存在于其中的存在世界，这就是文化人类学意义上的人类的**原初自由**。

人的第二次诞生虽然在形式上也是消极、被动的，但在实质上是主动的。或者更准确地讲，人的第二次诞生催发了人的**不可逆向前**的主动性、自主性，这种不可逆向前的主动性和自主性既夹杂着对上帝的意识地摆脱冲动又倔强着对上帝的意识地回归之双重努力。所以，人的第二次诞生，使人从属上帝的人**质变**为属自己的人，这就是人作为自然人类学的**物**变成了文化人类学的**人**，更直白地讲，人类物种从动物存在变成了人文存在。人类物种的这一质变的根本标志，就是人由此获得了对自由的第二次发生学。人的自由的第二次发生学的特别意义体现在：人的属上帝的自由，即由耶和华赋予的自由变成了属人的自由，或曰属人的意识主导的自由。人的第二次自由的发生学表明，真正的自由只是人的自由，或曰只有属人的自由才是自由，否则，哪怕是造物主给定的自由，也没有实质的意义。更为根本的是，人的第二次自由的发生学定义了何为人的自由：**只有意识地思维并意识地生活，自由才真正地发生。**

三

概括上述，第一，对文化人类学的人类来讲，没有人的意识的自由，根本不存在自由。即使存在，也只是**他者化的**自由，这种他者化的自由对人的存在没有任何实际的意义。第二，只有自己一人独享的存在世界里，不存在自由。严复意译约翰·穆勒的《群己权界论》时开宗明义讲得很透彻，他说："夫人而自由，固不必须以为恶，即欲为善，亦须自由。其字义训，本为最宽，自由者凡所欲为，理无不可，**此如有人独居世外，其自由界域，岂有限制？为善为恶，一切皆自本身起义，谁复禁之！但自入群而后，我自由者人亦自由**，使无限制约束，便入强权世界，而相冲突。**故曰人得自由，而必以他人之自由为界。**"①（引者加粗）人的自由的产生，必须同时具备两个条件，第一个条件是**人的意识**，即人意识地思维和意识地生活，它敞开了人从自然人类学向文化人类学方向的开启。第二个条件是人的他者性存在，即唯有当人存在于他人或与他人组成的群中。第一个条件揭示自由是人**意识地诉求**的存在想望和存在事实，第二个条件揭示自由产生于人的群化存在。并且，第一个条件必须寓含于第二条件之中，并通过第一个条件而敞开。塞尔柯克的荒岛经历和鲁滨孙的漂流故事，分别从存在的事实和想象的事实两个方面证明了这一点。

由于自由必通过意识地思维和意识地生活而生发，则必然生出自由的无限可能性，并可能因此催发出自由的无限度性，自由的无限度性既可演绎出**绝对自由**，更可演绎出**任性自由**，由此触发自由侵犯、人身侵犯、权利侵犯、利益侵犯、财富侵犯，以及独裁、专制、威权、暴政，或少数人暴政或多数人暴政。人的意识地思维和意识地生活所催发出来的对自由的无限性以及可由此生成的自由的无限度性想望和努力，也就使自由本身成为最根本的和最紧要的存在问题和生活问题。

---

① ［英］约翰·穆勒：《论自由》（又名《群己权界论》），严复译，上海三联书店 2009 年版，"译凡例"第 2 页。

何也？

伊萨因·伯林（Isaiah Berlin，1909-1997）在《两种自由》（*Two Concepts of Liberty*）一文中指出，"所谓'自由'，只是不受外来命令所束缚地为自己选择自己的道路。（一般而言）'积极'自由只是当我们的意愿不受外在限制时的自由，在我们在意非此即彼的选择时，没有人向我们下达命令或者强制我们发生可不发生的事"①。自由既是节制的，也是节制的反向操作。人对自由的无限可能性以及由此演绎出来的无限度性，往往更为兴奋地使自由接受意志的召唤而解构节制，唯有这样，才可享受更多的或完全的个性和欲望激发的快乐。这一十分普遍的现象被阿克顿爵士（Baron Acton，1834-1902）表述为："自由的本义：自我驾驭；自由的反面：驾驭他人。"② 在阿克顿看来，自由的生存本质只能是**节制**，当自由丧失节制时，它就沦为对人的控制力量，包括对自己和对他人的控制力量。所以，节制，对于具有越来越强旺的意识地思维和意识地生活的人而言，实是难以具备的力量，即使是具备了也难以在任何情景下都做得到。基于人性与自由这种本能性的反向，阿克顿才无不忧虑地说：每个时代的自由都面临四大威胁，一是强人对于权力集中的渴望；二是穷人对财富不平均的怨恨；三是无知者对于乌托邦的向往；四是没有信仰的人把自由和放纵混为一谈。当这四种威胁合生为一种普遍性时，或被权力追捧为主导意志时，人要在无论生活领域，或者政治和经济领域成为真正自由的人，几乎成为最难的事。所以哈耶克（Friedrich August von Hayek，1899-1992）才异常悲观地将现代人的存在道路归纳为"通往奴役"的道路，并指出"在经济上的自由，是使个人能够自由选择为了满足自己的目标而劳动的工具……如果个人不再能够自由地为了满足个人的目标而工作，而是被指定努力追求社会目标，那么，他的人类特权就消失了"③。正如雅斯贝尔斯指出的那样："权力意志和暴力时刻准备着介入。在无能为力的情况下，它们开始提出要求，首先要求减轻受到损害的生存的重荷，然后要求权力平等和自由，之后要求占有优势、得到保障，并且得以统治（总是以某些共同利益

---

① Berlin, I., *Four Essays on Liberty*, Oxford: Oxford University Press, 1969, p.154.
② [英]阿克顿：《自由与权力》，侯健、范亚峰译，商务印书馆2001年版，第308页。
③ Hayek, F. A., *The Road to Serfdom*, Chicago: University of Chicago Press, 1976, p.45.

为名),最终以专横的方式行使专制。在日常生活中,暴力与自由理性不断进行着斗争。每一句粗暴的、打断讨论的话,每一种引起愤怒的反理性的专横,每一项片面的决定,每一个不在契约精神之内以及超越自身一定权限的命令,所有这一切都是在家庭的私人氛围中,在办公室的共同工作中开始其暴力性,最终必然爆发为战争,因为人实际上在其先决条件之中已经为暴力做好了准备,并且使其自身适应了暴力。"①

正是基于人类存在的如此境况,约翰·穆勒才异常谨慎地将自由收缩为人的最低限度的存在保卫方式:"人类之所以有理有权可以个别地或者集体地对其中任何分子的行动自由进行干涉,**惟一的目的只是自我防卫**。这就是说,对于文明群体中的任一成员,所以能够施用一种权力以反其意志而不失为正当,惟一的目的只是要防止对他人的危害。……任何人的行为,只有涉及他人的那部分才须对社会负责。在只涉及本人的那部分,他的独立性在权利上则是绝对的。"②穆勒将自由作为自我保卫的基本方式的思考及其形成的自由主义思想,完整地在其自传中呈现。他自我总结道:"《论自由》看来比我其余作品会传世更久(或许《逻辑学体系》是例外),因为她的心力与我的心力联在一起使它成为一种阐发完美真理的哲学教材,此种真理在现代社会不断的变革中将越来越明显突出。它指出,品格的多种类型对个人对社会具有重要意义,在人性向无数的和冲突的方向发展上给予完全自由,具有重要意义。本书论述所造成的深刻印象比其他什么更能说明这个真理的基础是多么深厚,尽管当时从表面上观察似乎并不急切需要这样的教导。我们在书中担忧,社会平等和代表公众舆论的政府将不可避免会出现,这会把划一的言论和行动的枷锁加在人类的头上,此种担忧在那些单看眼前事实不看未来趋势的人来看似乎只是幻觉,因为社会和制度中正在出现的逐步革命,迄今绝对有利于新思想的发展,使新思想比过去更能得到人们无偏见的吸取。"③

---

① [德]卡尔·雅斯贝尔斯:《论历史的起源与目标》,李雪涛译,华东师范大学出版社2022年版,第198页。
② [英]约翰·密尔:《论自由》,许宝骙译,商务印书馆1986年版,第10页。
③ [英]约翰·穆勒:《约翰·穆勒自传》,吴良健、吴恒康译,商务印书馆1992年版,第147—148页。

导 论

四

人类从自然人类学的动物世界中走出来向文化人类学的人文世界迈进的进程中，其意识地思维和意识地生活所铺张开来的**自由想望和自由努力**，往往制造无所不在的"自由的枷锁"，生产出层出不穷的自由问题。或可说，人类世界从古至今所生发出来的所有问题——无论是个人的存在和生活问题，还是社会的义与非义问题，抑或是政治以及经济领域的予夺问题——都由自由引发并最终归结于自由之中。解决这些所有的自由问题以及由自由所关联起来的全部问题，最终都要回到有关自由本身的场域中来。

生产自由、制造自由问题和解决自由困境的存在场域，即**社会**。社会是由人求群、适群、合群的意愿和想望之"与共"所缔造出来的。塞尔柯克的荒岛经历和鲁滨孙的漂流故事宣告，**没有他人与自己同在的世界，是不堪忍受的**。因为**没有他人与自己同在的世界，是没有自由的世界，没有自由的世界不是人的世界**，人对于非人的世界根本不能忍受。

人要与他人同在一个世界中才可生产出自由的存在，这是基于人既是他者性存在的人，也是世界性存在的人。人的这两种**本原性存在**决定了人必须与他人同在一个世界。人与他人同在一个世界的切实表述和实际的运作，就是人与人基于共同的意愿、想望和需要而缔造社会。人与人共同缔造社会的本来动机、愿望和需求是实现存在自由。由于自由本原于人的意识地思维和意识地生活而可使它生发出无限的可能性和无限度的行为冲动，这样一来就使原本可能通过它而实现自由的社会也动变起来、复杂起来而最终成为生产自由的问题的场源，即人的各种各样的自由的问题和自由的困境，正是通过社会这个场域而既从四面八方涌来又四通八达地播散开去。所以，社会实际地成为生产自由的问题的制造工场。"和其他种暴虐一样，这个多数的暴虐之可怕，人们起初只看到，现在一般俗见仍认为，主要在于它通过公共权威的措施而起作用。但是深思的人们则已看出，**当社会本身是暴君时，就是说，当社会作为集体而凌驾于构成它的各个个人时，它的肆虐手段并不限于通过其政治结构而做出的措施。社会能够并且确实在执行它自己的诏令**。而假如它所颁的诏令是错的而不是对的，或者其内容是它所不应干预的事，那么它就是实行一种社会暴虐；而这种社会暴虐比许多种类的政治压迫还可怕，因为它虽不常以极端性的刑罚为后盾，却使人们有更少的逃避办法，这是由于它透入生活细节更深得多，由于它奴役到灵魂本身。"①

  从自由的发生学观，人与人相向走近基于共同的意愿和想望而缔造出来的社会，实际地构成人人可能配享自由存在的第三个条件，也是人得以自由存在的根本条件。当这一根本的自由条件"社会本身成为暴君"时，所有的自由权利和自由想望都沦为不自由的"枷锁"。但"社会本身成为暴君"这种非人性状态，并不是社会本身使然，而是社会被无限可能性的自由意志和无限度扩张的自由行动裹挟使然，它的根本的动力是由欲望和贪婪烧旺**权力炉火**，因为财富提供享乐和纵欲而使财富本身构成权力的目的，自然激发欲望、贪婪、权力三者共同协作，使社会成为侵犯、剥夺、占有自由的暴君。因而，自由的想望和现实，必是对社会的不断耕耘，使社会本身成为播种、培育普遍自由的土地和场域。这需要恢复"社会在先"和"社会优先"，需要社会诉求民生化，需要"大社会、小政府"的社会结构，需要保守主义的思想和精神营养，需要善美、节制、共生的价值体系，需要重新认识自由，需要辨别自由的存在论、自由的生存论和自由生活的实行论，需要真正理解自由的相对和绝对，需要辨识少数人的自由与多数人的自由，需要警惕来自多数人的暴政的同时更需要特别地警惕少数人的暴政，需要澄清并区分自由的动机和自由之于权利、幸福、共生的实际目的以及自由的权界之于人人存在和生活的根本性，需要正视由出生、地域、环境、造诣**带来的**和**带动的**先在不平等，尤其应正视制度、结构、分配引发出来的后天性的**人为制造的**生存不平等，唯有如此，才可探究脚踏实地消解不平等的因素，缩小、降减社会不平等的范围和内容，最大可能地全面推进社会平等建设，以更加广泛而持久的社会平等来推进广泛的自由的实现，并保障平等的人人自由。

---

  ① ［英］约翰·密尔：《论自由》，许宝骙译，商务印书馆1986年版，第4页。

第1章　社　会

　　人类物种，无论从自然人类学起步朝文化人类学方向前进到了哪一步，他都保持自然人类学的天性，这就是他与存在世界所有物种同享同等的**天赋的**（或曰生俱来的）自由。然而，天赋自由的人类物种从自然人类学的黑暗深渊中涌现出来向文化人类学迈进之始，就沦陷于不自由的深渊。卢梭（Jean-Jacques Rousseau，1712—1778）将这种状况描述为"人是生而自由的，但却无往不在枷锁之中。自以为是其他一切的主人的人，反而比其他一切更是奴隶"①。在自然人类学状态，人只是一自然的生命物，它所享有的自由是**普遍的平等**，在这种普遍的平等的框架下，物种与物种之间的自由差异，实际地体现为物种个体与个体之间的自由差异，而个体与个体之间的自由差异，**也只是**身体力量的差异，身体之外再无制造自由差异的因素来自物种生命自身。当自然人类学的人类物种进入文化人类学进程，人与人之间的根本差异的生成之因，却伴随人的**意识地思维**和**意识地生活**的能力的日益增强而使身体因素越来越不重要，愈发重要的是来自个体身体之外的因素。这些造成人与人之间自由差异不断扩大的根本因素，从个人讲，就是**智-力**；从社会讲，就是**权力**，即掌控资源、环境、组织、结构等因素的**特殊能力**，这种特殊能力化的权力被个人或个人化的组织掌控之后，就实实在在地成为（**制造人与人之间自由差异无止境地扩大**）的根本力量，在这种根本力量的控制和运作下，就形成卢梭所说的绝大多数人丧失自由而沦为不自由的奴隶的存在状况。

---

① ［法］卢梭：《社会契约论》，何兆武译，商务印书馆2003年版，第4页。

卢梭还发现，这种控制和分配自由的根本力量，是一个组织体系，被网罗在这个组织体系中的权力者个体，比民众享有更多的自由，却也仍然处在不自由的枷锁之中，哪怕是居于这个组织体系顶端的那个最高位的人——独裁者，他仍然被绝对的自由意志牢牢地控制着而处于不可自拔的奴役之中，成为**绝对自由的奴隶**。因而，人类物种从自然人类学向文化人类学方向前进，一方面制造出不自由的奴隶和自由的奴隶；另一方面，没有自由的"不自由的奴隶"总是本能或自觉地以各种方式反对绝对"自由的奴隶"而争取自由。然而，这种努力无论以怎样的方式达成，都需要以反抗**不平等**的方式争取或创造**平等**。所以，讨论自由，必然牵动平等；考察平等，必须正视社会、了解社会。因为对社会茫然无知，只能隔空奢论而毫无意义。然而，对于现代人来讲，了解社会何其艰难，因为社会在人类的文明进程中呈现出来的状态与其本原状态面目全非。所以马克斯·韦伯在《理解人类行为的社会学》一文中才如是说，人类"集体活动的理性化，如与这种活动的条件和关系相比，其结果丝毫不会是认识的普遍化，它得到的常常是相反的效果。'野蛮人'要比通常意义上的'文明人'更了解自己赖以生存的经济和社会条件"[①]。基于对自由和平等的真正认知而了解社会，有必要先拨开其现代形态学的社会迷雾，再揭发其本原的生成性构成结构。

一 社会的型式

表面看，不自由的存在和绝对自由的存在完全不同，但透过表象察其根本，二者却是根源同一，那就是不平等。**不平等**，既源于社会的生成，也出于社会的制造。社会生成不平等，这是**自然造化**使然；社会制造不平等，这是**人力所成**。因而，无论从哪个角度切入，讨论平等必从社会始，这既是由平等的发生学所决定，也是由平等的生存论所激发。

平等的发生学，不是社会，也不是人，而是人与人的**相向需求**。人基于其相向需求的意愿来谋求生活的实现，如此引发社会的形成。这就是说，人与人相向需求的满足**引发**社会的产生，所由此产生的社会才生发出人的平等

---

① Max Weber, *Collected Papers on Scientific Theory*, Paris: Long Book Publishing Company, 1965, p. 397.

问题来。所以，讨论平等问题，必先了解**社会型式**。

1. 社会的不同构成型式

人类的社会形成，既经历了从"前社会"向"社会"方向演变的进程，也经历了从最初的"共同体"形态向成熟的"国家"形态方向演变的进程。

人类物种如何从"前社会"向"社会"方向演进？其演进经历了怎样的漫长历程？因为人类进化经历了一个无文字、无声音的漫长时代，有关社会的遥远起源已无实证材料可考，今天所能够进行想象性观测来源于两个方面因素的支撑，一是不断抉发却零碎的考古材料，但这些碎片性的材料也充满想象性，且可溯及的时间无能达及"社会"形成的"前社会"历史；二是各宗教的创世界学说，促成人类"社会"形成的"前社会"历史及其原发性生成，在宗教学的追述中得到想象性呈现：社会原发于造物主的创世界。造物主创世界的实质性呈现，即创造了世界的实存样态宇宙自然和万物生命。人作为既普通又**特殊**的生命物种，是在造物主创造出宇宙自然和万物生命之后按自己的肖像创造出来的，所以也属于原创化之物，虽然它是造物主原创化的最高成就之物，也仍然普通且平常地成为宇宙自然的构成元素之一，且混迹于万物和生命的世界之中，只是万物中之一物、众生命中之一生命，普通而平常。只是到了后来，具体地讲是存在环境的变化（比如蛇的诱惑），整体地讲是世界的继创生运动的推进，才有人这一物种从纯粹的自然人类学的状况中走出来，进入文化人类学进程。然而，人类智者们基于实证的本性并不满意自身的这种神创起源论，从而另寻蹊径，其中，摩尔根的《古代社会》应该是这方面的典范。他对人类如何从"前社会"向"社会"演进做了整体呈现：冰河时代之前，欧洲就有了人类存在，"他们的起源多半是在更前一个地质时期。与人类同时生存的许多动物已经灭绝了，人类却继续生存下来，并且在人类的若干支系都经过了一个发展过程，这个过程的经历和它的进步同样值得我们注意。……上述知识使得一向流行的关于蒙昧人与野蛮人、野蛮人与文明人之间的关系的看法大为改变。现在，我们可以根据有力的证据断言，人类一切部落，在野蛮社会以前都曾有过蒙昧社会，正如我们知道在文明社会以前有过野蛮社会一样。人类历史的起源相同，经验相同，进步相同"①。产生于冰河时代之前并经历冰河时代而幸存下来的人类，经历了蒙昧时代，并且"人类在蒙昧阶段的后期和整个野蛮阶段之中，一般都是按氏族、胞族和部落而组织的。在整个古代世界，这些组织到处流行，遍及各大陆；它们是古代社会赖以构成、赖以团结的手段。这些组织的结构，这些组织作为一系列有机体的组成部分而存在的相互关系，以及氏族成员、胞族和部落成员所具有的权利、特权与义务，都是人类思想中政治观念发展的例证。人类的各种主要制度都起源于蒙昧社会，发展于野蛮社会，而成熟于文明社会"②。

人类从蒙昧时代向野蛮时代进发，其所构建的"前社会"形态即从氏族向胞族、部落方向演进，最后落实为两性-血缘家庭。而人类物种群化存在的**组织形式**从"前社会"向"社会"方向演进的分水岭，即文明。所谓"文明"，就是人类物种不再完全以**自然物**生存，而是以取自然物为材料进行再造物并以**人造物**生存为基本取向。人类物种以人造物为主要的和基本的生存资源的方式，实要具备许多前提条件，包括主体性和客体性条件。就前者言，就是人类物种不仅具有意识地思维，而且具有将其意识地思维发展为意识地生活的能力。所谓"意识地生活"，是指意识地按照自己的意愿方式谋求生活、设计生活、创建生活。其中，**化物为工具**，进而从化物为工具中**发明技术**，是其意识地生活的根本方面，只有化物为工具和在化物为工具中发明技术，才促使意识地生活激情不断增强，才将意识地生活的能力不断提升。仅后者论，有两个方面最为根本：一是火种的发现与保存；二是种子的发现与运用，这是其根本的客体性条件。只有具备这两个条件，才能发现土地，发现与自己同样的生物和植物是可无限运用的资源，于是人类开垦土地，种植和畜养生物，定居生活……其主体性条件和客体性条件的综合，构成了文明本身，它结束了人类的野蛮存在状态而进入文明状态，即结束了"前社会"的组织方式和结构形态而进入了"社会"的进程。

人类从前社会状态进入社会进程，它的最初形式就是亚里士多德（Αριστοτ

---

① ［美］路易斯·亨利·摩尔根：《古代社会》上册，杨东莼、马雍、马巨译，商务印书馆1981年版，序言 i。

② ［美］路易斯·亨利·摩尔根：《古代社会》上册，杨东莼、马雍、马巨译，商务印书馆1981年版，序言 ii。

έλης，公元前384-前322）在《政治学》中讨论的"**村坊**"，后来用"共同体"一词来指称。"共同体"的英文形式 Community 源于拉丁语 communitas，本义为共同、共享。所以 Community 一词最初用于描述一个共同生活在一起、分享资源和责任的群体，这样的群体也不仅局限于地理上的集体，还包括具有共同兴趣、目标或身份的群体。在人类学和社会学中，它可指称一个小的地方社区，比如亚里士多德所讲的"村坊"，这既可以是 Community 的最初形态，也可以指代更大的群体，如文化、宗教或职业群体。

共同体之"共同""共享"语义的本质内涵，体现向心、吸取、凝聚，并蕴含团结、联合的潜在诉求，这是共同体成为"共同生活在一起、分享资源和责任的群体"的根本原因。正是因为共同体具有如上本质内涵和潜在诉求，它才可向更高级的社会形态——城邦（国家）——方向发展。这里需理解"社会"概念："社会"的英文形式 Society 的词源可追溯到拉丁语 societas，本义是**团结**、**联合**，因而，Society 概念最初用于描述人们在一起生活、互相关联的群体，因为"团结"和"联合"，而使 Society 一词发展成既指称特定的社会组织或群体，也包括更宽泛的社会结构和关系，更可用于描述文化、国家、人类社会，逐渐发展为包括对社会关系、组织、制度以及人际互动的更深层次的理解，在不同的语境中，Society 既可指社会整体，也可指如经济、政治、文化、教育等某一特定的社会层面。

Community 和 Society 都强调人们之间的关系、共享和互助。二者形态学和功能论的区别在于：Community 更强调紧密的、局部的群体，比如村坊、村庄、小规模的社区或特定兴趣的群体；Society 是一个更广泛的概念，它意指共同体的高级形式，即国家，也包括文化或人类社会。

由于"共同体"与"社会"本质同构，所以在斐迪南·滕尼斯（Tönnies, Ferdinand, 1855-1936）之前，"共同体"和"社会"的观念并没有清晰的区分，它们笼统地指：（1）平民百姓；（2）有组织的社会或一个政府；（3）地区范围内的人民；（4）拥有共同事物的特质和（5）相同身份或特点。只是到了17世纪时，才开始出现区分二者的迹象。最终进入19世纪工业社会，二者才获得观念内涵上的明确区分：共同体的原初词义蜕化为：（1）拥有共同事物的特质和（2）相同身份或特点的感觉。其后，《韦氏第三版新国际英语词典》将"共同体"定义为由在特定地域条件下不同个体组成的、拥有共同利益并遵守共同规则或法律的团体。韦氏定义是以斐迪南·滕尼斯等社会学家的研究成果为基础的。滕尼斯在《共同体和社会》中指出"共同体"和"社会"是两种人类生存的组织形式:"共同体"是以**自然意志**(natural will)即情感、习惯、记忆等为本质规定,以家庭、邻里、村落或乡镇为实体所构成的社会组织形态,其自我凝聚纽带是**血缘**、**情感**和**伦理团结**。与此不同,"社会"是以利害关系为基础的社会组织形态,其构成本质是趋利避害的"**选择意志**",其自我凝聚纽带是**契约**、**权力**、**法律**、**制度**。

滕尼斯的区分研究表达了一个基本观念:"共同体是古老的,社会是新的。"① 社会进化发展是一个进程,从"共同体"向"社会"进化的不可逆过程本身蕴含的人性张力、价值取向和伦理魅力,却成为"社会"发展的应然追求,这既因为"共同体是一种持久的和真正的共同生活"②,更因为"共同体的任何关系在结构上或者按其本质的核心是一种更高的和更普遍的自我"③。腾尼斯对共同体的如此定义,突出两个基本认知:(1)共同体只属于理念类型,实际生活中不具有独立的类型特征,只存在"近似共同体"或"近似社会"的社会实体。④(2)共同体始终处于**变迁**状态,并因此形成血缘共同体、地缘共同体和精神共同体等变迁类型。滕尼斯的如上认知在迪尔凯姆那里得到强调,他指出共同体存在于任何性质的社会中,是其社会进程中人们在结构和文化两个层面**互动**所表现出来的特性。其后,Steven Brint 将这些互动特性归纳为六个方面:(1)紧密的社会约束力;(2)对社会机构的参与和依附;(3)仪式和庆典;(4)小规模人口;(5)相似的历史经验、生活方式甚至外表特征;以及(6)相同的伦理信仰和道德规范等。⑤ 这使原本处于模糊共识状态的"共同体"从更广阔的"社会"概念中区分出来,成为一个语义

---

① [德]斐迪南·滕尼斯:《共同体与社会》,林荣远译,商务印书馆1999年版,第53页。
② [德]斐迪南·滕尼斯:《共同体与社会》,林荣远译,商务印书馆1999年版,第54页。
③ [德]斐迪南·滕尼斯:《共同体与社会》,林荣远译,商务印书馆1999年版,第255页。
④ 陈秀容:《社群的互动与人权:关于社群权利的一种思考》,载于《政治社群》,台北"中央研究院"中山人文社会科学研究所1995年版,第315—344页。
⑤ Brint, Steven, "Gemeinschaft Revisited: Rethinking the Community Concept", *Sociological Theory*, Vol. 19, No. 1, Mar. 2001, p. 56.

清晰的分析型概念①，并同时将"社会"予以突显。作为囊括共同体的社会，以民族国家为基本表征，它是共同体发展的"至为广泛而高级"社会形态，它不仅以契约、权力、法律、制度为纽带，更以血缘、情感和伦理团结为纽带；它不仅以家庭、邻里、村落或乡镇为本原实体和原初形态，更以民族国家为基本单位；它不仅以"选择意志"为导向，更以"自然意志"为基石。

2. 两种社会型式的呈现

两种社会型式的隐显取向　社会的原初型式是共同体，它遵从的是**自然意志**；社会的发展型式是国家社会，它遵从的是**选择意志**，完整的社会型式是其原初型式与发展型式的合生，即其原初型式构成社会的本体、本质存在而蕴含于其发展型式之中，其发展型式构成社会的表体、现象存在而居于其原初型式结构之上。所以，社会型式实是双重结构，包括原初结构和发展结构、本体论结构和现象学结构。

双重结构的社会型式的社会，产生于以城邦为原发形态的国家的诞生，这既可从西方社会史得到映证，更可从中国社会史得到映证：夏建国，这多属想象的历史，国家发生于殷商，不断有其考古学材料的支撑，西周有其相对完整的文字和实物记载，但无论是殷商所建之国，还是西周所建之国，都是以城邦为据点向四野辐射开去的。所以，现代意义的区分共同体的社会的诞生，实是以城邦国家为标志。大体而言，人类以城邦为形态学标志的国家社会产生于人类的轴心时代。轴心时代，是人类哲学从天启降落于人间而获得健全诞生的童年，因而体现很强的自由选择意志。所以，国家社会诞生于轴心时代，实是人类从自然意志起步向选择意志实现自身功能的体现。在古希腊，希腊人因为地域环境和条件的限制而选择了以城邦为国家形态；在东方的黄土高原，华夏族群也因为地域环境和条件的激励而选择了以邦城为中心扩张开去的诸侯为主人的邦国（也可称为"侯邦"）国家形态，在这诸多的邦国之上有一个共主，这个共主所辖的所有邦国就是所谓的"天下"。在秦统一六国之前，"天下"不是一个国家概念，而是华夏族人想象中的"世

---

① Brint, Steven, "Gemeinschaft Revisited: Rethinking the Community Concept", *Sociological Theory*, Vol. 19, No. 1, Mar. 2001, p. 5.

界"，国家即是邦本身，或称邦国，简称为国，它由家族繁衍而成，也由家族支撑而在，所以又称国家。由此观之，以国家为形态学标志的高级社会，从诞生始就形成两种不同的社会形态的社会型式。

　　古希腊人创建的城邦国家，是以公民为主导（自由男性和奴隶）的社会，**法权**构成根本的人伦关系，**直接民主**构成城邦社会的基本政治方式，享受公民权利与担当城邦责任的对等，成为基本的价值尺度，构成普遍的准则和必须的行为方式。那构成城邦社会的原初形态之村坊、邻居、家庭，却隐居于城邦公共社会之中；而构成家庭的两性和血缘，却沉淀于城邦公共社会的底部。所以，古希腊社会的显性形态是以权利和权力、契约和法律、制度和公意、公共事务和责任为基本内容的社会型式，以两性和血缘为本质内涵，以村庄、邻居、家庭为基本形式的共同体构成城邦社会的隐形型式，却构成城邦社会的内在结构框架。

　　与此不同，与古希腊时期（普遍认为是公元前800-前146）同时代的春秋战国时期的中国，虽处于礼崩乐坏的时代，但总体仍沿用西周的分封制，以家族为主导，**族权**构成根本的人伦关系，**宗法**等级制度构成国家社会的基本政治方式，在严格的等级结构体系里，不同等级的人享有不同的权利和担当的责任，却并不要求对等，特权是高贵的来源，最高等的特权享有最高等的尊贵，最低等的特权，只享有最低的尊贵。比如在五等爵位中，士是最低的爵位，但它比有姓氏的百姓（即最低的贵族）地位高、享有比百姓更高的特权和尊贵，而有姓氏的百姓却比无姓氏的民有地位，有地位，也比民尊贵，而平民和贫民只有无尽付出。所以，**尊卑**是基本的价值尺度，也构成普遍的准则和必须的行为方式。特权和尊卑并不来源于人权，也不来源于社会的公意和契约，而是来源于国家的制度和法律。而彼时国家的制度和法律并不来自民权，而是来自家族、宗族，具体地讲，来源于打江山、坐江山的强权家族和宗族。这一由两性和血缘、家族和宗法为基本内容的社会型式统摄权利与权力、契约与法律、制度和公意、公共事务和责任，以两性和血缘、家族和宗法为根本利益准则所构建起来的私天下价值体系，直接取代了民利、契约、社会公意和普世的法治，畅行的是**礼治**和**刑治**的两分，前者的治理机构是皇家皇室宗族的宗人府，其治理的依据是礼，亦可称之为礼法；后者的治理机构是"有司"（译成现代汉语即法院），其治理的依据是刑法，治理的对象主要是民。所以，在古代社会中，权利、契约、法律、公意、公共事务和责任，均被统摄性地抑制或解构，但权利、契约、法律、公意、公共事务和责任这些构成国家社会显性型式的基本内容并没有被真正解构或消失，它仍然以自身的微弱方式隐蔽地存在，因为它有其自身永续的土壤，这个土壤就是以两性和血缘为本质内涵、以村庄、邻居、家庭为基本形式的本原性的共同体，它始终以自身方式滋养着每个人趋向于共生存在的本性，且生生不息。

两种社会型式的结构取向 人类从"前社会"向"社会"方向进发而进入文明社会，文明社会从原初的共同体向国家社会方向发展，形成以权利、契约、法律、公意、公共事务和责任为基本内容的社会型式并不取代以两性、血缘、情感和伦理团结为纽带，以家庭、邻里、村落或乡镇为本原实体的共同体，而是与社会共生共存共发展。

因为从根本讲，国家社会的健康发展，必以共同体的健在、保持、发展为底气、为原动力量。在现代社会进程中，共同体不仅构成社会健康发展的土壤，也成为社会健康发展的内在结构。这个支撑框架是从乡村与城市两个维度构建起来的。在乡村，共同体即村社、农场或乡镇；在城市，共同体即社区。而且在社会的城市化进程中，社区共同体的发展构成城市社会发展的基础。以城市"社区"为关注对象的美国社会学学派即芝加哥学派，通过对社区的研究，首先揭示"社区"与社会**共存**的不同意义：一是环境生态学意义，即具体区域内被组织起来的生物群体总是在一种**共生关系**中既相互依存，又在所处地域内对有限资源展开竞争；二是社会生存论意义，它主要指城市移民或由贫民所构成的社会实体。[①] 由此揭示出共同体的二重性，即生物性和社会性：共同体对个体的影响，依赖于个体之间生物性与社会性的互动来实现。其次发现共同体"**共识**"与"**异质**"的并存：共识来源于**地域的群居性**；异质来源于个体差异性或者说个性化。因为共识，共同体才存在，合作成为可能；由于个体差异性，产生竞争，共同体才充满活力。共识与竞争的"相反相成"内生出第三个特征：共同体的大小，既决定其竞争力大小，也决

---

① 蔡禾：《城市社会学：理论与视野》，中山大学出版社 2003 年版，第 2 页。

定其凝聚力强弱。一般地讲，共同体越小，内部竞争力越弱，凝聚力亦越强；反之，共同体越大，内部竞争力越强，凝聚力亦越小。如上三者内聚整合生成**共同**、**共和**、**共争**三大工作原理。① 综上所述，共同体是基于一定的环境条件、生物条件、社会条件遵循共同、共和、共争原理所生成的、既呈现相对稳定的封闭性又体现变迁的开放性的**共生**关系，这一共生关系在乡村的村社、农场、乡镇共同体中亦体现得同样明显。

共同体是社会的本原型式，也是社会的基本型式，它以两性、血缘、情感和伦理团结为纽带、为原动力，保持社会得以创建的初衷和本原意愿。在现代社会进程中，以民族国家为基本单位的社会，要保持健康的和源源不断的发展势头，以乡村的村社、农场、乡镇和城市的社区对共同体的本原性的保持和健康发展为原动力。只有共同体健康发展和繁荣，社会才成为大社会而释放出社会自身的巨大潜能和创造力来。反之，以乡村的村社、农场、乡镇和城市的社区为基本形态的共同体，如果日益衰败，功能日益萎缩，则必然形成大国家、小社会和大政府、小社会，权利和契约、法律和公意、公共事务和责任必然日渐消隐，国家社会最终会以现代方式返祖于古代私天下的宗法制社会，文明也就走向倒退。

二　社会的性质

初步呈现社会构建的不同型式，还不能进入自由和平等的正面讨论，因为了解社会型式只是讨论社会的入口。进入社会的复式型式框架之中，必先正视"社会"的基本问题并澄清"社会"的相关观念，才可正面面对自由和平等的问题。

社会的基本问题的首要方面，是社会的性质问题。"社会性质"一词的英文形式 social nature，意指一个组织、群体或现象在社会中存在的特定性质或属性。社会性质涉及与社会相关的特征、行为和相互关系，通常用于描述个体或团体在社会环境中的行为和角色。这可以包括社会组织的结构、文化价值观、道德准则，以及与他人互动的方式，但根本方面是社会与个体、社会

---

① ［日］佐佐木毅、［韩］金泰昌：《地球环境与公共性》第9卷，韩立新、李欣荣译，人民出版社2009年版，第263—264页。

与国家的关系定位，这一双重关系定位才明确出社会的自身存在性质，有关于社会的一切讨论都将围绕社会的自身性质定位而敞开。

1. 社会的先在性

社会的性质定位源于社会与个体、社会与国家的本原关系，因而，讨论社会的性质定位，必须从社会的这一双重本原关系入手。由于在现代化进程中，社会与个体关系始终被置于社会与国家之关系框架中，所以需要先考察社会与国家的性质定位，然后再突显社会与个体的关系定位。

社会先在于国家 社会与国家之间的根本性质定位，根源于社会与国家之间的**本原性**构成。社会与国家的本原性构成既不是一个观念问题，也不是一个可按人的自由意志而自行预设的问题，它是一个人类进化的**历史事实**，是一种既诞生于过去又自始至终存在于每一个世代之**当下**的存在事实，这一存在事实即**社会的在先性**，即社会先在于国家而存在。当社会与国家构成直接的关联时，社会先在性的问题就构成社会与国家之间的根本关系问题，这一关系问题集中聚焦于两个基本点：一是社会与国家孰先孰后？二是社会与国家孰优先？

社会与国家孰先孰后和社会与国家孰优先这两个问题分别敞开社会与国家的发生学问题和生存论问题。从发生学讲，社会先于国家，无论东方先秦的人伦取向的邦国诸侯社会，还是古希腊的法权取向的城邦公民社会，其自身的生成历程都真实地书写出了**社会先在于国家**的历史。先秦时代以诸侯为基本势力范围的天下国家，是以宗法制为结构框架，但宗法来源于血缘，以血缘为基石，血缘又是以两性为纽带。亚里士多德在《政治学》中明确指出，城邦是社会发展达到"至高而广涵"的高级境界时的产物，所以城邦国家是建立在各种社团得到发展的基础之上的，其中最根本的也是奠基性的社团，就是不断壮大的村坊，它是家族生生不息繁衍的产物。家族繁衍生息而扩张形成村坊，村坊的扩张又促成城邦社会的产生，其内在的强大推动力恰恰是**生育、血缘、情感和伦理团结**。

社会不仅先在于国家，也**优先于**国家。社会优先于国家的首要理由，恰恰是国家建立在社会的基础之上，社会的存在状态决定着国家的存在状态，社会的进退取向及其实际状况从根本上决定了国家的进退取向和实际状况。

社会在实际上制约着国家，是因为国家的根本动力不是制度，不是法律，不是市场，不是科学技术，也不是知识、教育、伦理、道德。因为制度、法律、市场、科学技术、知识、教育伦理，以及道德等所有这些因素都是从社会中产生并必然地回落到社会之中，经过社会的沉淀和消化而变成其整体动力，它们既可能成为国家发展的动力，也可成为国家发展的阻力，关键的因素是它们回落于社会的土壤之中能否被社会所消化、吸收。能够合人类本性、血缘要求、存在情感和伦理团结的上述因素均被社会消化和吸收而质变更新的创发智慧和力量，推动国家前进；反之，与人类本性和人的个性要求相反，甚至是压制、扭曲人类本性、血缘要求、存在情感和伦理团结的上述因素，始终因为被人类本性、血缘要求、存在情感和伦理团结所排斥而不能发挥它们本身的良性功能。所以，无论人类文明向前推进到何种程度、达到何种境界，都必须以**社会优先发展**为前提，如果反其道而行，越是拼命发展国家，社会就越会萎缩和贫困。

社会先在于政治 社会先在于国家和社会优先于国家之存在事实的具体呈现，就是**社会先在**于政治和**社会优先**于政治，这既可以政治的起源为明证，也可以社会的起源为明证。

从政治的起源论，亚里士多德最先做出推证。他创建了政治学，并在其所创建的《政治学》中认为，政治源于人的本性，他说"人类自然是趋向于城邦生活的动物"，因为"人在本性上，也是一个政治的动物"。[①] 亚里士多德将政治的起源追溯到人的自然本性上来，是对城邦的起源的探讨所得出的观念。这个观念得出的背后有一个**人的历史的**逻辑，即人是从动物成为人，从自然主义的个人成为结群的人伦存在的人，最后在繁衍的历史进程中成为城邦的人，只有当人成为城邦的人时，他才成为一个"政治的动物"。人从物成为人，再从自然人成为政治人的历史进程演绎出的逻辑敞开相继生成的三个历史链环：

第一，**物先在于人**。人首先是物，是造物主创化的万物之一物，众生命中之一生命，然后从自然人类学的物进化为文化人类学的人。作为物，人类

---

① ［古希腊］亚里士多德：《政治学》，吴寿彭译，商务印书馆1983年版，第7页。

是动物存在；作为人，人类是人文存在，从动物存在到人文存在，人类经历了漫长的从自然人类学向文化人类学的**进化**历程。

第二，**自然人先在于政治人**。人类从自然人类学的黑暗深渊中走出来朝文化人类学方向进化而逐渐形成人文意识、人文取向、人文诉求，并由此成为拥有人文意识、人文取向、人文诉求的人，向政治人方向展开而获得政治人的特质、意向和意愿，这中间必须经历漫长的自然人阶段。摩尔根在《古代社会》中讨论社会如何以人的生物本性为基础建立起来的，就揭示了自然先于政治的漫长经历："当人类文化处于蒙昧的低级水平时，人们在规定范围内共夫共妻，这是当时社会制度的主要原则。这种规定集体同居的权利与特权（juts conjuialiaa）发展成为一种庞大的体制，终于成为社会结构的组织原则。这些权利与特权必然根深蒂固，其稳定程度乃至于人类要经历若干次变动以造成不知不觉的改革才能慢慢地从其中解脱出来。因此，我们会发现，当这种同居制度的范围逐渐缩小之时，家族形态即随之由低级向高级进展。家族形态一开始是血婚制家族，这种形态的基础是兄弟与姊妹之间相互集体通婚，从这个形态过渡到第二种形态，即伙婚制家族，其社会体系近似于澳大利亚的婚级，它破坏了第一种婚姻制度，代之而起的是一群兄弟共有若干妻子和一群姊妹共有若干丈夫——这两种情况都是集体的婚配。我们不得不认为，按性别组织成婚级，以及随后较高级地按亲属关系组织成氏族，这都是一些伟大的社会运动顺应人类本性所趋的原理于不知不觉之中创造出来的。"① 其实，摩尔根所描述的这种情况已经是组织化程度较高的"前社会"状况了，就其实际情况言，性，首先不是构成社会的基础，性作为社会的基础功能，是社会已经形成时才产生的。再往前追溯，性，构成社会的源头、动力和原发机制。亚里士多德在《政治学》中探讨城邦的起源时追溯到性，指出："最初，互相依存的两个生物必须结合，雌雄（男女）不能单独延续其种类，这就得先成为配偶——人类和一般动物以及植物相同，都要使自己遗留形性相肖的后嗣，所以配偶出于生理的自然，并不由于意志（思虑）的结合。"② 性之所

---

① ［美］路易斯·亨利·摩尔根：《古代社会》上册，杨东莼、马雍、马巨译，商务印书馆1981年版，第47—48页。
② ［古希腊］亚里士多德：《政治学》，吴寿彭译，商务印书馆1983年版，第4—5页。

以成为社会的原发机制,是因为性使人类能够延续种类。亚里士多德进而揭示,延续种类不是人这一物种的专利,而是所有物种——包括动物、植物,甚至微生物——的物种延续需要。就个体言,这仅是"生理的自然",这种生理的自然不仅是造物主创化万物生命时赋予的**生性**和延续种类的**生机**,还是造物主创化万物生命时赋予它们能够生和必须生生不息地存在的原发能力,人不能单独存在于世,造物主创化宇宙自然和万物生命时赋予他们未完成的状态并赋予需要他们去不断地完成的生之本性和创生机制,使他们必须以性为牵引力而互助生存和延续种类来实现其未完成之物种使命。所以,自然人先于政治人的逻辑可以追溯到造物主创化世界、创化万物生命这一源头上来,造物主的原创化才构成人成为自然人的源头,也是人从自然人演进为政治人的最终依据。

第三,**男女先于家庭,家庭先于村坊,村坊先于城邦,城邦先于政治**。造物主创化世界,不仅创造宇宙自然、万物生命以生之本性和生机,而且为宇宙自然创造了阴阳互运,为万物和生命创造雌雄二性及其延续种类的生生机制,或者说造物主所创造的生之本性和生生机制最终落实为宇宙自然的阴阳互运和万物生命的雌雄生性和雌雄生育的机制,正因雌雄生性和雌雄生育机制,才有男女和男女对性的相向需求;正因男女对性的相向需求和满足,才产生生育;正因有了生育——从血婚制生育到群婚制生育,最后进入偶婚制生育——才创造出家;由于性的持续激发而生育总不停步,于是家不断地繁衍壮大,最后扩张成村坊,村坊的横向联合以及这种联合不止步地扩张、扩大,必然形成城邦,或城邦国家或宗法国家,城邦国家或宗法国家的产生,真正带出政治的产生。政治的产生,是以城邦国家或以城邦为结构型式的宗法国家的诞生为前提条件。

质言之,自然人类学先于文化人类学,物先于人,人先于社会,社会先于国家,国家先于政治。因而,**政治为国家服务,国家为社会服务,社会为人服务**。在这样的逻辑框架结构中,政治既为国家服务,更为社会服务,并通过对国家和社会服务来实现对人的服务,对人的服务构成国家服务的最终对象和最终目的。

就政治与社会的关系言,政治是社会的工具,社会是政治的目的。社会与政治的这一实存关系最终由社会的人本逻辑所规定：在社会的人本逻辑中，政治是人的仆役，人是政治的主人。社会先于政治和政治服务社会的最终依据，都是因为社会、国家、政治此三者都根源于人，都因为人的存在和需要才产生。只有在这个意义上，才可真正地理解马克思"人的本质不是单个人所固有的抽象物。在其现实性上，人是一切社会关系的总和"① 的论断。马克思关于"人在现实上是一切社会关系的总和"的论断，进一步证明了社会源于个人和社会先于政治的存在事实。

首先，**人是社会的缔造者**，自然成为社会的主体，社会本身以及社会敞开或生成的一切都根源于人，都因为人而创发，并为人所总览，这就是马克思所讲的"人是一切社会关系的总和"。

其次，社会关系是因为人并服务人而建立起来的，人的存在敞开多少向度、人的生存有多少需要、人的生活行动有多少方式，就产生出多少种社会关系。"社会关系"概念的本原语义是人的存在敞开与他者的关联性，这可从这个语词的构成及词源语义得到印证："社会关系"是由"社会"和"关系"构成的词组。"社会"的英文形式 Social，其源于拉丁词 socius，意为**伙伴**或**同伴**。古希腊语没有直接对应 social 的词根，却另有一些表意相近的词，比如 πολιτικός（politikos）、πόλις（polis），前者意为与公民或公共事务有关，这也是英语 Political（政治的）一词的来源；后者的本义指城市或城邦，它构成社会组织的核心单位，这反映了古希腊人对社会结构的理解。所以，尽管 Social 的直接词源来自拉丁语，但与之相关的"社会"概念在古希腊文化中也有其独特的表达和词汇。在现代英语中，Social 指与社会有关的事物，或与人们在团体中的互动和关系有关的事物。"关系"的英文形式 Relations 来自拉丁语 relatio，意指带回或带来。在古希腊语中，与 Relations 相关的词汇 σχέση（schési），意指关系、联系或连接，是一个体现人与人、人与物或人与概念之间相互联系与相互作用的语词。所以，在古希腊文化中，与 Relations 语义相近的 σχέση（schési），既可描述人际关系，也可用于抽象概念之间的联系的表达，它反映了古希腊人对于人际互动和社会结构的理解和表述。

---

① 《马克思恩格斯选集》第 1 卷，人民出版社 1995 年版，第 56 页。

质言之，表述人的存在敞开与他者之关联性的"社会关系"（social relations）这个词，它的本义是指**伙伴或同伴之间的相互带动或互相带回**，在现代语义中指个人或团体之间的**互动和连接**，这些互动和连接是通过共同的社会结构、文化、价值观和行为规范来定义和影响的。马克思关于"人在其现实性上，是一切社会关系的总和"恰恰从五个方面展示了人与社会的本质关系：其一，人既是社会的主体，也是社会的源泉，更是社会的组织、结构、价值、信念、功能等各方面建构、解构或重构的原动力。其二，人的存在敞开，即从人出发回归于人的生生不息的进程，就是社会的产生和不断构建，社会的产生和不断构建展开的方方面面就构成始终呈**开放的生成性**社会关系，所有这些**静持**与**动变**相向敞开的社会关系向高级阶段进发，发展到最成熟的状态，就诞生国家，产生政治需求，从而构建政治秩序。所以，政治是国家（或曰城邦）的产物，抽象地讲，政治是社会进化到高级阶段的产物。并且，即使社会进化到政治时代，它的基本面仍然是非政治的。具体地讲，政治只在国家的层面发挥功能，在社会的基本层面，它应该是**非政治取向**的，这是社会与政治的二元结构。社会与政治的二元结构构成人类族群化存在和族群化生存发展的基本结构框架，这一基本结构框架实质地构成了人类族群化存在和文明前行的整体催发力量和动力机制。其三，在以个人为本体和主体、源泉和原动力的"一切社会关系中"，政治只是**其中一种**社会关系，而不是全部的社会关系。虽然从国家诞生的人类轴心时代走来，经历中世纪、近代商业社会而进入现代工业以及今天技术化存在的后工业时代，人类社会发展的进程促使政治这一维社会关系变得越来越重要，而且对其他社会关系的渗透越来越广泛甚至深入，但它仍然且始终和永远不可构成社会的本原关系、根本关系、本体关系、奠基关系、生成关系。客观地看，**社会的本原关系**是人与事物、人与环境、人与自然的关系，抽象地讲是人与存在世界的关系，是人与造物主的关系。**社会的根本关系**是性的关系，是物性与人性的关系，是自然本性与社会本性的关系，是造物主创化世界之生性和生生不息的生机的关系。**社会的本体关系**是男人与女人的关系，是人与人的关系，是我与你的关系以及我与他的关系和我与它的关系。**社会的奠基关系**是男与女的两性关系，是父与子、母与女、兄与弟、姊与妹的血缘关系，是两性相交织而生生不息的家庭关系。**社会的生成关系**是生生不息且千姿百态的**为事关系**、**职场关系**、**职业关系**、**市场关系**、**劳务关系**和**社会角色**关系。所以，无论是社会的本原关系、根本关系，还是社会的本体关系、奠基关系，抑或是社会的生成关系，它们**都先于**政治关系。并且，日益复杂和变化的政治关系都是出于如上各种关系的生成、敞开的需要的产物。因而，其四，社会关系与政治关系，或者社会与政治二者之间的关系，是一种**需要与被需要**的关系：当社会运行呈现出来的事务或问题完全可以由社会自身解决时，政治应该闲置；当社会运行呈现出来的事务或问题由社会自身不能最终解决而只能求助于政治时，政治才可进入社会场域中对社会发挥功能。所以，社会与政治的关系是**或然的**，而不是必然的。当一个国家将或然性的社会与政治的关系强行定义为必然时，就会形成社会与政治的颠倒。当政治对社会行强制之行为不仅不止步反而勇往直前时，必导致社会向专制、极权方向演绎的全面敞开。其五，即使社会需要政治，也要求政治必须依照社会的逻辑进行，而不能按照政治的逻辑展开。更具体地讲，只有当政治的逻辑从社会的逻辑中生成并遵从社会的逻辑时，政治对社会的功能发挥才会是理性的、有限度的和节制的；否则，政治就可能走向非理性和无限度、无节制的任性自由状态，而任性自由的政治是对社会的最大伤害，也是对国家的最大伤害，当然最终是对社会的主体和国家的主人——人——的根本伤害，这种伤害的极端呈现就是**使人不成其为人**，或曰**将人沦为工具、人矿、耗材**，一旦人沦为这种境况，就是政治最黑暗、最没有人性的阶段。

家先在于社会、国家和政治 社会的**本原性元素**，是家。在人类文明向社会方向生成并向国家方向敞开的进程中，性、男女和生育不仅是社会的起源，也是国家和政治的源头，因为性的激发并通过生育而催发出家，家的诞生才构成社会构成的基本单元，进而成为国家的本原性元素。因而，家、社会、国、政治的逻辑，依然是生成的逻辑：家是社会、国、政治的原发构成，是社会、国、政治的发生学。

首先，家先在于社会，社会是家繁衍壮大的产物。家和社会一旦产生，家就构成社会的基石，始终处于先在于社会的地位。不仅如此，社会无论朝哪个方面发展，家都得被优先考虑，只有家发展了、丰富了、富裕了，社会才发展、才富裕。家之所以具有超越时空的优先地位，就是因为社会的稳定必以家的稳定为前提：**家是社会的定海神针**。无论何时何世，家的弱化、衰败、虚体化，都是社会解构和国家衰微的不动声色的运动。

其次，家先在于国家，因为家是社会的基石，先有家才有社会，而社会是国家的土壤，先有社会然后才有国家。所以，家先于国家，既是原初的存在事实，也是永恒的存在事实，倡导"先国后家"不仅颠倒了家与国之间的**存在逻辑**，而且当将国置于重于家的地位，并使国成为家的奠基石，国会被悬空而没有了根基。古希腊的城邦社会强调城邦的重要性，但并不否认家的根本性和奠基性，具体地讲，家构成一道防止国家侵犯个人、政治逾越社会边界的防火墙。以家为疆界，社会必以家为中心、以人为主体，国和政治对社会的参与必以保障家的存在安全和优先发展为准则、为依据。因为，国的健康发展和强大，必以大社会为根本和底气，无论何时何世，大社会始终是以家为源泉和动力。古代中国社会亦是如此，无论是郡县制还是行省制，均倡行"治不下县"。县以下区域秩序的构建和维持由家（宗族）来担当，即由家庭来治理，由宗族来监约和纠偏，然后辅之乡绅来居中调停和予以榜样教化的引导。

家不仅先在于国，而且家**必须**优先于国。中国古代的家邦论明确地表明了这一历史的进序，即先有家，后有国，并且国产生于社会由低级向高级阶段的发展，而社会的最初形式**村坊**只是家繁衍生息的成果，没有家的产生和繁衍，就不会有社会，更不会有社会由低向高方向的发展，因而也就没有国的产生。更为根本的是，在最终意义上，国诞生于家的繁衍和发展，国的产生并不能取代家。并且国的存在和发展，必以家的存在和繁衍为前提。家始终是国的基石。先有家后有国的**历史进序**决定了家不仅**先在于**国，而且家**始终优先**于国。只有家富裕了、强大了，国才富裕和强大。正因如此，春秋时期的管仲帮助齐桓公治齐，其基本的政治策略就是**富民富邦**，即先富民，后富邦国，而富民的实质就是富家，这一治策的实质是：只有民富（或曰家富），才有邦（或曰国）富。管仲的富民富邦治策可具体表述为：欲称其霸，必先强其兵；欲强其兵，必先富邦；欲富其邦，必先富民（富家）；欲富其民（富家），必与民俗同好恶，即"俗之所欲，因而予之；俗之所否，因而去之。"(《史记·管婴列传》)这就是**家优先于国的历史的逻辑，也是家优先于国的存在的逻辑**，无视家与国之历史的逻辑和存在的逻辑而行"先国后家"和"有国才有家"，实是违反人类历史进序的做法，其推行所达结果是必将造成家的萎缩和社会的弱化，其最终的危险是捣毁国之存在基石和发展的原发动力。

2. 社会的民生化

经济学学者张维迎说："社会福利是国家富强的标志，福利的分配向弱势群体倾斜，更是国家文明的体现。如果福利向官员和权势倾斜，还要弱势者一同赞美，这不仅背离文明，也践踏人权，泯灭人性。"张维迎之论或许片面，却也表述清楚了国家、社会、个人三者的本原关联和应然关系。从根本讲，第一，国家的富强，并不是政府的强大，**而是社会的富裕**，因为政府并不创造社会财富，总是消耗社会财富，正是基于此，政府越小，消耗越小，节流越容易，社会才有不断保持和高涨的财富蓄水池，社会越富裕，国家才越强大。第二，社会的富裕，不是政府的富裕，也不是官员的富裕，而是社会的福利化，即社会成为福利的社会。第三，福利社会的受益者，不是政府，不是官员，不是社会的特殊阶层，不是社会的组织机构或政党团体，而**只能是且必须是一国之国民**，只能是且必须是社会各阶层的**普通民众**。这是因为国家源于社会，社会源于人，个人既是社会的缔造者，也是国家的缔造者，更是社会一切财富的创造者。所以，国家、社会、人三者的本原关系决定了**社会必须民生化**。

何为社会民生化？ 理解国家、社会、人三者的本原关系为何要定性社会必须民生化？这需要先理解"社会民生化"的核心语词"民生"。汉语赋予"民生"概念的词典语义"人民的日常生活事项"，英文的对应语词是 livelihood，它源于 līvēre，意味着"**活着**"，加上后缀-hood 就形成 livelihood，意为"**生计**"或"**生活方式**"，即为活着而考量生计，并为活得更好一些而探索创建更有益于活着的生活方式，这就是"民生"的本原语义。在现代语境中，livelihood 一词主要指一个人或社群的生计、谋生手段，包括通过工作、生产或其他经济活动来维持基本的生活需求，所以，livelihood 涵盖了经济状况、生活水平和**社会福祉**等语义。要言之，所谓民生，指创建社会的主体——人、个人——的生计状况，包括生存环境、教育、工作、劳动、收入等呈现的综合性生活水平、质量和福祉。所以，民生的最终落实是个人，个人存在、个人处境、个人状况，然而，民生始终不是个人之事，而是社会之事，这就是**民生必须社会化**，人过族群生活而创建起社会，社会也必须民生化。民生社会化和社会民生化，二者分别从各自出发而指向对方，形成合二为一的状态和诉求。要言之，所谓社会民生化，是指社会**应该且必须并只能成为民生社会，只有民生化的社会，才是真实的人本社会**。为何社会"应该是且必须是民生社会"？这应从发生学、生存论和目的论三个层面看。

其一，从发生学论，社会之所以必须是民生社会，是因为社会由人缔造，是地域性和族群化的个人基于共同意愿和需要而共同创建起社会，所以，人作为社会的缔造者，自然应该成为社会的主体，社会必须是以人为主体和主人的**民生社会**。

其二，从生存论讲，社会之所以应该成为民生社会，是因为地域性和族群化的个人自发联合形成社会，人人都面临存在安全和生活保障的问题而无能为力，需要互助智-力以谋求解决之道，这就是人们创建社会的共同意愿和需要，因而，人们所创建起来的社会必须构成解决其存在安全和生活保障的良好平台和群策群力的方式，即人们基于共同意愿和需要而创造起来的社会应该成为以人为本体的民生社会，即社会应该且必须并只能成为改善人人生活水平、提升人人生存质量和创造人人存在福祉的社会。

其三，从目的论讲，社会之所以只能成为民生社会，是因为社会是人的社会，人不仅是社会的缔造者，也是社会的目的，社会就要为他的缔造者提供创造的平台和实现生活幸福的环境。

当从发生学、生存论和目的论三个维度简要地梳理社会为何必须是民生社会，则可正面审查何为社会民生化的问题。这个问题的实质是社会民生化的内涵构成，即什么性质和内涵的社会才是真正意义的民生社会？

首先，民生社会必是**公民社会**（civil society）。所谓公民社会，是指由独立的、自由的、自愿的组织和个人组成的社会形式，这一社会形式一方面成为政府和市场之外的一个领域；另一方面又是统摄和规范政府和市场的社会框架。公民社会涵盖了各种非政府组织、社团组织、志愿者团体等，在其中发生的社会互动是基于**自由意愿**和**社会责任**,其最终依据是社会公正、人权、法治和公民参与,所以,公民社会强调社会的多元性、平等和个人权利的尊重,尤其是平等和个人权利的**普遍尊重**,即人人权利和利益在任何时候都得到平等的尊重,也就是普遍尊重。只有这种性质的普遍尊重,才真正构成民生(即公民)社会的基本价值坐标。

其次,民生社会是以个人为本体的社会。所谓个人本体的社会,不仅指个人是社会的主体、主人,更指个人是社会的逻辑起点,个人也是社会的目的。个人之所以构成社会的主体、主人、逻辑起点和存在的目的,其唯一依据和最终理由是社会由地域性和族群化的个人基于共同意愿和需要所缔造,并由地域化和族群化的个人共同努力而建设。

再次,民生社会既构成政治社会的土壤,又与政治社会有其内在区分。本书所讲的民生社会,大而化之即黑格尔和马克思所讲的市民社会。马克思最早对市民社会和政治社会做出清晰的区分性认知,认为意识地区分市民社会和政治社会,是社会健康运行的基本保障。所以马克思指出,市民社会和政治社会不加区分的运行状况,始终包藏奴役与被奴役的危险。他以中世纪为例,揭示市民社会和政治社会不分所形成的奴役与被奴役的社会状况:"中世纪存在过农奴、封建庄园、手工业行会、学者协会等;就是说,在中世纪,财产、商业、社会团体和人都是政治的;国家的物质内容是由国家的形式设定的。每个私人领域都具有政治性质,或者都是政治领域;换句话说,政治也就是私人领域的性质。在中世纪,政治制度是私有财产的制度,但这只是因为私有财产的制度就是政治制度。在中世纪,人民的生活和国家的生活是同一的。人是国家的现实原则,但这是不自由的人。因此,这是不自由的民主制。"① 马克思认为,市民社会之所以必须与政治社会相区分,是因为民生社会遵从的是**人本逻辑**,它是以人为存在本体,也是以人为生存本位,它只服务他的缔造者、族群化的个人。与此不同,政治社会遵从的是**权本逻辑**,它既要服务社会和人,也要服务国家和政府。只有明确区分二者,并勾勒人本与权本的坐标,才可使政治社会正视社会的民生化而不忘记、不忽视对社

---

① Karl Marx,"Critique of Hegel's Philosophy of Law",*Marx-Engels Collected Works*,Volume 1,Dietz Verla,1844,p. 233.

会和人的服务，以避免政治社会只服务国家和政府的偏执情况的出现。所以马克思指出，如果市民社会与政治社会不分，就容易导致政治的国家主义和政府主义倾向，形成政治专制社会，导致政治专制民生、政治剥夺和奴役民生的现象发生。

最后，民生社会必有其自身的社会结构，这就是"大社会、小政府"的社会结构。以此观之，"大政府、小社会"结构的社会，必不是民生社会，且往往是权本社会：权本社会只能是奴役民生的大政府的社会。

社会民生化构成的基本条件 民生社会，不仅有其自身的性质定位和内涵构成，更有其形成的基本条件。

民生化的社会必须有其社会与国家的二元构架，而且社会与国家的二元构架是由社会本身生成的，即社会一旦发展出国家，就必然产生社会与国家的二元构架。社会与国家的二元构架不是指社会与国家的分离，而是指社会与国家必须保持二重结构。这种二重结构主要呈现以下三个方面。

第一个方面：社会构成国家的土壤，而非相反。

社会先在于国家和社会优先于国家之双重存在性质，规定国家只能在社会的土壤里存在和生长。如果违背"社会先在于国家"和"社会优先于国家"的存在逻辑，使国家构成社会的土壤，社会只能在国家的土壤里存在和生长，就会导致社会与国家之间的存在逻辑发生颠倒，由此，就会出现社会的萎缩而国家得到无限放大和膨胀，这时国家就会变得贪婪而吸干社会，最终结果又会使国家本身陷入贫困。

国家陷入贫困是以国家自身吸干社会为前提，国家吸干社会的具体表征就是民生凋敝，个人和家庭陷入绝对贫困。"贫困"这个词所描述的生存状况远比"贫穷"更为严重、更为深广，这是因为从表面看来，贫困与贫穷的区别不大，但仔细辨别，却存在根本的区别：贫穷主要是指物质的、环境的，而贫困不仅指物质、环境方面的匮乏，更指精神、情感、人性方面的根本匮乏，或者说精神、情感、认知、观念、信仰、人性等基本因素的根本性丧失才导致贫困。所以，无论对个人言，或是对家庭言，还是对国家言，贫穷是可以忍受的，因为它是暂时的，只要努力，定会得到改变。贫困却是根本的贫穷、本质的贫穷，它主要不是物质的、环境的，而是精神和情感、认知和观念、信仰和人性的彻底贫穷。精神和情感的彻底贫穷，是指精神的根本丧失和情感的根本消失，形成这种状况的直接原因是认知和观念的根本错误，并且这种根本错误彻底捣毁了人的基本认知和根本观念的能力，即辨别是非曲直、善恶美丑的基本能力，造成这种状况的根源是思想的荒漠、信仰的泯灭和人性的全面败坏。所以，无论古今，国家的贫困主要不在于物质，也不在于环境，而是精神和情感之源——人性——的真正干枯，整个社会丧失信仰、希望、爱。这是国家凌驾于社会之上的必然结果。所以，健康的社会只能是国家以社会为土壤的社会，并且只能是社会培育国家的社会；与此相反，则必然沦为贫困的社会，贫困的社会必然使社会丧失培育国家的功能，国家只能陷于穷凶与极恶相交错运行的状态，成为榨干社会的机器和奴役个人和家庭的暴力工具，这是极权主义将国家定义为暴力工具和压迫机器的根本缘由。

人类构建人的世界的逻辑，只能是"社会→国家"逻辑，这一逻辑的**基本进路**就是社会孕育国家、社会诞生国家、社会培育国家和社会发展国家。反之，国家则缺乏孕育、诞生、培育和发展社会的功能；所以，"国家→社会"逻辑是颠倒社会与国家之本原存在的逻辑，推行这一颠倒逻辑，只能是国家弱化社会、萎缩社会、榨干社会，最终是国家消灭社会，其结局只能是国家被自行强暴所消灭。

第二个方面，社会的逻辑与国家的逻辑应保持二重性。

社会的逻辑是人与社会之间构成的逻辑，这个逻辑的本原形态是**人本逻辑**，社会是人自发组成的，最终指向每个组建它的人，形成人与社会之间的直接关系。这种关系展开为己对己和己对人两个维度，前者是人从己出发走向自己，人从己出发进入自己，人从己出发回到自己；后者是人从人出发走向人，人从人出发走进人，人从人出发回到人。客观地看，己对己的关系展开和耕耘的媒介是内在性的情感、认知、思想、信仰，方法是内省领悟或直观觉解；己对人的关系展开和耕耘的媒介是外在化的利害，方法是趋利避害、避苦求乐或趋害避利、避乐求苦。与此不同，国家的逻辑是社会与国家之间的构成逻辑，这个逻辑的本原形态的**权本逻辑**。因为国家是社会发展到成熟的高级阶段，由缔造社会的个体基于共同意愿和需要而依据契约将管理社会的权利平等地交托给一个公共机构,为此必须诞生一个公共机构和一个公共平台,这个公共机构就是政府,这个公共平台即国家,政府和国家都因为**民权的公权化和权利的权力化**而诞生。因为国家的出身决定了国家是权本取向的,所形成的运作逻辑也是权本逻辑。而国家所奉行的权本逻辑,是以公权力为导向的逻辑,但基于它的出身和存在的目的性之双重规定,以公权为导向的国家必须指向服务社会和个人。在正常情况下,国家的权本逻辑必须接受社会的人本逻辑的规训与牵引,这是社会和国家的逻辑二重性的最终理由,也是社会与国家的逻辑所形成的二重性结构中,国家的逻辑必须服从社会的逻辑的根本理由,当违背社会与国家的逻辑之二重性,或取消这种二重性,将国家的逻辑上升为解构社会的逻辑或由国家的逻辑来统摄社会的逻辑,那就会形成国家对社会的**任性自由**这种异化的社会局面。

  国家的权本逻辑之所以要接受社会的人本逻辑的规训和牵引,是因为国家**诞生于民权的公权化**,这意味着国家必是**社会公器**,运作这一社会公器的公共机构是政府。政府因为国家是公共需要而诞生,它所掌握的只是将地域性和族群化的社会个体参与社会经营和管理的那部分权利交出来形成整体的权力。所以,民权的公权化才产生一个经营这一公共权力的机构即政府,政府这个机构的产生才标志着国家的诞生。所以,国家的逻辑是权本逻辑,因为国家要借助政府这个公共机构而经营和管理社会,其工具就是权力,而权力的运用不能从权力回到权力,而是要真实地回到它的来源,即必须从权力回到权利,或者说从整体回到个体,即国家必须通过社会的媒介而将权力回归于个人,具体地讲,就是使个人交托出来的平等权利得到保障,同时也使个人其他方面的所有权利得到平等的保障。为此,国家的**权本逻辑**必须在社会的**人本逻辑**的框架下展开和营运,国家的权本逻辑必须在展开运行自身时接受社会的人本逻辑的规训和牵引,即在健康的社会里,国家的权本逻辑的结构框架必须以社会的人本逻辑为底座,并且,国家的权本逻辑既应以社会的人本逻辑为依据,又必须以社会的人本逻辑指向为展开的方向。反之,如果国家以自身的权本逻辑为逻辑准则,则必然将自己凌驾于社会的人本逻辑之上,并强制社会的人本逻辑绝对地服从国家的权本逻辑,一旦如此,国家就成为强权并有可能滋生出政治异化。

社会的人本逻辑，也即人权逻辑，之所以应成为国家的权本逻辑的底座，在于人与社会的关系是直接的，而人与国家的关系是间接的，由此导致国家与个人之间的中介桥梁只能是社会。这是国家的逻辑之所以是权本逻辑的根本原因，也是国家的权本逻辑必须服从社会的人本逻辑的根本理由。从根本论，社会与人之间的这种以人本逻辑为纽带的直接关联网罗起人与社会的方方面面，但其中最为根本的方面有三：一是男女；二是家庭；三是习俗和惯例。

男女是社会生成的本原性元素，没有男女这两个本原性元素，社会无从产生。从本体论，**男女构成社会的肉身**。在本质上，男女是因为性才构成社会的元素，所以**性构成男女的灵魂，自然也内注为社会的灵魂**。这是社会的逻辑必是人本的逻辑的根本原因。

家庭是社会的原型，因而家庭也成为社会的最小单元，没有家庭，社会难以构成稳态的组织结构。不断繁衍动变的家庭自然地缔结起社会之网，而家庭本身既成为社会之网的具体网结，又成为社会之网的"纲要"，纲举目张，这是对个人与社会关系的最好表述。而在纲举目张中，其主体却不是社会，而是人。人，是血肉丰满、生龙活虎的个人，也是随时可被利害烧灼的**痛感化**（或乐感化）**存在**的个体生命。这是社会的逻辑必是人本的逻辑的又一存在论理由。

家庭因为男女而造设，男女由于家庭提供天然的条件而繁衍生息。其中，使男女与家庭天然配合、合生共存的那根纽带、那个柔韧且坚忍不已的凝聚力量，是习俗和习俗固化所成的抽象行动规则与惯例。然而，无论是习俗，还是规则与惯例，都是因为人而产生，既节制人使其行为有边界，又保护人使其权益有保障。因而，依其以人为本体的社会逻辑所生成建构起来的习俗、规则和惯例，始终是人性主义的和人本化的。

第三个方面，目的-手段的二重结构。

在人与社会之关系构成的逻辑中，人是社会的目的，社会是人的手段、工具。在社会与国家之关系构成的逻辑中，社会是国家的目的，国家是社会的手段、工具。在"人-社会-国家"三维逻辑框架中，人是终极目的，社会既是手段也是目的，国家却只是手段，它既直接地成为服务社会的手段，也最终成为服务人的手段，这是国家产生的性质定位使然，也是由国家存在和运行的本分、本性所规定。由于其双重的手段性，国家既不能**无条件地**要求社会，更不能任意地要求个人。具体地讲，国家要求社会必须有其条件规定。规定国家可以要求社会的条件有两个维度的内容：首先，在国家与社会的维度上，国家要求社会必须具备三个条件：第一，社会必须成为全面服务人的平台；第二，社会必须为人的存在提供更多的保障；第三，社会必须在任何时候都以人为目的。这是国家要求社会的三个基本要件，其中任何一个条件的缺失，都会使国家丧失对社会的要求性和合法性。其次，在国家与自身的维度上，国家要求自身必须具备三个条件：第一，国家无权以任何形式**直接地**要求个人，国家对人的要求只能通过建设社会、完善社会、提升社会的普遍度、人性度、幸福度来实现。第二，国家必须以服务社会为直接目的，以通过服务社会，即通过改善社会、提高社会之善美程度来服务人为最终目的。第三，国家的权本逻辑必须遵从社会的人本逻辑，即国家的权本逻辑的展开和功能发挥，必须以社会的人本逻辑为依据和准则。

社会民生化构成的主要条件 社会民生化构成的主要条件有二，即个人主体和社会机制。

一是个人主体（individual subject）。所谓个人主体，是指个人在本原意义上是一个存在实体，它虽然存在于自己与同伴组织和缔造的社会中，但始终是一个独立的实体，并在社会的法律以及社会体系中享有独立的存在地位和权利。在更狭窄的意义上，或者说在权利与责任的关系构成上，个人主体即公民主体（Civil Subject），作为公民主体，更强调个人作为公民在社会和法律制度中的平等地位、责任和权益。

相对国家言，社会民生化的构成主体只能是社会；相对社会本身言，社会民生化的构成主体只能是地域性和族群化的存在个体，即组织、缔造和建设社会的个人、公民，因而，个人、公民作为社会的构成主体应该既是社会的主体，也是国家的主体，并且，作为社会民生化的主体，应该是社会的人本逻辑和国家的权本逻辑的最终生成者，即社会的人本逻辑和国家的权本逻辑必须从个人、公民的存在出发而最终回归于个人、公民的存在，这一不可逆的指向构成了社会的人本逻辑和国家的权本逻辑。由此，个人、公民作为社会的主体和逻辑的生成建构者,必须将其不可逆的逻辑生成指向贯通于社会的逻辑和国家的逻辑,使国家的权本逻辑遵从社会的人本逻辑,并成为牵引这一双重逻辑运行的根本力量。

二是社会机制(social mechanisms)。社会机制是指运作社会实现共同目标或解决共同问题的一系列互动和规范的组合方式,包括政体、制度、组织方式、结构、法律体系、文化、价值观等要素。其中,构成社会机制的根本要素是政体、制度、法律三者。民生社会要求其政体选择、制度赋形、法律疆界,必须以民生为导向。具体地讲,政体的选择应以个体为本位,制度的赋形必呈现鲜明的、纯粹的和不可逆的人本逻辑,法律的疆界必须全面地保护民生、民权、民利。

历史地看,在社会民生化的构成条件里,个人这一主体条件是稳定的、不变的,在任何世代、任何地域的任何性质和任何形式的社会里,社会民生化的主体条件始终是恒存的,因为社会是由个体缔造所成,社会也是由人建设所成,过去如此,现在如此,未来也一定如此。相对始终持存的主体因素——人而言,政体、制度、法律则构成催发**社会动变**的主要因素,因为政体、制度、法律成为社会能否民生化的晴雨表。社会能否真正民生化,根本地取决于政体、制度、法律,具体地讲,取决于政体的选择、制度的赋形和法律的疆界。激发或者制约政体的选择、制度的赋形和法律的疆界是否选择民生化建设的根本因素,却是人本逻辑的社会与权本逻辑的国家二者能否保持自身的二重性,即国家的权本逻辑接受社会的人本逻辑的牵引和规训,落实到具体的实操层面,是政治优先于个人,还是个人优先于政治?

三 社会的构成

讨论社会的构成,意在于呈现社会的**本原性结构**。社会的本原性结构,产生于社会的诞生:社会一旦诞生,形成其本原性结构。在现代化进程中,社会的构成呈两可取向,或保持它的本原性构成,或弱化、消解它的本原性构成。若属于前者,社会构成的基本要素及结构处于健全状态;若属于后者,社会构成的基本要素及结构有可能呈现残缺的畸形状态。客观而言,讨论社会的本原性构成及结构,可从其物理和精神两个维度入手。

1. 历史·人性·主体

从物理层面观，社会的本原性构成的基本要素有三，即历史、人性和主体。

社会构成的历史维度 无论从发生学论，还是从生存论讲，社会都是**历史的生成**。因而，理解社会的本原性构成，须正视社会的"历史"维度。

"历史"一语通常被描述为涉及已逝的事件及相关的记忆、发现、收集、组织、介绍以及对这些事件信息的解读。如此地理解和界定"历史"，源于对 History 的词源语义的附和。History 源自古希腊语 historia，本义为"调查""研究"或"了解"，由此，历史被定义为通过调查获得的知识。但这不是历史，而是历史学。历史与历史学虽有密切关联，但二者有根本区别：**历史学是一种学问方式**，更具体地讲，是探求历史真相、发现历史真知、提炼历史真理的学问方式，所以，需要调查、研究，或者说以调查、研究为基本方式。历史却属于**存在**范畴，它指已逝的以民族国家为基本单位的社群生活及过程，主要由日常生活内容（或曰**生活细节**）及重要生活事件组成。

社会构成的历史维度，是指历史本身成为社会构成的时间维度。历史作为社会构成的时间维度，从三个方面敞开。

首先，社会生成与敞开的时间性。从发生学讲，社会只有在时间中生成，具体地讲，社会的发生学，是有具体的时间之点可追溯，而这些可追溯的时间之点，都有具体的事件为坐标。比如，人类"前社会"的诞生，大致可前溯到"以石击石"的石器技术发明的时代，大约距今 300 万年。人类从"前社会"向"社会"的过渡期，可溯及 170 万年到 80 万年前这个历史阶段，因为考古发现 170 万年前的云南元谋人以及距今 80 万年前的陕西蓝田人，都留下了人工保存火种的痕迹，这就构成人类发现火种的大致时间证据。而人类真正告别"前社会"而进入"社会"，应该是摩尔根所讲的人类经历漫长的蒙昧时代后，从野蛮时代进入"文明时代"，这个历史时间的起点性标志应该是种植和定居性生活，大概发生于距今约一万年的"新石器"时代。

从生存论讲，社会必在时间中建设和发展，由此使社会的存在敞开、静持或动变均呈现进程性、环节性、阶段性和阶梯性。比如，从天启时代到轴心时代，从轴心时代到神学时代，从神学时代到工业时代，从工业时代向今天正在展开的后工业或者说后人类时代，实际地展布了人类社会的建设与发展的进程，在这一进程中，其每一步阶梯、每一个阶段都有大致的时代之点和时间之点的标志性事件。人类从天启时代的社会向轴心时代的社会转移的标志，不仅是国家的诞生，还体现哲学的诞生、理性精神的形成，更有记载了当时社会面貌及静持与动变状况、态势的文学和艺术。中世纪向近代的实现，不仅是新科技的出现、信仰的宗教因为奥古斯丁和托马斯·阿奎那等人的持续努力而变成了可讲道理的宗教，还是新大陆的发现，海上通商繁荣，商业社会的形成。近代的商业社会向工业社会方向转移的根本标志，是蒸汽机的发明和运用，大机器工业方式的产生；古典工业社会向现代工业社会转移的突出标志，则是城市化、现代化和资本扩张的无理性与非节制，即无限度的扩张和有组织的不负责任，它所带动的市场、政治、法律等适应其资本扩张而自行其理性与节制的规程化建设。现代社会向后工业社会的转移的根本标志，却是生物工艺学技术的诞生并迅速体系化，且全面取代机械技术体系，它的突出性特点是生物工程和人工智能的野性开发与运用，引发了当代世界的全面动荡不安。

其次，社会的诞生和发展必须以历史为土壤、以历史为基础。从发生学讲，人类的"前社会"存在，是以自然人类学为土壤；人类的自然人类学存在，是以造物主的原创化的世界为土壤。人类能够步入人文诉求的"社会"，却是以人质性质的漫长"前社会"即摩尔根所讲的蒙昧时代和野蛮时代为土壤。从生存论讲，社会从一个阶段向另一个阶段的变化、展开或发展，同样以历史为土壤。具体地讲，社会不仅是历史的，也是地域的和族群的，历史总是将地域和族群统合起来形成一种整体的土壤、整体的力量，因而，不同**地域特征和族群取向**的历史土壤总是滋养出不同性质和取向的社会。东方社会与西方社会、现代社会与古代社会、民主社会与极权社会等，其社会性质、社会诉求、社会倾向的个性化，都融进了历史对它的塑造中。

再次，社会是对历史的返本开新的成果。社会既是静持的，也是动变的。**社会的静持**，体现在社会对本身之不变的、永恒的因素的保持；**社会的动变**，是指社会在保持不变性的自身因素的同时必须面对人的代际更替和变化日新的存在境遇而谋求应对的变化之策。所以，社会既呈现面对动变的一面又呈现面对静持的一面,有效地协调二者的最佳方式和方法就是**返本开新**。返本开新的本质就是社会始终保持"变中不变"和"不变中变",即每一个阶段或者每一步阶梯上的社会,在面对当世、时代和境遇的巨变中保持社会本原性的不变因素、不变结构、不变取向,并在保持其本原性的不变因素的同时,始终以开放的姿态去面对每一个变化,迎接每一种需要自变的因素,甚至挑战困境。因为,唯有持"变中不变"的姿态,才能把握事物保持自身区别于他者独立存在的不变因素,发现流变不居的世界背后隐藏亘古不变的法则。同时,唯有持"不变中变"的姿态,才能发现自然、生命、事物生生不息的规律,领悟天下万事万物何以使自己**常在**的根本法则。"变中不变"和"不变中变"不仅是社会的本原性姿态,更是体现自然宇宙、生命世界的总法则,理解社会以返本开新的姿态来面对不变中变的时代和境遇,其实是领悟、把握并运用这一总法则来指导自己适应不可避免的变化,必须构建遵从"**损益**"的历史原理和"**因革**"的历史方法。社会作为返本开新的历史成果,其所遵循的**损益原理**的本质内容,就是把一切不利于社会健康存在、变化或发展的因素都消解干净,这就是"损",与此同时,强化社会自身的不变因素,并从中吸纳充满活力的新因素,然后将其不变因素与所吸纳的新因素整合,使之发挥创生性功能,就是"益"。具体地讲,就是把标示社会独立存在个性和特征的那些因素保持下来,使之继续发挥功能,这就是"因";将蕴含于社会中那些不适应或阻碍自身存在发展的因素消除掉,使之机能健康,这就是"革"。社会"因""革"所达到的最后结果,是使社会本身获得损益,它的抽象表述就是返本历史而开新当世的社会本身。

最后,社会对自身历史的返本和历史对社会的当世开新,必须随时警惕和杜绝任何形式的历史虚无主义。因为一切形式的历史虚无主义,都是对社会的解构方式。客观地讲,本原性的社会,在其构成本质上是反历史虚无主义的。并且,唯有反历史虚无主义,社会才保持本原性的构成要素和基本结构,以充满本原性的创生活力。

社会构成的人性维度 社会始终既是历史的生成,也是对历史的开新和创造。但对社会来讲,无论是历史对它的生成,还是它对历史的开新和创造,都是有规律可循的,这个根本的规律就是人性。因而,了解社会历史的生成和对历史的开新与创造，必要理解人性。

人性问题，有诸多的说法，最突出的有两种：一种是以理性来观照人性，形成各种理性或理性取向的人性论；另一种是以道德来观照人性，形成各种形式的道德人性论。但无论哪类说法，都忽视了人性的自然来源。人性的自然来源，表征为人的自然来源。人，无论是作为一类生命物种，还是作为物种生命个体，从发生学讲，都是造物主创化的成果，造物主创化世界的实存样态即宇宙自然和万物生命，人即万物中之一普通物，也是众生命中之一普通生命。造物主创化的世界处于未完成态，于是有了继创生，人类物种在继创生进程中实现了第二次诞生，这就是由自然人类学的物向文化人类学方向进化为人，从动物存在变成了人文存在，但其本性却没有本质的改变。人类物种的本性即造物主创化世界赋予世界、宇宙自然和万物生命的本性，即各具继创生的生性和由此生性敞开的生生不息的生机。人类从自然人类学的物种秉持其生之本性和生机而向文化人类学方向创生，成为人文存在的人种，其生之本性和生生不息的创生生机仍然得到保持，并因为解决存在的根本问题即存在安全问题和生活保障问题而生发出利、爱、群的新内涵。所以，作为物种的生之本性和生机向人文存在的人性方向进化而获得生、利、爱、群的内涵。

以生、利、爱、群为本质内涵的人性，既融进了人的天赋物理本性和生物本性，也呈现出人类作为人文存在的人对自己本性的内涵更新。孔子在两千多年前就对人性的天赋（自然本性）和后天的赋新（人文本性）予以深刻的洞察，予以综合性的定义和表述，这即"性相近也，习相远也"（《论语·阳货》）。天赋"相近"的人性，是自然主义的物理理性和生物本性，或可抽象为物理的和生物的自然本性，人的这一原发性质的自然本性无善恶的倾向，使人性熏染上善恶的色调或倾向，完全是人性在人的后天生存中所"习"使然，即实际生存的利欲习染人性，或可使人性相远，即利欲习染天赋的人性，往往会使人性生恶而相远。当然也有另一种可能，即因为思想、知识、智慧的习养，也可能使人性克服其"相远"之恶而回返天赋的"相近"。

因而，人性生成历史的规律，或保持天赋"相近"的姿态和朝向，或朝"习相远"的方向展开，或追逐"习相远"的敞开方向。人性的历史生成，采取天赋"相近"的姿态和朝向，会推动社会形成返本开新；反之，人性的历史生成，会激发社会无节制的野蛮，而推动社会倒退或停滞。社会保持本原性的不变，并以其本原性的恒存因素为导向开新，其背后的人性动力必是生、利、爱、群——即人性之生己与生他、利己与利他、爱己与爱他、群己与群他的对立统一——构成社会的内在的**结构性动力**机制。

社会构成的主体维度　主体是社会构成的根本要素，没有主体，几乎没有民生的历史，有的只是等级和强权的历史。

任何概念，只有进入语境，才呈现鲜活的语义。"主体"是一个被运用相当广泛的概念，在"社会"这一语境框架中，主体获得了双重性内涵及其指向。相对国家言，社会是主体。并且，只有当社会成为国家的主体时，国家才获得自身存在的正态定位，而务实地发挥服务社会的功能，并通过服务社会来服务人。不仅如此，只有当社会成为国家的主体，社会才享有其本原性存在，而发挥自成其大的功能，即大社会的功能。只有当社会作为主体而成为大社会时，才可能为每个存在于其中的个体（个人、团体、组织）提供富有无限弹性的创造空间和存在舞台。但相对人言，社会只是客体，构成社会的主体只是人。并且，只有当人成为社会的主体时，社会才可能成为国家的主体；也只有人成为社会的主体时，社会才可能保持其本原性构成，获得自我发展而成为大社会。

人成为主体，是相对社会而言。以社会为参照，人与主体并不是同一回事。人，是生物性的存在；人作为主体，是人文性的存在。人从生物性存在变成人文性存在，是成为主体的必然标志，也是人成为主体的必需条件。

人生来就是一个动物、一个生物人，身体成长的过程也伴随心灵、情感、精神的成长。这两种成长是否同步，决定着人从生物性存在变成人文性存在，或者说人从（物性的）人变成（人文性的）主体的标志。如果人只长身体，不长心灵、情感和精神，或者心灵、情感、精神的成长远远滞缓于身体的成长，哪怕是成年了，能够劳动维系生计了，也只是一个停留于**人形动物**的层面，没有达到成为主体的境界。

这就是说，人成为主体，需要具备相应的条件。就个体而言，人从生物性存在成为人文性存在的主体，就是具有健全的、充满释放创生性活力的心灵智慧、情感动力和精神源泉。人要具有如此的根本条件，或者说人真正能够从生物性存在出发，自我育成健全的、充满释放创生性活力的心灵智慧、情感动力和精神源泉，需要不断地训练和提升**意识地思维**和**意识地生活**的能力。

人从物成为人，也就是人**化物为人**。人化物为人的原发起点是生发人质意识。对于人质意识，《旧约·创世纪》以隐喻和象征的方式揭示了人化物为人的人质意识如何产生的经过。夏娃受蛇的引诱偷吃了伊甸园后院善恶之树上的果子，亚当也因为轻信而吃了夏娃递来的善恶之果，于是意外地睁开了心灵的眼睛，发现了赤身裸体的对方，产生了惊恐和畏惧，生发了对象性意识。这就是对人类化物为人的第一个条件，即**人质意识**的产生，从此以后，人这一生物物种再也不只是以动物的眼光打量世界，再也见不到自己与物、自己与世界的完全的一体存在，而是发现了分离，己与他、己与物、己与世界呈分离性存在。人抱着惊恐和好奇的双重心理对人质意识进行不断意识，就是人的**意识地思维**。人的意识地思维的欲望越强烈，意识地思维世界的冲动就越激烈，其意识地思维的**意识能力**就越增强。人的意识地思维的能力发展到高级阶段，就开始以意识地思维对象为兴趣点转向意识地思维自己，当以自己与对象的关系为兴趣点时，人就此开始真正跨越物的栅栏而跃进了人的世界，开始了意识地生活。

人从意识地思维向意识地生活方向迈进，这是人真正成为主体的标志。因为人意识地生活，是指意识地设计生活、创造生活。人意识地设计生活和创造生活，既有明确地使自己成为人的动机，更有使人不断把自己成就为人、人人进而成为具有神性精神和能力的人的目标。并且，人意识地设计生活和创造生活的努力，不仅成就自己，也成就别人。这就是亚当·斯密所说的，人从利己出发，在创造和实现自我利益的过程中，也增加了社会的福利。这是因为人"为了自保，为了享受幸福，与一些具有与他同样的欲望、同样厌恶的人同住在社会中。因为道德学将向他指明，为了使自己幸福，就必须为自己的幸福所需要的别人的幸福而工作；它将向他证明，在所有的东西中，人最需要的东西乃是人"[①]。这是人在"化物为人"的过程中把自己成就为社

---

① 周辅成：《西方伦理学名著选辑》下卷，商务印书馆1996年版，第189页。

会的主体的真正秘密，即人实现自己的行为总是成就着他人和社会。所以，社会成为社会的同步条件，必是人成为主体。

人在"化物为人"的进程中成为主体，并不是任意地，而是有规律可循。这个规律就是**法则**和**人性**，它分别构成了人成为主体的出发点和原动力：在人类化物为人的进化过程中，作为个体的人成为主体的出发点是人性，即因生而活，为活而生，且生生不息地生、利、爱、群的人性，构成人将自己成就为主体的真正出发点、原动力、坐标。人将自己成就为主体的原动力，是生和生生不息，这是造物主创世界赋予所有存在和一切生命的存在法则，也是造物主赋予人这一物种从自然人类学向文化人类学方向前行的创生法则。

人在"化物为人"的过程中，遵从生、利、爱、群的人性法则和造物主赋予人"化物为人"的生性和生生机制，由此人就能朝主体的方向展开，真正成为社会的主体。反之，当人丧失或抛弃造物主赋予其人性生活的生性与生机，虽然主观地想望成为人，甚至想望成为人上人，但实质上只能沦为工具。所以，人到底成为社会的主体还是成为社会的工具，本身就蕴含两可性。但这种两可性所生成的后果大不一样：人成为工具，社会必会朝非民生化方向生成，所形成的历史是虚无主义的历史，这个历史是为每一个后代的统治者对已逝的历史的虚构。反之，人若能成为主体，社会必会朝民生化方向展开，所形成的历史只能是真正的人的历史和社会以人为主体的历史。

2. 信仰·公意·自由

民生化的社会，必是一个健全的社会。健全的社会必以历史、人性、主体为宏观框架，或可说外在结构。而支撑历史、人性、主体这一宏观框架的内在结构，却是由信仰、公意、自由、本分四个互为催发的要素构成。

第一个要素是**信仰**。

信仰之于社会，是一种体现**大众精神**的**大众文化**。所谓大众文化，就是**民生文化**，这种民生文化，在城市，就是市民文化；在乡村，就是乡民文化，或曰乡村文化。合起来看，大众文化，是以社会大众为主体的文化。但这只是从形态学构成讲，从内涵本质讲，大众文化必是以大众精神为内在动力和结构支撑的文化。所谓大众精神，就是完全的和彻底的平等的精神，所谓完全的和彻底的平等，就是一切机会向全社会开放，所有的观念向全社会开放，一切的恩惠和待遇向全社会开放，没有等级，没有特权，没有身份限制，没有财产要求，没有任何外在形式等——比如人种、种族、地域、环境、文化——方面的准入资格，没有任何形式的歧视，这就是完全的和彻底的平等。这种完全的和彻底的平等，当前只有在普遍的信仰中呈现，普遍的信仰所呈现出来的平等精神，就是其大众精神；而完全彻底的平等精神的内在本质，却是生活在社会中的人人都有资格成为主体。人人成为主体的平等和平等精神，恰恰是社会民生化的人本基石。这是信仰为何构成民生社会的内在结构体系的第一个要素的真正原因。

第二个要素是**公意**。

在汉语中，"公意"概念被理解为"集体的真实利益"或"公益"，或将其视为与"共同的良善"等同。在英语中，public opinion 的词源形式可追溯到拉丁语 publicus 和 opinio，前者意指"公共的"；后者意指"观点"或"看法"。所以，public opinion 意为社会大众对某一问题或事件的共同看法或观点。希腊语中有类似表达公意的概念，即类似于"公共的"的词汇有 κοινός（koinos），强调与公共事务或社会共同体有关的内容；类似于"观点"的词汇有 γνώμη（gnome），主要涉及个体的看法或判断。要言之，κοινός（koinos）和 γνώμη（gnome）这些词汇是古希腊时期人们用以描述共同的、集体的观点或看法，表达了公共讨论和集体决策对于城邦政治的至关重要性。在现代用法中，"公意"概念更倾向于强调大众对于社会、政治和文化问题的集体看法，反映了民生社会中对**公共参与**和**共识**的重视。所以，所谓公意（public opinion），是指在社会中广泛存在的共同的看法、信仰或态度，它成为一个广泛的政治学和社会学概念，在政治学、社会学和媒体研究中，用以描述对于特定问题或政策的广泛看法，反映了社会对民主和集体参与的重视，因为公共意见在决策和政策制定中可以起到重要的作用。

综上，民生化的社会必是人人成为主体的社会，而人人成为主体的社会，必有其健全的、完整的、充满创生张力的内在精神结构。构成民生社会的这一内在精神结构的第一个要素就是**普世的信仰**，因为只有普世的信仰才有资格构成这一内在精神结构的底座，这是因为普世的信仰贯穿了完全的和彻底的平等精神，因为信仰之于任何个体，没有人种、族群、国籍、地域、文化、阶级、身份、地位等任何因素的限制或条件的规定，只要你信，你就成为信者，而内生希望和爱。与信仰相对应的是公意，它是构成民生社会之内在精神结构的第二个要素。

公意来自社会的主体——人，包括公民、市民和乡民，所以，公意铺张了主体。不仅于此，公意即公众意见、公众看法、公共认知，它不仅体现了普遍的平等，更体现了公共的理性和明智。而**公共理性**和**明智精神**，才是民生社会所必需的基本精神。公意，不是指集体利益，也不是指集体意见，而是指超出任何群体、团体、集体的**普遍的**社会认同、社会共识，这种普遍共识不仅停留于意见的层面，而且原发于意见而获得普遍的社会认同之后而具备思想的资格，上升为可引导社会向背的公共认知、公共知识或公共方法。所以，公意体现出来的是**公共理性精神**。对于民生社会来讲，公共理性精神是其民生主义精神结构的基本构成要素。

第三个要素是**自由**。

自由始终是天赋的，但落实在群化的社会生存中，则既需要平等的保障，更需要自身的内在节制。因而，自由不是任性所为，而是**理性的选择**与**合意的安排**。自由之理性选择，是指自由必不以损害或伤及他者为前提条件。自由之合意的安排，是指自由的选择必须符合公意，体现公共精神。因而，自由本质上是一种存在精神，这种存在精神构成民生社会必不可少的精神结构的基本内容。自由精神作为民生社会的内在精神结构的基本构成要素，其基本内涵有三：一是权界精神，即**己他权界**精神和**群己权界**精神；二是权责精神，即权利与责任对等精神；三是公私分明精神。此三种自由精神构成民生社会的人成为主体的三维坐标，也是社会成为民生社会之精神结构的内框镜。

第四个要素是**本分**。

本分首先是相对个人言，只有当个人在社会性的行言诸方面克守本分时，才真正成为主体。本分也相对群体、社群组织、政党、企业、政府言，只有当一切社群组织、所有群体和政党、企业和政府，都克守本分，社会才会真正成为民生社会。因为，在社会的诸构成中，唯有个体的人，才是最弱小的存在者，相对个人来讲，任何形式的群体、社群组织、企业和政府，都是强势存在者,若群体、社群组织、企业、政府不克守本分,个人在社会中就无立足之地。并且,也只有群体、社群组织、企业、政府守本分,个人才可能人人自觉克守本分。

本分一词,其本义是**安分守己**,即安于自己的本来,谨守自己的责分。本分的英语形式 duty 源自拉丁语 dūtitia,意为"义务"和"责任"。本分一词之所以将责任或义务相联系,并以责任或义务为本义,是因为生命是生命的主体,生命也是生命的目的。如此的生命观落实在人这个生命存在体身上,同样如此:人是人的主体,人是人的目的。作为主体和目的的人,必须为自己担负起成为主体和成为目的的**人本责务**,担负起这一为人和成人的责任,就是作为一个人真实地守人的本分。这就是人之成为人的自然道德,本分虽是一个道德概念,它也呈存在论、自然论倾向,是自然存在论的。推而广之,以人为原发机制而组成的群体、社群组织、机构、企业、政府,只有各自担当起各自的责务时,才克守本分而成为对社会的有益因素;反之,它就成为危害社会的因素,无论是群体、社群组织、机构、企业、政府,当有意或无意地放弃了本分而成为危害社会的因素时,它就没有存在的理由。

本分就是安于自己的本来,谨守自己的责分。这对个人或群体组织、机构、企业、政府都一样,没有二致。而安于自己的本来并谨守自己的责分的实质,就是真实、诚实、真诚、忠诚,唯有如此才可真的担负责任。所以,本分实是一种克守本己的责务精神,一种真实、诚实、真诚、忠诚的精神。这种精神是民生社会所需要的,它构成了支撑民生社会的内在精神结构的灵魂性要素。因为,本分不只是一种精神,更是一种净化方式;不仅是一种自我净化的个人方式,更是一种互为净化的群体方式、组织机构方式、企业方式和政府方式,即大到政府小至群体,都需要自我净化和互为净化,而克守本分就成为自我净化和互为净化的有效方式。所以,本分和本分所构建起来的诸精神,之所以构成民生社会之内在精神结构的灵魂要素,原因就在于此。托克维尔(Alexis-Charles-Henri Clérel de Tocqueville,1805-1859)在《论美国的民主》中指出:"社会之所以安宁无事,完全不是因为它承认自己虚弱和衰落,唯恐禁不起折腾而一命呜呼。因此,人人都看到了恶,而谁都没有必要的勇气和毅力去为善,人们有过希望,发过牢骚,感到过悲伤,表示过高兴，但都像老年人的虚弱无力的冲动一样，没有得到任何显著而持久的满意结果。"① 这种社会状况的出现，就在于从个人到政府，从政党到一般的社会团体，从企业到非营利的组织机构，普遍地缺乏本分意识，缺少本分精神，没有本分能力，意识、本分精神、本分能力普遍地奇缺，自然没有自我净化的动力和互为净化的机制。最后是从个人到群体，都只注目于脚下和眼前而丧失对未来的瞻望和期待。瞻望和期待当然是个人的，但更是社会的。个人的瞻望和期待，总是在社会中产生，并在社会中实现，对社会缺乏瞻望和期待的个人希望总会落空。而瞻望和期待本身就是一种净化的方法，这种净化的方法可以使个人成人成善，更可能催发社会意识恶而制止恶，看到善而行为善。

3. 多元论的社会结构

历史、人性、主体和信仰、公意、自由、本分分别从内外两个维度框架起民生社会所需要的开放性生成的结构框架。这一开放性生成的结构框架的内生性结构，是二元的。此一内生性的二元结构由四个层次的内容构成。

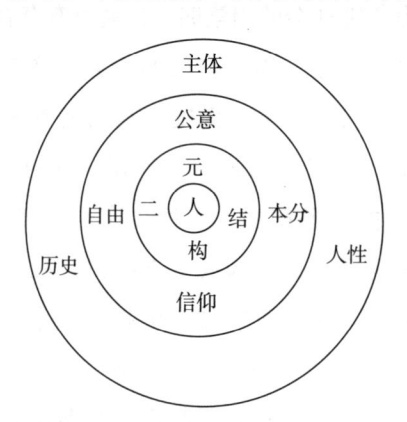

[1-1：民生社会构成的结构体系]

第一个层次是**物理性质**的，它是由家与国构成的一个二元结构。这个二元结构的生成既是历史的，也是现实的，并且是从历史向现实生成，通过现实而回返历史。在家与国构成的二元结构中，历史向现实的生成，意指家是

---

① [法]托克维尔：《论美国的民主》上卷，董果良译，商务印书馆1996年版，第13页。

最远古的,国是最现实的,是家产生国,国是家的放大,也是对家的守护。现实回返历史,是指国总是以家为根与本,家永远是国的灵与魂,国的根脉所系是家。国无论怎样发展,不是弱化家,也不是吞噬家,或者消灭家,而是**养护**家,**滋育**家,使家之根脉丰腴。在社会的框架体系里,家是国的本体,国是家的铺开。以社会为参照,家与国合生构成社会的来龙去脉:家,象征社会的来龙,是社会的历史的现在铺开和当下呈现;国,象征社会的去脉,是社会的现实指向未来和未来要求现实的双向敞开。家繁荣,国才真发展。

第二个层次是**精神取向**的,它是由信仰与公意构成的精神二元结构,这个二元结构既铺开源头与流向,也会聚依据与准则。信仰是宗教的具象,公意是国家的具象,因而,信仰与公意的二元结构表征为宗教与国家既互为疆界,也互为扶助。

在信仰与公意之二元结构中,信仰是根源的,它关联起内外两个世界,即内在的心灵-情感世界和外在的存在世界。信仰向内,构成人回归内在心灵的桥梁,打开人的心灵和情感世界;信仰向外,构成人通向造物主的桥梁,打开造物主创化的自然宇宙和存在世界。信仰以完全的和彻底的平等的精神会通公意,构成公意的最终依据和共识之源,即唯有普世的真诚的信仰,才可支撑起持久激情的公意,引导社会向前,规训国家恪守应该的本分,奠定起宗教与国家的应有边界。

第三个层次是**行动取向**的,它是由自由与公意构成的二元结构。从自由到公意,既是个人与社会的二元构成,也是个人与国家的二元构成,还是社会与国家的二元构成。从公意到自由,既是社会对国家的规训与牵引,也是社会对个人的引导与激发。从自由到公意,再从公意到自由,人与社会、人与国家、社会与国家,构成三个维度的二元结构。这三维二元结构,首先保障了个人在社会和国家中的独立存在空间和主体地位,社会必须保障个人的独立空间,国家必须维护个人的独立权利,因而,社会之于个人,必须有明确的边界;国家之于个人,同样必须有明确的边界。社会和国家对个人的无限度、无疆界,只相对服务言,社会和国家对个人的服务是无限度、无疆界的;除此之外,社会和国家之于个人,始终是有限度和有疆界的,这个限度就是**个人的权利**,这个疆界就是**个人的利益**。个人与社会、国家之间的二元结构及其所形成的限度和疆界，抽象地表述为民权与公权之间的疆界，以及由此形成的限度。这个疆界和限度可表述为：当公权超越自身的限度和疆界时，个人就成为工具、奴隶和耗材。其次明确社会与国家的关系：国家坐落在社会之中，社会构成国家的疆域，也规范着国家行为的边界；并且，社会是国家的主体，国家是社会的运用，这种主体与运用的二元关系表征为服务关系。国家的功能是服务社会，并通过服务社会而服务于社会主体——个人、国民、公民。所以，相对社会言，国家的公权力绝不可超越其自身限度。

第四个层次是**权责取向**的，它既是自由到本分，也是本分到自由。从自由到本分，这是**权利向责任迈步**，或者说权利对责务的承担，即当意识自由并享有自由的权利时，则自觉地担当起其自由相对应的责务。从本分到自由，这是**责任对权利的响应**，或者说是责任对权利的索取，即当承担一分责务，就必须有权享有一分与此相应对的权利。由于权利的存在本质是利益，从自由到本分，这是利益获得的对等回馈；从本分到自由，这是利益对责任的酬劳。从自由到本分和从本分到自由所形成的权责互为催发的二元机制从个体与个体或个体与群体放大为政府与社会，则形成政府与社会的二元结构，这种二元结构表征为政治与社会在自由与本分之间的**联动**。这种联动表征为：**结构二元化的社会，才是健全的社会**，因为二元化的社会，才是大社会。

大社会的基本取向有二：首先，大社会为人提供了无限可能的舞台，亦可表述为大社会是人成就人的舞台。只有在二元化的大社会空间张力中，人的主体地位才得到确立和突显。其次，大社会天然地构成对政府的限制，形成小政府。所以，大社会的铺开，就是小政府。大社会与小政府，既是一种矛盾，又是一种统一。大社会与小政府之间的矛盾，根源于人；大社会与小政府之间的统一，同样根源于人，因为大社会放大了并实现着人的主体形象、主体地位、主体能力、主体的创生性潜能，带动了对政府的全方位制约和限制；同样，小政府缩小了对社会的功能范围，最终一方面实现了社会对人的解放；另一方面实现了政府本身缩小对人的干涉或控制的力度、强度和范围，所以同样是解放了人。

理解大社会与小政府之间的矛盾又统一，须了解何为大社会、何为小政府。

所谓大社会，指包容性、张力空间、资源、潜力无限可能的社会。大社会之所以具有包容性、张力空间、资源和潜力无限可能，是因为大社会自有三个基本指标：

第一，凡需要社会做的事，必由社会来做。

第二，凡社会能够做的事，要由社会来做。

第三，凡社会能解决的事，都通过社会来解决。

大社会必做、要做和能做的一切事，都是服务性质的，都是对人的服务。因为，大社会的构成本质是个人主体论。个人必须成为社会的主体，社会必须帮助个人成为社会的主体，这是大社会的本质规定，也是社会民生化的性质规定。社会民生化的社会是大社会，但前提必须是人本主义的、是个人主体论的。

大社会的构成本质是个人主体论，与此对应，大社会的功能本质却是民生论、是民生主义。

个人主义和民生主义的一体化，就是大社会。大社会的唯一主体，是人；大社会的唯一价值指标，是民生。因而，大社会只能是人的社会，只能是唯人的社会。人的社会和唯人的社会的基本特征有三：其一，社会有个人，具体地讲，就是社会关心个人，社会为个人提供生存、自由、幸福及其能平等发展的公正平台。其二，个人有社会，具体地讲，就是个人关心社会，个人将社会的良序存在作为自己生存发展的必备环境与舞台。其三，大社会必须是小政府的，只有小政府的社会，才是大社会；凡是大政府的社会，只能是小社会。

小社会，当然指社会小，但更指人小，或可说小社会本质上是将人变小且最终将人沦为非人的社会。社会小，首先指该社会的权利和资源属于非社会，成为一个空壳。而被空壳化的社会只是干瘪的社会，干瘪的社会只能是小社会。其次指社会的功能被阉割。社会的功能是全方位的，但根本的功能是**济人、济事、济物**。社会济人，就是社会本身是一种力量，它把所有人聚集起来，使之各居其位、各守其职、各得其分，最后实现人与人在一起共同生活，共生存在。社会济事，是指社会本身具备一种解决各种来自自然、环境、历史以及未来的问题的智慧。社会济物，源于社会本身就是一个经济的市场，并且社会自身具有创造经济的市场的全部潜力。社会静持与动变的相生运动，就是其天赋的市场潜能和市场功能按照市场的方式创造市场，推动市场的经济互为激发又互为限度的有序发展。小社会就是社会的济人、济事、济物功能被阉割，市场不仅变小，而且变得平面、干瘪，缺乏弹性、张力和韧性。

所谓小政府，就是人员、机构、财力、功能、能力绝对有限且不具有开发权、资源、财力、能力的潜在张力空间，它本身的权力、势力、功能、能力范围得到明确的限定。小政府是相对大社会而言，是大社会的反向，**凡大社会所为的，都是小政府所止者**。具体地讲，小政府有行为范围、功能、能力的明确限制，即政府只做社会不能做的事情，凡是社会能做的事情都不能由政府去做，凡政府抢做该社会做的事，就是权力的逾越，这种逾越表面看是好事，但实质上是对社会的侵犯和伤害，最终因此而受害的是个人。

民生化的社会之所以需要大社会、小政府，是因为"小政府、大社会"的二元结构是最节约社会成本的社会结构，客观而言，"小政府、大社会"是节约成本的社会，也是最节约成本的政府。所以，在"小政府、大社会"框架下的政府，是最具道德水准、公信力和榜样力量的政府。不仅如此，"小政府、大社会"结构规范的社会和政府是最有责任感、责任能力和责任精神的社会和政府，具体地讲，只有大社会才是责任社会，即每个公民都能自觉担当公民的社会责任，因而，责任诉求构成公民社会的内在动力；反之，小社会，往往是**无责**的社会，因为功能、能力小的社会，不能为人们提供本该提供的服务和帮助，由此导致人们漠视社会，断绝个人与社会的互动和互助，自然无责任可言。从根本言，小社会必然造就大政府，由于政府是权本取向的，当社会因此而丧失其本原的大而沦为小时，社会对政府的约束功能也就随之丧失，这样一来，权本取向的政府自然生长出任性自由的潜在本能而充分释放权力逾界的能力，导致权力为权力者服务，这样一来，社会必然愈发弱小，国家也将由此趋向于自我贫弱。所以，使个人自由、家庭富裕、社会弘大的必为社会条件，就是社会功能强、责务能力强、担当精神强和道德表率力强的小政府，只有小政府，才有大社会；只有大社会，才有强国家。

四　社会的功能

沃特金斯（Frederick Watkins）在《西方政治传统：近代自由主义之发展》中说："正确的政治观念有赖于'社会'与'政府'的绝对二元体制的维持。他对普遍意志与'个别意志'所做的划分势必会导致此一结论。"[①] 个别意志是政府意志，它象征**权力本位**，如果不受节度和限制，它会吸干社会，使社会丧失创生的能力；普遍意志是社会意志，它象征**权利本位**，其感性呈现形态是公意，基本准则是自由，行为方式是本分，内在源泉是信仰，存在本质是平等。社会的普遍意志如果遭受政府的个别意志的规训，社会就丧失其基本功能；反之，社会的普遍意志如果节制政府的个别意志，社会的功能就会得到全面释放。

1. 生长·开放·保守

有机生命论：自然生长　社会是存在论的，讨论社会的基本功能，实是揭发社会的存在论机制。从存在出发揭发社会的存在机制，须从自然入手，揭开社会存在的自然性。社会存在的自然性体现在社会是一个存在的有机体，它以有机生产的方式存在，这是它与国家、政府的根本区别，也是社会与国家何以是二元结构，以及社会为何必须大而政府为何必须小的根本原因：国家和政府都是社会的产物，都是嫁接在**社会之树**上的存在，并以社会为土壤，这规定了国家和政府本身不是有机体，不具有有机性，因为嫁接在社会之树上的国家和政府，都从社会那里吸收营养获得生命，因此社会构成了它们的有机体。社会作为存在有机体，它自身存在的体量和功能越大，其有机能力越强，社会的有机能力越强，其创生能力越强，为国家和政府输送的营养越充分。反之，当社会遭受外力的剥夺和压缩，其有机能力越弱，它向国家和政府输送的营养越匮乏，国家和政府最终走向自我解构。所以，国家的强大，必以社会大为前提，因为，只有大社会的这种结构和取向，才可保障社会的有机能力和创生能力始终处于强健旺盛的**生生**状态。

[①] ［美］弗雷德里克·沃特金斯：《西方政治传统：近代自由主义之发展》，李丰斌译，广西师范大学出版社2021年版，第70页。

社会作为一个存在有机体,它维系自身有机存在的首要方面是它的**自为性**。社会存在的自为性,指社会是**自为地**产生,以自为的方式呈现自身、敞开自身,也以自为的方式运动而生生不息。

社会存在敞开的自为性,揭示社会不是依赖国家而存在,人类在前国家时代,社会存在并自为运动和发展本身证明了社会的自为性和国家产生人类社会的或然性,马克思讲人类文明进入共产主义社会时,国家也要消亡,这是马克思从未来可能性入手推证了社会的自为存在、发展运动以及作为社会发展到高级阶段而产生的国家的或然性。这是因为国家是一个非有机体,国家存在敞开的有机性由社会给予,社会却是先在于国家的独立有机体,正是因为社会是一个独立的有机体,所以它才先在于国家,并必然地优先国家。社会优先于国家不是国家或政府的赋权,而是社会的自为。

社会相对它的产物国家而言,之所以是一个自为的并以自身为目的的有机体,是因为它源于自然,是在自然的土壤中生长出来的,并深深地扎根于自然之中,以自然为母体和源泉。从根与本上讲,社会是自然主义的。在原创化意义上,社会的自然主义性质由造物主创化世界所赋予,因为造物主创世界所形成的所有实存样态,无论是宏大的宇宙和自然,还是具体的万物和生命,都获得了自然性,都拥有自然的生性和生机,都是以自然主义的方式存在和敞开、运动和繁衍。在继创生的意义上,社会的自然主义性质是由人赋予的。人作为造物主的造化物,其在原创阶段只是众物之一物、众生命之一生命,但在其继创生进程中,人却从自然人类学的动物进化为文化人类学的人,从动物存在蜕变为人文存在。虽然如此,其作为自然人类学的生之本性和生生的生机却依然得到保持而融进其人文性之中,构成人的人性之底座性内容,不仅如此,人类并未因为其从物成为人而脱离存在世界、宇宙自然和万物生命,依然存在于存在世界、宇宙自然和万物生命之中,并以存在世界为土壤,以宇宙自然为条件,以万物生命为存在、生存和继续进化发展的来源。以自然为母的人类,在"化物为人"的进化进程中,为解决存在安全和生活保障而生发出来的根本需求,总是与存在世界、宇宙自然和万物生命直接相连,息息相关。"化物为人"的人类为解决存在安全和生活保障所生发出来的根本需求,就是人的相向需求和生命的相向需求及其相向需要的直接性。具体而言，首先是人作为人的相向需求的直接性，其次是生命作为生命的相向需求的直接性。人的这一双重需求的直接性又关联起对生存于地球之上的物种生命需求的直接性、对环境需求的直接性和对自然需求的直接性。

人类的两次诞生以及由其诞生所获得的生之本性和生生的生机，加上由此所生成的五个层面的直接需求性，赋予了人的自然性以完整含义，也构成由人缔造出来的社会何以成为一个存在的有机体的全部解释因素。依此来看社会，它作为一个存在有机体，不是因为政治，也不是因为国家，更不是因为制度。制度、国家、政治可能促进社会这个有机体的本性和功能得以自为的方式无阻碍地舒展，也可抑制社会这个有机体的本性和自为舒展的功能。因为，制度、国家、政治都不具有本原性的生之本性和生生机能，制度、国家、政治得以生且可生生不息地生，均需要依赖于作为有机体的社会给予的营养输送，制度、国家、政治之生是建立在社会基础上的，因为社会作为存在有机体的本性，就是其**生性**，社会作为存在有机体的**生机**，就是生生不息的创生机制。而社会的生性和生机的直接源泉是存在世界，具体地讲是宇宙自然和万物生命，其最终源泉是造物主的创化，即简单创造复杂和复杂创造简单的继创生本性和生生不息的生机。①

基于自为存在的生之本性和生生机制，社会作为一个存在有机体的舒展功能就是自然生长：社会是自然生长的产物。"社会的自然生长"有两层含义，首先，社会作为一个存在有机体，是生长的存在，或曰以生长的方式存在。其次，社会作为一个存在有机体以自然生长的方式存在，不是因外力的作用和推进，而是以自己为原推动力，是自为的和内在的生长，其生长的原动力来源于社会内部，即社会的本性，社会自身的**生本性**和生生不息的生机成为社会自然生长的不竭源泉。具体而言，社会自然生长的存在的根本动力源于两个方面：

一是人的自然人类学向文化人类学方向展开的进化冲动。由于人类从动物存在向人文存在方向进化，始终伫立于存在世界之上并居于宇宙自然和万

---

① 有关于社会有机体来源于造物主的原创化和继创生之简单创造复杂和复杂创造简单的创生本性和生生机制的详细阐述，详见卷3《生成涌现时间》第4章和卷4《限度引导生存》第3章的内容。

物生命之中展开，永远不能摆脱其自然人类学状态和自然人类学本性，由此两个方面形成人类的文化人类学进化，始终没有止境，始终处于向前、向前、再向前的方向展开，因而，受自然人类学的生之本性和生生机制鼓动形成的永恒的生物冲动、永恒的生命冲动和永恒的人文冲动，构成社会自然生长存在的根本源泉。

二是人在"化物为人"的文化人类学存在面临的根本存在困境和生存危机总是推动人类向群化方向展开，促进社会的自然生长。人类的根本存在困境和生存危机就是人人每天必须面对的，自然也是由人组成的社会每天必须面对的存在安全和生活保障问题，这两个问题构成人类每一个世代的根本问题，也成为人类世界中每一个个体的根本问题。解决这两个问题构成社会自然生长的存在的又一根本动力。

社会进步论：开放主义　作为有机体存在的社会，其自然生长的本性和生生机制，决定了社会必然自为地具备开放的姿态、胸襟和视野。所以，社会始终是开放主义的，这一开放主义构成社会的本原性姿态、本原性胸襟和本原性视野。

社会的开放主义的姿态、胸襟和视野，使社会从诞生之日始，就始终面向未来，而不是朝向过去。朝向过去与面向未来的根本区别体现在，朝向过去始终呈回环取向和内闭性质，凡事以过去为依据和准则，导致朝向过去的基本姿态是担心、怀疑、否定，朝向过去的基本视野所形成的根本方法是实证，即以过去来证实现在和证伪想象与预设。与此不同，面向未来始终是脱弓之矢，生成向外扩张的性质，凡事立足当下，关注未有和未来，以未有和未来为其视域来反观现在，因而，凡事前瞻与预设，并从经验出发，以理性来推证其前瞻与预设的可能性和可行性。所以，面向未来的基本姿态是**尽其所能**瞻望、大胆预设、小心求证、稳步推进地开创未有和未来。面向未来的基本视野所形成的根本方法，就是以开放的心态面对一切，以高瞻远瞩之姿包容一切，以理性探索的方式去开创一切可能性。所以，开放主义的社会始终是进步论的，始终是进步的社会。

社会既是自然生长存在的代名词，也是开放主义向前的代名词，更是进步、进步、再进步的代名词。进步，是社会的本性。而进步的本质是**进化**，它有其自然依据,遵从造物主原创世界的生之本性和继创世界的生生机制。并且,进步的进化本质决定了社会的自向前进是以脚踏实地的方式展开。进步的进化本质表明,社会的进步是内动力的、是自然生长的。人类进化的社会史充分证明,人类社会的诞生是人类进化使然,从此以后,社会向前进的每一步、每一个阶段都是其自然生长的敞开,这一徐徐敞开的历史进程则是人类文明缓慢形成与渐进上升的体现。人类学家摩尔根指出:"人类必须先获得文明的一切要素,然后才能进入文明状态。"[①] 他在《古代社会》中描述了社会如何从物起步而获得诞生,然后又是怎样以"化物为人"的方式完成自我生长、自我推进的历程,"首先从一个原始的蒙昧人变成一个最低级的野蛮人,再从一个最低级的野蛮人变为一个荷马时代的希腊人或亚伯拉罕时代的希伯来人。在文明以前的每一个阶段中,人类的发展步步向前,这一点同文明阶段的历史所记载的情况完全一致"[②]。在这个"步步向前"的历史进程中,人类从**化物为人**的社会进入文明的门槛,必须具备其根本的条件,这些根本条件首先是人类从低级野蛮社会进入高级野蛮社会,再向前进就是产生有声的语言,这是进入文明的前夜。再上一步阶梯就是发明火种,"我们就和人类的幼稚时期非常接近了,这时候,人类真正学会使用火,使用火以后才有可能使鱼类成为食物,也才有可能迁移出居住地区"[③]。火种的发明为改变人的游牧方式而过定居存在提供了可能性,创造了潜在的条件,随之而来的是发现种子、驯养动物、耕种土地、开始定居存在、结绳记事和刻图记事,最终的不可逆方向是文字的产生。文字的发明促使人类进入文明社会:"文字的使用是文明伊始的一个最准确的标志,刻在石头上的象形文字也具有同样的意义。认真地说来,没有文字记载,就没有历史,也就没有文明。"[④] 其后,以文明为标榜的社会的自然生长并未止步,而是以更高远的胸襟、更开放的

[①] [美] 路易斯·亨利·摩尔根:《古代社会》上册,杨东莼、马雍、马巨译,商务印书馆1981年版,第30页。

[②] [美] 路易斯·亨利·摩尔根:《古代社会》上册,杨东莼、马雍、马巨译,商务印书馆1981年版,第30页。

[③] [美] 路易斯·亨利·摩尔根:《古代社会》上册,杨东莼、马雍、马巨译,商务印书馆1981年版,第34页。

[④] [美] 路易斯·亨利·摩尔根:《古代社会》上册,杨东莼、马雍、马巨译,商务印书馆1981年版,第33页。

姿态和更稳健的步伐向前，承续天启时代的遗产，踏着轴心时代的步伐，向神学时代和工业时代前进，创造出伟大的现代文明的社会却并未止步，而是更为雄姿英发地向后工业社会、后人类方向探索，其每一步都在自我印证人的自然生长、印证社会的自然生长，都在自我丰富社会之为社会的开放主义和进步主义的含义。

传统成长论：保守主义 人类社会之所以呈本原性的开放主义和进步主义，是因为作为自然主义的社会自具本原性的生之本性和其生性所生成的生生机制。社会的生生机制从**静持**和**动变**两个方面释放其自身生生不息的生之本性的功能。社会生生的动变机制，就是其**有机生长**（organic growth），或曰**自然生长**。社会的自然生长机制的功能释放，使社会始终保持开放和进步的姿态、胸襟和视野，开放主义和进步主义构成社会的本来形象。社会**生生**的静持机制，就是**维系生长**（sustain growth），或曰**培育生长**（cultivate growth），即持续支持和维持社会的生之本性和生生机制，促进社会始终处于有机生长的状态，进而言之，社会生生的静持机制释放其持续支持和维持社会始终处于有机生长的状态，不仅是社会本身发挥有机生长功能，其更需要精心照料和培养，所以，社会生生的静持机制不仅是维系生长，也要培育生长。这种维系生长和培育生长的社会机制，就是将社会的本原性生性和生机与社会的人文性生性和生机有机地统一起来的保守主义社会机制。

保守主义的"进步"论基本上并不是一种政治学说。它的目的和启蒙运动哲学一样，是要以某种形式界定**社会不可让渡的权利**（inalienabe tights），**以抗拒任何形式的政府对权利的侵犯**。保守主义者由于有传统主义者（traditionalist）的社会观，对政府行为适当范围的看法和早期自由主义者是不同的。**启蒙时代的人认为个人是进步的真正源泉**，为了组织社会，人类唯一需要的是容许个人随意施展才能的自由市场制，**政府的活动应局限于对这个制度的护卫上**。另一方面，保守主义者则相信"进步"的主要媒介是背负传统色彩的群体，而不是孤立的个人。在他们看来，要组织真正进步的社会，人类需要的并不只是单一的自由市场制，**还必须维持各种传统组织**（associations）**的存在**。保守主义政府的真正功能是**维护并促进**

这些结社组织的成长。这虽然可能会牵涉范围比较大的（相对而言）"积极的政府行动"（positive state action），但传统主义却同意启蒙运动哲学的看法，认为**人类福利的主要来源是"社会"而非"国家"**。保守主义者也和中古二元主义的阐述者一样，支持一个**其利益高于一切政治权威之利益的自主性社会阶层**（an autonomoussocial order）。如果这个阶层的利益能够受到适当的考虑，则从逻辑上来讲，政治组织的特殊问题便无关宏旨。①（引者加粗）

在现代社会进程中，保守主义一直成为现代主义批判的对象，因为它在政治上阻止着激进主义，守护着传统。但实际上，保守主义并不简单的是政治的，或者说保守主义并不囿于政治，而构成政治激进主义的敌人，它在实际上是**超越**政治的，因为它在本原上是社会的，而不是政治的，政治只是保守主义释放其开放主义姿态和展开进步主义步伐所不得不遭遇的一个方面，一个社会开放和进步的政治现实方面。因而，保守主义也不仅仅是维系传统、守护传统，这也仅是保守主义的文化面向。保守主义的根本方面是维系、守护和培育社会与存在世界、社会与宇宙自然、社会与万物生命的血缘关系，维系人和由人缔造的社会与造物主的本原性联系，弘大人、社会与造物主的原创化和继创生的生性与生机，这是传统的根基，也是传统的源泉，更是传统的灵魂。所以，保守主义之于社会，或社会之于保守主义，**是本质的自生长，也是本质的开放主义**，它与动变的开放主义的区别在于：动变的开放主义是向前的，向未来和未有开放；保守主义是**静持的开放主义**，是向后的，向本源和根本、向源泉和本性开放。而在政治上，"保守主义理论的功能便是以**有机生命观**为基础，重新诠释早期自由主义的'进步'理念"②。

社会之所以自具静持与动变的二维开放取向，是因为社会以人为本体，人以自然为本体，自然以造物主为本体。在社会、人、造物主此三者构成的存在体系中，社会居于其中而将人与造物主联系起来，形成静持与动变的**相**

---

① ［美］弗雷德里克·沃特金斯：《西方政治传统：近代自由主义之发展》，李丰斌译，广西师范大学出版社 2021 年版，第 125 页。

② ［美］弗雷德里克·沃特金斯：《西方政治传统：近代自由主义之发展》，李丰斌译，广西师范大学出版社 2021 年版，第 120 页。

向之势，并由此使社会不仅先在于和优先于国家、政治、政府，而且也高于国家、政治和政府。在社会的土壤中生长起来的国家、政治、政府，与社会的根本不同，是社会始终是单一的权利本位取向，而国家、政治、政府虽然可以被社会赋予其权利本位的取向，但它们本身是本能地呈权力本位取向。这是国家、政治、政府容易激进，容易形成激进主义的根本动因：权力本位的取向如果遭遇相应的限制或阻止时，它一定会从观念到行动展布出激进主义，而激进主义无论具有怎样的进步性，都在根本上造成对社会的根本伤害和对人的根本伤害，这种伤害之于社会，就是对社会的本原性的权利本位的弱化甚至取消，当社会的权利本位被弱化以至于被取消时，社会只能沦为畸形并形成萎缩。从本质讲，**激进主义是奴役人的一种异化社会的社会方式**。相反，权利本位的社会虽然呈开放和进步的姿态，是开放主义和进步主义，但它始终与此同时保持保守主义存在论、认知体系和价值观。**唯有当保守主义被激进主义所吞没时，社会才沦陷于小社会状态**，因为小社会之社会结构和社会取向，是激进主义真正胜利的体现。

社会与国家（包括政治和政府）之间的根本矛盾，是权利本位与权力本位的矛盾，因为社会是民众的，国家是政治的。象征民众的权利本位与象征政治的权力本位之间的矛盾，最为直接地表现为激进主义与保守主义的斗争。这种斗争自国家产生以来，就一直存在并此消彼长。当激进主义战胜保守主义时，社会将可能沦为地狱文明和传统总是遭受不同程度的浩劫。当保守主义战胜激进主义时，社会就会恢复到它的自生长的开放主义和进步主义的本原状态，人就真正可以在不同存在阶梯上不断地"化物为人"。所以，**人类文明的不可逆取向，决定人类的继续存在必然是保守主义制胜激进主义为基本取向**。因为社会始终是民众的，国家始终是政治的。保守主义坚信：第一，社会高于国家，社会引导国家，传统优于政治。第二，虽然激进主义认为国家高于社会，国家引导社会，但最终因为它是在社会的土壤中生长出来的，所以国家高于社会和国家引导社会的激进主义最终会失败于权利本位的社会和维系、保护、弘大社会的本原性本性和生机的保守主义。这是黑格尔企图对保守主义和国家主义予以调和的根本原因，但黑格尔的调和方案是试图以"忠于绝对国家"（loyalty to an absolute state）本身就是自由的最高体现的方式来实现，但它最终将会落空。这正如他所说"自由乃是世上最重要之物"①，作为世上最重要之物的自由，虽然是社会的灵魂，却必须以平等为保障。而保守主义为普遍的平等提供了信仰（大众文化）、传统和自然基础及其创世界的来源。

2. 善美·节制·共生

权利本位的社会，其释放本原性开放和进步的自然生长，总是要接受其内在约束，这种约束的社会方式就是保守主义。保守主义赓续造物主之源、自然本性，弘大传统和文明的基本努力，总是以自身的开放和进步的方式推动社会朝善美、节制、共生方向展开。或可说，社会执权利本位而全面开放和进步必然释放出善美、节制和共生的功能。

善美：真与不假 权利本位的社会以开放之姿追求进步的首要表征，就是经营和创造善美。造物主创化世界，创化世界的存在样态的同时创化世界的生性和生机，而创化的生性和生机蕴含着善美的潜在可能性。所以，造物主创化的世界没有善美，因为善美不仅是一种存在方式，也是一种价值，更是一种价值性质的存在方式。这种价值取向的存在方式唯有当人类物种从自然人类学的深渊中走出来探求文化人类学的过程中，因社会的诞生所引发，所以，**善美产生于社会**。社会虽然是由人所缔造，是人的造物，却是基于人的需要。单个的人，如果能够独自解决存在安全和生活保障的问题而尚有余力，决不可能相向走近而需要社会、缔造社会、经营社会。社会是**人与人相向需要的**产物。因为人与人相向需要而产生的社会，为它的缔造者提供了实现其各种需要的开放性舞台。由于这个舞台不是天赋的，是人相向需要而搭建起来的，要使之持久地发挥满足各方需要的功能，也需要经营。这个需要去经营的关键点有两个：一是人们进入社会运用社会这个舞台实现自身需要，不能毁坏它、损伤它，而是要尽可能地保持它的本原性的完整性、完美性，这就是美。二是人与人相向以真、相向以诚，不能行欺骗，这就是真、真实。合此二者，就是要以真相、真知、真理为准则。权利本位的社会要始终保持

---

① ［美］弗雷德里克·沃特金斯：《西方政治传统：近代自由主义之发展》，李丰斌译，广西师范大学出版社2021年版，第129-130页。

开放和进步，必须诉求真相、真知、真理，并必须**以真相为依据，以真知为基础，以真理为准则**。

恪守以真相为依据，以真知为基础，以真理为准则，需要回返本源，充分释放传统的功能，尊重信仰，尊重文明，遵从自然法则，遵从造物主的创化本性和生机。为此，社会必须弘大保守主义的思想智慧和精神力量，抑制一切形式的激进主义，尤其是极端的激进主义，唯有如此，社会才可弘大权利本位的善美功能。

节制：限度与边界　遵从自然生长原理而开放和进步的社会，其本原性的意愿促使它始终尊重传统，尊重信仰，遵从自然法则，遵从造物主的创化本性和生机，不仅释放权利本位的善美功能，更释放权利本位的节制功能。生之本性和生生机制是造物主的创化准则，也是创化的存在世界继创生的准则，无论是宇宙和自然，还是万物与生命，都既因为被创化而获得生之本性和生生机制，也由此继创生而必须遵从其创生本性和生生机制，这就将造物主之创化世界的生之本性和生生机制的内在本质凸显出来，无论是宇宙、自然还是万物、生命，其继创生总是必遵从其生之本性的限度和生生机制的边界。存在之创生是生生不息的，这是存在之本性使然。存在之创生，也是有边界约束的，这同样是存在之本性使然。所以，生生不息之具有无限可能的原动力与生生不息之必有自身的边界约束，恰恰是生之本性的一体两面。权利本位的社会之所以始终释放开放和进步的无限可能性，同时又始终释放自为限度的边界约束，则是因其本原性的生之本性和生生机制之正反面向功能释放的完整形态学呈现。

社会的节制功能就是社会敞开其本原性的开放姿态而追求无限可能的进步，所必须自为遵从其边界和限度。边界和限度构成社会的开放主义和进步主义疆界，这一疆界通过保守主义发挥社会的导向功能。正是因为社会释放其本原性的开放和进步功能，社会才充满活力、创新文明，社会权利才得到全面的舒张而催发自身不断壮大再壮大。但与此同时，正是因为社会释放其本原性的维系生长和培育生长的功能，充满活力和不断壮大的社会才有边界和限度，普遍化的权利才真正得到保护和保障而不受到伤害或损害。社会的开放和进步的自然生长，与维系和培育其有限度的生长之间所形成的巨大张力空间，构成权利自由驰骋的天空。从个人讲，自由是天赋的；但从社会讲，自由是权利本位的社会的自然生长与维系生长（或培育生长）互为推发所开辟的舞台，个人只在这一自然生长与维系生长互为推发所构建起来的舞台上实现其有限的自由，这个有限的自由就是**己他权界**和**群己权界**的自由，这种性质的自由的天平是平等，其背后的法则和机制是众"生"和"生生"。也就是说，人的自由和平等都是由权利本位的社会给定的。社会给予每个人的自由是有限的，这个有限是平等。社会给予每个人的自由实际上有多少，却是以社会是否保持其本原性的权利本位为先决条件，因为自社会进入国家进程之后，国家、政治、政府的权力本位导致社会的权利本位由本原性的实然变成可能性的应然。因而，保守主义与激进主义的矛盾和由此引发的斗争，也就将每个人卷入其中，愿意或不愿意，主动或受动，如何选择，怎样做，实际地决定了保守主义与激进主义的孰为优先，激进主义优先，社会的权利本位必将让位于权力本位，更多的个人将丧失平等的自由空间和实际的自由内容；保守主义优先，社会的权利本位会得到完整保持，平等的自由空间将会更加广阔，个人自由也会随之得到更高水平的拓展，社会的善美功能也因此释放出更为绚丽的光辉。

共生：快乐与幸福 权利本位的社会之所以是大社会，就在于它能全面地释放其本原性的生之本性和生生功能，促进自然生长与维系生长的互为推发，并将善美与节制有机统一，最终实现**共生**。

权利本位的共生首先是自然人类学与文化人类学的共生，具体落实为自然本性与人文本性的会通，自然本性成为人文本性的原发生机，人文本性构成对自然本性的牵引与激励。其次是社会与自然的共生，表征为自然是社会的母体、土壤，社会是自然的延展，但必以自然的本性为动力，以自然的法则为依据。再次是社会与国家的共生，国家诞生于社会之中，必须回归于社会并以社会为界，即国家的权力本位应该接受社会的权利本位的规训和节制。因为，人是社会的主体，社会是国家的主体。国家接受社会的规训和节制而服务社会，并通过对社会的服务而服务人。这是社会与国家共生的基本框架、基本要求和基本准则，这一基本框架、基本要求和基本准则亦构成社会与政治、社会与政府的关系缔结的性质定位和边界约束。最后是人与社会的共生。

客观地讲，自然本性与人文本性的共生，社会与自然的共生，社会与国家的共生，以及社会与政治、社会与政府的共生，都是为实现个人与社会的共生创造条件、提供平台。除此之外，个人与社会的共生还须同时接受并践履如下要求：个人是社会的主体，也是社会的目的；社会是实现个人的方式，因而社会服务个人。与此同时，个人必须担当起使社会保持其权利本位、保持其本原性的开放和进步、保持其自然生长与维系生长互为催发的责任，个人必须成为**责任的个人**，个人实现自由的行为本身必须保证与此行为相关的他者自由。唯有如此互为推发，个人与社会才实现真正的共生。

以权利为本位的社会，其共生的最终形式和具体方式是**人与人共生**。人与人共生的日常方式就是人与人能够相向走近而"**生活在一起**"。所以，人与人无阻碍地生活在一起，就是社会共生的最佳方式和最美形态，因为人与人无阻碍地生活在一起，意味着人与人之间没有防范、没有敌意、没有根本的利害，即使客观地存在利害，都能相互直面，以对话、妥协、协商的方式化解而生活如初。人与人能够无阻碍地生活在一起，更意味着社会真正地保持了它的本原性存在，真正地以权利为本位，真正地阻碍了任何形式的激进主义对充满信仰、尊重传统、遵从法则和本性的伤害或侵犯。国家、政治、政府真正地成为驯服的服务者，服务社会，并通过全方位服务权利本位的社会来服务所有人。所以，人与人无限阻碍地一起生活的社会是普遍平等的社会，也是普遍自由的社会，普遍平等和自由的社会必是快乐和幸福的社会，这样的社会不仅是物质的富裕，从根本讲是人性的美好、人心的善良、情感的淳朴和生活的美丽。

第2章 自　由

在原创化的世界——即宇宙和自由、万物和生命——共同继创生进程中，人作为自然人类学的物向文化人类学的人方向进化，即"化物为人"。人"化物为人"的个体标志是获得人质性质，**意识地思维**向**意识地生活**方向展开；人"化物为人"的族群标志是渐进地缔造出**人的社会**。合言之，人类物种"化物为人"的这一"意识地思维向意识地生活"方向敞开的本质内容是向天地自然要自由。向天地自然要自由的向往与行动努力，只能在人和人相与缔造的社会中展开。所以，讨论自由，**只能在**社会中进行；并且，在社会中讨论自由问题，**应以个人为主题**。

自由，是属人的。但自由关联起所有的物、所有的生命，也关联起存在世界。首先，创世界并赋予世界之生性和生机。其次，与所创世界遵循其生性和生机共同继创生，并弘大其"简单创造复杂"和"复杂创造简单"的创造原则。

从更广阔的视域观，自由，是一种存在，它既是一种复合性的存在方式，也是一种复合性的存在状态，更是一种复合性的存在进程。自由是一个不可分割的整体，这个整体不仅指自由本身，也指自由关涉的所有因素。自由作为不可分割的整体，意指自由是存在论的。自由的存在论是存在世界性质的，造物主、宇宙、自然、万物、生命均是自由的存在，均成为人的自由的整体存在。自由作为不可分割的整体，更指自由是生存论的。自由的生存论是人的世界性质的，它表征为人类"化物为人"的进化史，更贯通人类意识地生活的生活史和精神史。自由，打开了人类从自然人类学通向文化人类学的通道，推动人从动物存在变成人文存在，并且始终前行。自由就是这样一种力量，是人类"化物为人"的永动机，也是人"**化人为神**"的原发力量。人"化物为人"，即使动物存在的人成为人文存在的人；人"化人为神"，即使人文存在的人成为神性存在的人。人的这一由物而人再至神性存在的进程，均因自由的推动。所以，人的自由问题既是存在和生活问题，也是信仰和理论问题。讨论人的自由，需要两个方面的观察：正视存在和生活的自由，方知自由的来源；注重信仰和理论的自由，才清晰自由的流向。

一　自由的两个来源

人的根本问题是自由问题，并且由人缔造出来的社会的根本问题，也是自由问题。客观而言，自由把人与族群化的社会联结起来，也把其他所有相关的问题联结起来。自由，既是一个**集成**，也是一个**枢纽**，更是一种**聚合力**、**贯通力**和**创造力**。理解自由如此繁复的性质，须正视它的来源。概括其要，自由主要来源于物种进化和物种"化物为人"两个方面，这两个方面并不是平行敞开，而是呈现一个**生成**的历史进程。

1. 何为"自由"？

汉语中，"自由"一词最早见于《汉书·五行志》，其后，郑玄在《周礼·礼少仪》中注解"请见不请退"句为"去止不敢自由"，意为"去留不敢自作主张"。乐府诗《孔雀东南飞》中"吾意久怀忿，汝岂得自由"之"自由"，意为不受约束，任其自在。概念的形成总是晚于其观念和思想的产生，当观念和思想流行于世时，才有概括它的概念问世，自由也是如此，不受约束的自由观念和思想早在东周时代普遍流行，或可说，整个东周时代，尤其是春秋后期至于战国时期，是一个令今人难以想象的自由时代，诸子在沐浴思想和行动的自由的同时，也思考自由。《论语》《道德经》《墨子》和《孟子》，无不贯穿自由的观念和思想，而对"自由"思想阐发得淋漓尽致者，要算《庄子》，读读其中的《逍遥游》和《养生主》，则可感受到"自由如天地，无所不相容"。正是这样一种本原性的无可阻碍的自由社会风尚，才有诸子时代的"以道事君，不可则止"（《论语·先进》）和"邦有道如矢，邦无道如矢"；"邦有道，则仕；邦无道，则可卷而怀之"（《论语·卫灵公》）的政治自由。

今人对自由的理解，将其予以存在和生活两个维度的切割而只囿于政治学领域，这不仅仅源于对人的自由意识和自由的权利要求的过度担心和忧虑，也有近代以来社会变革所形成的自由传统。1789 年法国颁布的《人权宣言》（即《人权和公民权宣言》）就是从政治角度定义自由，直截了当地指出"自由即有权做一切无害于他人的任何事情"。但其后的法国《大百科全书》的"自由"条目，虽仍然沿其《人权宣言》的思路却在内涵方面有所拓展，即定义"自由就是人的行动不受除自己意志和天性外的任何限制"。1948 年颁布的《联合国世界人权宣言》（*Universal Declaration of Human Rights*）以**"人皆生而自由"**为主题，首先是明确自由的来源，确立起自由的存在论观念，然后从第一条到第十三条，从不同方面界说"人皆生而自由"的存在权利指出自由的存在权利始终要落实为具体的政治权利，指出自由作为人的权利是指它"不分种族、肤色、性别、语言、宗教、政见或他种主张、国籍或门第、财产、出生或他种身份"地享有**生而自有的**自由，尤其指出"人人享有言论和信仰自由并免于恐惧和匮乏"。

西人的如上政治自由有其深厚的思想传统。在西语里，"自由"一词源自 liberty 和 freedom 两个词根，其各自所具有的独立意义体现不同历程的认知特征。freedom 一词产生于 12 世纪前的古英语，它由动词 freo 和后缀 -dom 组成。在词源上，freo 表示 free，本义为不受束缚、不受限制，-dom 表示状态、条件或品质，作为后缀将 freo 转化名词，所以 freedom 的本义是存在论意义的，表示自由的状态、条件或品质。其后，freedom 的语义发展与历史事件、社会变革等内容密切相关，例如，美国独立战争期间，freedom 成为表达对抗英殖民统治并追求独立的核心概念，由此形成《独立宣言》中关于"生命、自由和生存幸福"等重要表述。英语中 liberty 一词比 freedom 晚出，它产生于 14 世纪，却有古希腊的认知渊源。与 liberty 相关的古希腊词源是 ελευθερία（eleutheria），它源于 ελεύθερος（eleutheros），本义为"自由的"或"独立的"。在词源上，ελευθερία 包含了 ελεύθερος 的名词形式，强调与个体或群体的状态相关的含义。所以，ελευθερία 的本义有二：一是按自己的意志生存，具有这种权利的人是非奴隶的自由民；二是被解放者，即从奴隶中解放出来获得自由意志和权利的人,亚里士多德在《政治学》中将自由界定为奴隶获得解放。亚里士多德如此定义自由,源于自由在希腊历史中的演变。比如,苏格拉底将认知与自由联系,揭示自由的存在论意义。柏拉图更强调生存论意义的自由,总是将自由与理性和道德规范相关联,所以,在柏拉图的世界里,自由既体现认知的视域性,更体现行为的约束性。然而,无论是苏格拉底还是柏拉图,他们对自由的思考和理解仍没有明确地意识到这实际上是在城邦社会和城邦生活的大框架下展开的;亚里士多德却体现了这方面的自觉,他将自由问题与城邦(polis)的独立和公民权利连起来看待,不仅揭示在民主的城邦社会中,自由就是城邦公民享有的政治自由和按自己意志参与城邦生活的权利,而且还展示了民主的城邦社会的自由是向所有阶层开放的,即使作为主人财产的奴隶,也可以通过自己的努力而获得解放,成为自由人,享有城邦公民的自由或自由民的自由。古希腊的自由思想发展,使 ελευθερία 成为英语 liberty 的词源并与 freedom 会通,形成从个体存在权利向社会、政治、法律、道德等领域多层面拓展,成为在世界范围内被用以表达个人、族群、国家的权利及其独立追求的概念,即个人相对族群和社会的权利,族群相对国家的权利,国家相对人类社会的权利。

客观地讲,**自由是一种位态**,它既是一种**存在位态**,也是一种**生存位态**,更是一种**生活位态**。作为一种存在位态,自由应该是一个哲学概念,对它的讨论应在哲学的层面展开。作为一种生存位态,自由成为一个政治概念,对它的讨论应该在政治学和政治哲学层面展开。作为一种生活位态,自由是一个伦理概念,对它的讨论应该在伦理学和道德哲学层面展开。

然而,自由的位态无论是存在意义的,还是生存意义的,抑或是生活意义的,它都不仅因为人,而且更因为人与人或人与群的直接关联才产生,没有人与人或人与群的直接关联,根本不可能产生自由。因为"夫人而自由,固不必须以为恶,即欲为善,亦须自由。其字义训,本为最宽,自由者凡所欲为,理无不可,此如有人独居世外,其自由界域,岂有限制?为善为恶,一切皆自本身起义,谁复禁之!但自入群而后,我自由者人亦自由,使无限制约束,便入强权世界,而相冲突。故曰人得自由,而必以他人之自由为界"①。个人的世界没有任何阻碍性，是**纯粹自在**的世界。纯粹自在的世界之于人，无所谓自由或不自由。自由是因为存在的**阻碍性**而可克服或消解其阻碍性的那样一种存在朝向、生存朝向或生活朝向。对人来讲，其根本的阻碍源自两个方面，一是与人相峙存在的事物、环境、自然、宇宙，出门见山，山与你对峙，坐船观江海，水和江海皆与你对峙。二是与己相对峙存在的他人，以及与由人组成的群，包括社团、族群、社会的相对峙，你是你，他是他，群是群，社会是社会，你融入群，只意味着你在此地此时来到他人、群或者社会的现在并被他人、群或社会上手，仅此而已，实际上，你仍然是你，群仍然是群，社会仍然是社会，始终与你对峙，它们也同样对峙着你。自由就是对于个人相对这两个方面对峙性存在而言，所以在更为广泛的意义上，**自由是指人与他者共存的无阻碍位态**。在这一关于"自由"的定义中，这个与个人相对峙的"他者"，既指他人，也指群体、社会；既指政府、国家，也指人种、民族；既指具体的事物、生命、环境，也指博广悠远空阔苍茫的自然、宇宙，更包括造物主。在狭窄的意义上，自由是指己与人或己与群（群体、社会、国家）相共存的无阻碍位态。这种个人与他者无阻碍共存的位态（或曰朝向）就是自由，这种人与他者相共存的无阻碍的自由是自在的，却不是无任何边界约束的纯粹自在，而是一种**相对自在**。简言之，所谓自由，就是**人的相对自在**。这种相对的自在表征为一种位态，或相对自在的存在位态，或相对自在的生存位态，或相对自在的生活位态。所以，作为相对自在的自由，实际地展开为存在、生存、生活三个维度，形成存在自由、生存自由、生活自由。

2. 物种进化的自由

讨论人的自由问题，不能忽视人的物种进化。如果忽视物种进化，对自由的认知只能滞留于半空之中，没有土壤，找不到根基。从物种进化观史，物种进化的历程即人**争自由**的历史。从整体观，物种进化敞开的自由可划分为两个阶段，即物种进化的自由阶段和人种进化的自由阶段。

---

① ［英］约翰·穆勒：《论自由》（又名《群己权界论》），严复译，上海三联书店2009年版，第2页。

物种的自由　自由是属人的，但人来源于物。由此形成人的自由必有其发生学的端绪和渊源，这个端绪和渊源使自由获得了物种性质，或概括为**物种的自由**。从渊源讲，人的自由并不是发生在人的阶段，而是发生在人类的**物种阶段**，人类作为物种生命，已经具有了自由：在人的发生学之前，人类作为物种生命，是**自在存在**的。正视人类物种的这一自在的存在自由，必然由此带出三个基本问题。

第一个问题：物种的产生与自由的关系。

物种产生于造物主的原创化，造物主原创世界的实存样态是宇宙、自然和万物、生物。在造物主创化的存在世界里，无论是万物，还是生命，都是物种化的，所以造物主创世界的实存样态是宇宙、自然、物种、生命，人即这众物种中之一种，也是其众生命中之一种。《圣经》以想象的方式描述了造物主如何创世界，并赋予了造物主创世界时特别地赋予人这一物种以神性，虽然如此，他仍然只是造物主创世界的一具体的造物而已。

造物主创世界，不仅创造世界的实存样态之宇宙、自然、物种、个体生命，也创造了其创造物的存在位态，即创造宇宙、自然、物种、个体生命**相共存**的自由这样一种存在位态。由此不难看出，造物主创世界的活动实敞开两个基本功夫，一是以创化的方式为存在世界赋形；二是以创化的方式为其创造物赋予共存的方式，即使宇宙、自然、物种、个体生命**相共存**的位态。由此两个方面可知，造物主创世界，不仅创造出存在世界的型式、样态，而且创造出存在世界如何存在的性质和方式。在造物主的创世界中，存在世界的存在性质是自由：存在世界是自由的，构成存在世界的实存样态，无论宇宙还是自然，或者万物和生命，都是自由的。存在世界的存在方式是关联，存在世界是关联存在的，首先是存在世界与造物主的关联存在，其次是存在世界作为整体与其构成的实存样态之宇宙、自然、万物、生命关联存在，最后是存在世界之实存样态宇宙、自然、万物、生命之间关联存在。由此三个维度的**关联存在**，展示存在世界的自由，只是**关联的自由**，包括生命与生命的关联自由，物与生命的关联自由，生命、物与自然的关联自由，自然与宇宙的关联自由，宇宙、自然、万物、生命之相互关联的自由。然而，所有这一切的关联自由都是造物主赋予的，造物主既赋予自己，也赋予自然、宇宙、物种的自由。这种自由涉及两个根本问题：首先，造物主原创化的自由是什么性质的？其次，造物主原创化的自由是否是自由的最终根源？就前者言，造物主所创造的自由是相对所创化的世界本身言，具体地讲，是相对宇宙自然和万物生命言，是宇宙、自然和万物、生命的自由，所以造物主创造的自由是**普遍的自由**。这种普遍的自由相对宇宙、自然和万物、生命言是平等的，是宇宙平等，是自然平等，具体地讲，是万物平等和生命平等。这种平等本身构成**自由的律法**。因为当所有的自由都分享平等，当所有的自由都被平等规定时，平等与平等之间，包括自由与自由之间，也就互为边界和限度。因而，造物主创造的普遍平等的自由实实在在地获得了律法的内在规定性，具有了互为边界和限度的律法性质。仅后者论，造物主原创化的自由既是本初的自由，也是自由的根源和最终的解释依据，万物的自由、生命的自由，以及宇宙和自然的自由，都源于造物主的原创化。

第二个问题：物种的进化与自由的关系。

造物主创世界的实存样态是宇宙、自然、物种、个体生命。宇宙、自然、物种、个体生命此四者，客观地呈现从宏观的宇宙到微观的物种生命这样一种由抽象到具体的进程，从物种到个体生命构成宇宙和自然的最为具体的实存样态和最具灵动性和生意的生命形态，所以也最为体现造物主创世界的自由位态。因此，物种进化构成存在世界敞开其自在和互予运动的基本方式。

在造物主创化的世界里，物种的进化既是物种本身使然，也是非物种本身使然。这是因为万物和生命虽然作为宇宙和自然的具体存在型式，但它同时是造物主的创化物。物种之所以需要进化，是因为物种本身未完成、待完成和需要不断完成。表征万物和生命的物种之未完成、待完成和需要不断完成，实是受宇宙和自然的催发，因为宇宙和自然同样是未完成、待完成和需要不断完成的，或可说宇宙和自然的未完成、待完成和需要不断完成的自在和互予运动，生成并推动着物种的未完成、待完成和需要不断完成，而宇宙、自然、物种的未完成和待完成位态，以及需要不断完成的**生成**位态，都是造物主的创化设计，即造物主创世界的意义，就是其创化的世界必须是生命的，必须充满生意。而生命和生意的世界必须是生的和生生的，因而要使所创化的世界内生其生的原发动力和生生的生机，必须设计出它的未完成、待完成和需要不断完成的存在态和生成态。所以，基于造物主创世界对未完成、待完成和需要不断完成的存在态和生成态的设计所创化出来的存在世界必须是有生的，宇宙是有生，自然是有生，物种是有生，万物和生命是有生，这种有生性之于物种言就是进化。所谓进化，就是存在世界的存在的生态和生成的生态，更具体地讲，进化就是从生走向生，从昨天的生开出今天的生，从今天的生开出明天的生和未来的生，以至于无穷，就是进化。所以，物种进化的自由就是从生开出生的自由。**从生开出生，这是自由的本质**。或曰：自由的本质，是**生生**。

第三个问题：物种进化的自由方式。

既然存在世界之宇宙、自然、物种始终处于未完成、待完成和需要不断完成的存在态和生成态，是造物主创世界设计的，那么，推动存在世界之宇宙、自然、物种自由实现其完成性的原发动力同样源于造物主，这就是造物主的**继创生**。造物主的继创生与原创化既相联系也相区别：造物主原创世界是纯粹的自为，存在世界是造物主的杰作；然而，对存在世界的继创生，既是造物主的自为，也是存在世界的自为，是存在世界响应造物主而展开的继创生，所以继创生的世界虽然依然是实现其不断完成的存在态和生成态，但它融进了联动之生和联动的生生。这种联动之生和生生就是造物主与其原创的存在世界之间简单创造复杂和复杂创造简单的互为推展。简单创造复杂和复杂创造简单的互为推展，构成物种敞开进化的自由的基本方式，简言之，物种进化的自由是创造的自由。所以，自由之生开出生，即创造。从生开出生，是自由的本质；但从生开生的本质，却是创造，从简单创造复杂，是生开出生的自由；从复杂创造简单，仍然是生开出生的自由。

人种的自由 造物主的原创，创造出了宇宙、自然、万千物种与个体生命，也创造出了人类这一平常而普通的物种生命和个体生命。但在造物主与原创的世界互为催发的继创生，其简单创造复杂和复杂创造简单的互为开进进程，却意外地推展出人类物种不一样的继创生，实现了它独具一格的第二次诞生，这就是从普通的动物变成特殊的**人物**，开出了"化物为人"的道路。这条道路就是从自然人类学走向文化人类学，从动物存在变成人文存在，也由此开出了人种的自由。

对人类而言，其人种的自由是从物种进化的自由开化出来的，具体地讲，仍然是人这一物种本身从生开出生来的具体方式，即从物种之生的自由开出了人种之生的自由。

人类物种进化为人种是从自然人类学起步走向文化人类学，其进化的基本方式是化物为人，即从动物存在进化为人文存在，从动物存在自由开出人文存在自由。这一化物为人所遵循的法则仍然是生和生生的自由法则，更具体地讲，仍然是遵从造物主与存在世界互为催发的简单创造复杂和复杂创造简单的自由创造法则。虽然如此，仅就自由言，人类作为自然人类学的物种进化的自由和作为文化人类学的人种进化的自由是有其根本区别的，这种区别表征为：作为自然人类学的物种的自由，或者说作为动物存在自由，只遵从物种的法则，即人类作为动物存在自由，是顺应自然、宇宙和造物主的意志和法则的自由，这是一种与所有其他物种、与万物和生命、与自然和宇宙完全平等的自由，但作为文化人类学的人种的自由，或者说作为人文存在的自由，是既遵循物种的法则，顺应自然、宇宙和物种意志和法则的自由，也是遵循自己的意愿而展开意识地思维存在世界并意识地设计自己的生活、实施自己的想望的自由。但比较而言，作为自然人类学的物种进化的自由，是相对单纯的、缺乏个性的和体现共性特征的自由，并且其自由与其他物种、自然、宇宙和造物主的自由更加紧密地联系在一起，形成直接的联动的自由。但作为文化人类学的人种进化的自由，却呈现多元性、开放性、复杂的生成性并追求人文个性和人格特征的自由，并且其自由与其他物种、自然、宇宙和造物主的自由之间的联系程度，却是随其人文存在的进化速度和进化程度而发生变化，这种变化表现为其绝对单纯的完全的直接性，日益变成复杂多变的间接性，其直接的联动性也日趋淡漠以至于进入当代世界，人类的自由几乎完全按照自己的意愿方式展开，由此生发源源不断的自由问题和存在困境以及生存危机来。

3. 化物为人的自由

人类从自然人类学进入文化人类学展开人的历史，其实就是人类物种**化物为人**的历史。从整体观，人类物种化物为人的自由的历史，实实在在地铺开为两个阶段，即身份自由的阶段和生活自由的阶段。

在存在论意义上，自由之于人始终是一个不可分割的整体。人的自由作为不可分割的整体，根源于人是万物之一物，是众生命之一生命，它直接接受造物主的原创和继创安排，在存在世界中与宇宙、自然、万物、生命同享完全平等的**从生开出生**的自由，没有特殊，没有例外，没有可另外遵循的律法与规则。然而，当人类物种在其后的继创生进程中意外地获得人质意识，形成意识地思维向意识地生活方向展开文化人类学的进化进程，就逐渐打破了自由存在的整体性和整体性存在自由的不可分割性的这种普遍平等的律法，在人的世界里推动自由生成的可分割化和自由呈现的具体化、特殊性、个别性、个性化和境遇性。人类物种从自然人类学的动物自由向文化人类学的人文自由方向开出的自由所表现出来的这种可分割化格局和呈现具体性、特殊性、个别性、个性化和境遇性的取向、诉求及其特征，自然生成出自由的类型形态的历史性演进，这就是身份的自由向生活的自由方向的敞开。

身份的自由 人类的自然史和文化史，或可说人类的物种进化史与其人种进化史的根本区别可以从自由的内涵、性质、取向和特征等方面呈现。简要地讲，人类物种进化的自由是纯粹的、整体的自由，是从生开出生的**生生的自由**。人类物种进化为人种之后，其化物为人的自由，褪去了纯粹性，分割了整体性，并且主观意欲地从生开出生的自由努力，在许多时候却开出了相反的内容、相反的结果。在人类物种化物为人的进化进程中，自由被置于不断被分割的状态，并且这种不断被分割的自由往往因为不同的历史进程而呈现出根本性质和敞开样态的特殊性，是特别地明显，并各不相同。在人类物种化物为人的进化历程中，自由从自然存在中分割出来而沦为身份自由，其身份自由就构成人类物种化物为人的自由的典型方式。

所谓身份自由，是指身份成为人的自由的象征，也构成人在实质上是否自由的界标，以及人在形式上是否自由的边界。合言之，**身份构成自由的边界**。在身份自由的时代，贵族有贵族的自由疆界，贫民有贫民的自由疆界，每种生活都拥有属于自己身份的自由空间、自由内涵、自由边界。

在人类史上，身份自由当然从个体显现出来，但身份自由并不是个别的或偶然的生活现象或社会现象，而是人类物种从自然人类学状态中走出来向文化人类学方向展开"化物为人"的一个人类阶段，这个阶段开出了人类身份自由的历史。客观地看，人类社会的文化史可看成一部身份自由的历史。从构成性言，人类物种从自然人类学状态出发向文化人类学方向进化，经历摩尔根所讲的漫长的蒙昧时代和野蛮时代而进入文明时代，但这个最初阶段的"文明时代"还仅是其前身份自由的时代，因为摩尔根所讲的"文明时代"虽然有了定居生活，有了家，有了私有财产，甚至出现了等级，但这些不足以构成身份自由的社会，其根本构成要素是社会有严格的等级制度，有神圣的特权，有人与人之间无条件的役使，有劳动者与非劳动者，有主人与奴隶，而所有这些都不是偶然或个人的强力，虽然最初是由偶然和强力推动，但它一定是通过**结构**、**等序**和**制度**来予以社会化定型，来确定**规制化的**运作程序。只有以结构、等序或制度、规制来定型和运行其严格的等级、神圣的特权，人与人之间无条件的役使而形成劳动者与非劳动者、主人与奴隶，身份自由的社会才真正形成。

身份自由的社会就是以身份来确定自由的社会。在以身份来确定自由的社会里，身份确定人的自由涉及两个维度，一是家的维度；二是公共世界的维度。在家中，主要以两性身份和血缘身份来确定家庭成员的自由的有无、自由的多少及自由的边界与限度。在公共世界里，主要以出身、政治权力、财富权力、职业权力来确定个人的身份自由，造诣、才智、能力、贡献为其次，当以造诣、才智、能力、贡献为自由获得的基本方式时，身份自由的时代就转向**德才自由**的时代。身份自由的时代，从家到社会均以身份来确定人的自由，这种性质的自由社会贯通了两个时代，即奴隶时代和封建时代，比如古希腊的城邦社会和周代的封建社会就是身份自由时代的典型个案。

通常来看，古希腊城邦社会是公民的社会，它享有直接民主的自由，是最好的时代，这确实没有错，但这只是希腊城邦社会的表象。实际上，希腊城邦社会是一个二元结构，一方面，它保留了奴隶制；另一方面，它又是直接民主社会。在这种二元结构中，人被类分三个等级，一是享有参与城邦管理事务的公民，这是一个特权阶层；二是没有参与城邦管理事务的资格却有生活自由的自由民；三是奴隶。亚里士多德在《政治学》中将构成此二元结构社会的主人与奴隶看成天赋的权利，认为主人天生就是主人，奴隶天生就是奴隶："世上有些人天赋有自由的本性，另一些人则自然地成为奴隶，对于后者，奴役既属于有益，而且也是正当的。"① 被奴役的奴隶以及奴役他的主人之所以都是"有益"，是因为奴隶不过是主人的财产，"奴隶，于是也是一宗有生命的财产；一切从属于人们都可算作优先于其它（无生命）的工具的（有生命）工具"②。亚里士多德举例分析了主人与奴隶的根本身份区别："以一个家庭来说，谁是主人的奴隶和谁是奴隶的主人，原来都是家庭的一个部分，但奴隶作为用品（财产）而言，则这一笔财产，应该完全属于应用他的人，而主人（就另有家务管理以外的自由生活而言）便不属于奴隶。于是我们可以明了奴隶的性质和他的本分了：（1）任何人在本性上不属于自己的人格而从属于别人，则自然而为奴隶；（2）任何人既然成为一笔财产（一件用品），就当成为别人的所有物；（3）这笔财产就在生活行为上被当作一件工具，这种工具是和其所有者可以分离的。"③ 亚里士多德基于希腊社会的二元结构而阐述城邦社会对人的分类学，指出主人与奴隶或者说人与财产既二元分离也二元统一的理由，然后在这个基础上建立起**等级平等**——或者说**不平等的平等和平等的不平等**——的平等政治学理论和伦理学理论，它的核心理念和思想就是身份自由。

古希腊城邦社会是典型的二元结构社会，二元结构社会的实质是实施严格的二元等级制。古希腊城邦社会的二元等级是以公民制度的方式展开。而在历史的纪时和年代上大体与此相对应的东方社会，也就是周代，也是二元结构的身份社会，所实施的二元等级是以贵族制度的方式展开，这种以二元等级为基本结构框架的贵族制度，是采取分封建制的方式来定型，即周武王消灭殷商和周公东征及平乱后，先后两次进行分封，把土地和生民作为财产赐封给姬姜两姓子弟及特大功臣，这就是自为天子的周王分封诸侯，诸侯分封大夫，大夫分封士，由此层层分封形成"天子建国，诸侯立家，卿置侧室，大夫有贰宗，士有隶子弟，庶人工商，各有分亲，皆有等衰。是以民服事其上，而下无觊觎"（《左传·桓公二年》）的身份制度和身份社会。这一以身

---

① ［古希腊］亚里士多德：《政治学》，吴寿彭译，商务印书馆1983年版，第16页。
② ［古希腊］亚里士多德：《政治学》，吴寿彭译，商务印书馆1983年版，第11页。
③ ［古希腊］亚里士多德：《政治学》，吴寿彭译，商务印书馆1983年版，第13页。

份主导自由的身份社会是一个分封的递相"等衰"的多元社会结构,但这个递相"等衰"的多元社会结构的基本结构却是二元的,即天子与诸侯的二元结构分权制度,天子与诸侯的关系是共主的关系,天子与诸侯之间实行的是两级政府制度,它具体落实为天子向诸侯下放权力、委派管理权力和实行诸侯向天子"贡给"的混合制度。天子与诸侯各有自己独立的领地、朝廷、制度、军队、税收等完整的制度,只是诸侯执政的大夫由天子委派,以实现共主对诸侯的控制。这种二元结构的分封制度有些类似于现代社会的联邦制度,但比联邦制度更为宽松,因为在联邦制度的国家,军队是由中央政府掌管;而在周代,诸侯却拥有独立的军队。周代如此分封制度下的身份自由,在某种程度上是比古希腊城邦社会的自由柔性和自由张力更大的社会,因为希腊的城邦社会有统一的法律,采取的是严格的法治城邦,使人和法都只能在法内,法为大。而周代的天子-诸侯的分封社会却存在两套律法,即威慑统治阶层、贵族的礼制,以及礼法和控制民的刑制,即刑法。这种二元制社会结构和二元主义的律法治理模式,实是为人也包括为法本身都处于法外提供了可能性,并且事实上在许多时候它们都在法外,人为大,且人为大的实质是权为大和财为大,即权力越大的人和财富越多的人,越可以用权和钱来运作律法、法律,具体地讲,用权和钱来运作社会。相对而言,周代建立起来的这种二元结构的自由社会中的身份自由的自由度要远远大于古希腊城邦社会这种二元结构的身份自由。唯法律治理城邦社会的二元结构身份自由制度蕴含向**唯德才**方向转换和改进的可能性,这种可能性在其后经历漫长的宗教信仰的沐浴和人文启蒙而建立起一元结构的社会,即普遍平等的人权制度社会,形成**唯德才自由**的生活自由。以礼法和刑法的双重方式建立起来的使权和财具有更大自由柔性和自由张力的身份自由社会,最大程度地为权力和财富留下了广阔的潜在空间,却没有唯德才的可能性,因而,在其后的社会演变中只是花样翻新的形式变化,权力和财富依然成为今日生活的最大柔性力量和张力力量。

在身份自由的时代,政治和权力所指涉的范围一是明确的,并且有分明的界限;二是由此分明的界限而形成清晰的生活边界,这个边界就是身份本身。身份与身份之间构成实际的生活疆界,身份高和身份低的人都能遵从这一疆界，一般情况下不会去跨越自己和对方的身份边界；并且在身份的疆界范围内，也就是处于同一身份等级、身份地位、身份阶层的人，是相对平等的，其相对平等的自由度同样大。不平等、不自由只属于不同等级、不同阶层、不同身份地位的人。但这种极端不平等的身份自由社会必然会伴随人的觉醒而得到改变，这种改变则开启了人类的生活的自由的历史。

生活的自由 生活，只相对人的"化物为人"的历史才有意义，它的本义是指，人类物种"化物为人"是因生而活，为活而生，且生生不息。以此本义观，在身份自由的历史进程中，其"因生而活，为活而生，且生生不息"的生活本义只在个别阶层、少部分人群中得到完全的体现，对民这个阶层及大多数人来讲，这种身份自由的内涵是相当稀缺的。但这种状况也随人类"化物为人"的文明上升进程而发生改变，其根本的改变就是从身份自由开出生活自由的历史。

所谓生活自由，至少有三层基本语义。首先，指**因为生活而自由**，即生活本身就是自由。当你生而为人而开启人的生活并拥有生活本身时，你就拥有了自由，你就是自由的。所以，因为生活而自由，揭示了自由是由生活带动起来的，也是由生活**带来**的，而不是分配的。这表明自由属于天赋，具体地讲，**自由是生活的天赋**，它先在于个人，也先在于个人组成的社会。其次，指**为了生活而自由**。这是说先在于个人的天赋于生活的自由，之于个人而言只是一种潜在的自由、可能的自由，个人要将这种潜在的和可能的自由化为现实的自由，就必须为自由而努力。对任何个人来讲，只有通过**自为**的努力才可争取到自由，才可创造出自由，才可通过努力、争取、创造而配享属于你的自由。为了生活而自由，揭示天赋生活的自由不是现成，而是**自为**。自为的自由只属于个人，个人的作为与否以及个人作为的程度，决定其自由内容的多少、自由质量的高低和自由空间的大小。由此形成其三，**生活就是实现自由**。就其本原意义言，生活即因生而活，为活而生，且生生不息。人来到这个世界上，就是要**过生活**，且人来到这个世界，必须要过生活。"因生而活，为活而生，且生生不息"构成**过生活**的基本方式，本能地展开这一"因生而活，为活而生，且生生不息"生命过程，就是实现自由的过程。

如上三个方面构成"生活的自由"的基本定位。由此基本定位可知：生活的自由首先是一种意识的形成，然后才可意识地行动去开辟生活的自由。然而，生活的自由虽然只属于个人自为，却要通过个人自为的意识向自为的行动的努力才可实现，但由于个人始终坐落于群之中，借助社会的舞台并承受社会的规训而展开，社会的性质和状况从根本上制约着个人生活的自由的可能性变成生活自由的现实性。以此观之，个人生活的自由的程度始终伴随着生活于其中的社会的变迁性质和方向。

仅一般而言，生活的自由的历史开辟出三个前后相续的时代，这即是神学时代、商业时代和工业时代。相对而言，神学时代开出大众信仰自由的生活，因为信徒的跨国度跨地域地传播教义，使信仰自由成为越来越多的人争取和享有精神生活的自由权利。神学时代虽然在极端的唯政治主义者看来是"黑暗的时代"，但实际上这个时代信仰自由的普及化构成人的生活的自由的奠基石。从根本讲，没有信仰的自由，根本不可能有生活的自由，即使人们争来生活的自由，也难以获得持久的持存，因为没有信仰，人的存在从根本上缺乏灵魂，心灵的空壳化将最终导致人既没有内在精神的约束，更没有外在行为的边界，生活的自由会从无约束、无边界中流失。

正因为神学时代对信仰自由的培育，才有了渐进生成的新视域、新科学，有了纯粹信仰的宗教的理性化，才有了文艺复兴、人文主义运动、宗教改革和两个世界的发现，即对人的重新发现和对自然世界的重新发现。对人的重新发现产生了个人主义，形成了个人权利要求，进而开出普遍平等的人权政体和自由制度；对自然的重新发现，形成自然资源无限度和人的物质幸福无限论，才产生开辟大海航线，创造商业社会，商业社会的最大功能是解放了人的初成自由意识和自由权利要求，推动人们以更大的热忱践履行动自由、探险自由、创业自由、财富自由，而这一切都是建立在权利自由的基石上的。

商业社会的硕果是新技术的产生，因为商业社会要打开更为广阔的商业通道，要开辟更新的商业世界，必须借助于技术，技术成为商业社会前进的引擎，也成为个人商业冒险、商业成功、商业创造的武器，因而，热衷于开发新技术成为商业社会的攻坚战。这场攻坚战的最初成果是蒸汽机的发明，被发明的蒸汽机随即得到广泛的运用而带来整体化的边际效应，就是将商业社会变成了大机器生产的工业社会。工业社会经历了一番野性自由的发展之后，因付出的沉重代价和所积累起来的积重返的问题，将粗放的、野性的工业社会予以制度、法律、市场、机制的整体性规范和改造，这就是 19 世纪以功利主义思想为主导的社会政治、法律和市场制度改革，由此使工业社会形成了两分，即从野性自由的、粗放性的、掠夺性的古典工业社会向规训的现代工业社会的转型，这种转型使生活的自由变得更加普遍、更加平等、更加具有制度和法律的保障。

要言之，生活的自由的历史是经历神学时代向商业时代而至于工业时代的历史，且工业时代又分出古典工业社会向现代工业社会再向正在进行时的后工业社会方向展开和推进。就其主流观，生活的自由也因此经历了从自发向自觉的方向前行这样一个过程，这个过程也是生活的自由追求由无保障到有限度的保障再到完全的法权保障的过程，这就是生活的自由的普遍化、社会化和人类世界化，即生活的自由成为一种人类要求、一种人类方式、一种人类判断的准则和依据。然而，在这样的生活的自由进程中，仍然存在滞后性，存在逆流，存在对生活的自由的反动，存在文明的倒退，这就是生活的自由的异化取向和异化状态。

客观地看，这种异化的生活的自由状态，实质上是**一种伪生活的自由**。这种伪生活的自由如果不是个别现象，而是一种普遍的社会运作方式，那这个社会就进入了伪生活的自由的社会。在伪生活的自由时代，政治和权力的指涉和功能发挥体现出两个方面的根本特征，一是权利模糊，权力不明确，模糊而混沌，没有清晰的界限。二是形式上虽然有边界，但实质上没有边界。形式上的边界有法律、有社会规程、有伦理和道德，实际上却是权力和财富本身成为生活的边界，你的权力和财富的疆土可以开拓到哪个地方，你的生活就通达到哪些地方，哪些地方就成为你的自由疆域，并且那些地方成就你的自由。这种以权力和财富为推动力的自由，虽然形式上是生活的自由，但本质上仍然是身份自由，以权力和财富为底气、为标价、为推动力的**身份化的生活的自由**，跨越了身份、地位、法律、伦理和道德的设定与疆界，拥有任其本性和本能的权力。因而，在身份化的生活的自由世界里，身份与身份之间没有疆界，身份高和身份低的人都可以不遵从身份、地位、法律、道德的疆界，在任何情况下，只要你有权力能力和财富能力，你就可以任性地去跨越自己和对方的身份边界与生活边界；反之，当你没有任何权力能力和财富能力，并因为这种全无而将天赋的本能和物性完全释放出来时，就可以跨越任何身份的边界和生活的边界，即任性的自由。但这种任性的自由最终要以生命或人身的彻底不自由为代价。

在近代以降的生活的自由的历史大潮中，身份化的生活的自由也往往不仅是暗潮涌动，而且常常公开全场而喧宾夺主，最为典型的个案：一是从20世纪30年代到40年代的纳粹时代；二是从20世纪50年代以来至今仍在全球范围内甚嚣尘上的恐怖主义和极权主义运动，它们都以不同的形式体现了这种身份化的生活的自由对社会的主导。

二 自由的存在敞开

自由，是人类最紧要的问题，因为它涉及人是否真正成为人，更涉及人的社会能否真正是人的社会。正因如此，自由既是一切问题的来源，也是解决一切问题的根本方法。讨论自由问题，必须正视自由的存在论、自由的生存论与自由的实践论三个维度的问题，因为这三个维度的自由问题最终都落实到人的生活，构成人的自由的生活问题；并且对自由的存在论和生存论问题的讨论，是为自由的实践和自由的生活开辟认识的道路、奠定思想的基石。

1. 存在自由

存在自由，构成自由的存在论主题。

自由的存在论所考察的主题为自由是存在的。"自由是存在的"所表述的不是一个判断，也不是一种推论，而是陈述一个存在事实，即**自由存在**。自由存在既指自由是一种存在，也指自由是以存在的方式存在的一种存在，更指自由与存在同在，这是自由对自身的三个方面的规定。自由之所以自身规定自身，是因为自由相对人而言，并围绕人而生成和敞开，但自由是先于人而存在的存在。自由先于人而存在有三层基本含义。

首先，自由先于个人而存在。你诞生于当世，自由却在人的社会诞生之时就产生了。你的生命从那个具体的女人身上降落于世之前，你诞生之后享有的血缘自由就先你而存在了。你来到这个村坊或城市，这个村坊或城市的自由并不是因为你而产生，而是这个村坊或城市的自由格局、自由框架、自由方式和自由内容在你到来之前就已经存在了。你生于人权社会，人权社会的自由即普遍平等的自由早已存在；你生于极权社会，极权社会的极权自由和等级自由也先于你而存在。当你从人权社会进入极权社会，就必须收敛起许多原本就有的人权自由，因为极权社会只有绝对的威权自由和等级自由；当你从极权社会进入人权社会，许多原本根本不敢奢望的自由变成了你的现实的自由。总之，每种制度的社会，每种性质的时代，其具体性质取向和范围确定的自由早已存在，你作为个体，从一个环境切换到另一个环境，从一个社会切换到另一个社会，其自由也随之发生变化。这种变化本身意味着：自由是一种相对独立的存在；并且，自由是先于个人而存在。

其次，自由先于群和族群而存在。人们共建一个生活的社区，有关这个待建或在建的社区的自由内容、自由章法、自由方式、自由边界早已形成，或者是借鉴经验，或者是筹建中谋划而清晰得来。代相传承的"物以类聚，人以群分"的俗语，其所表达的本质语义是自由**先于群**而存在。人们为什么结群？是因为只有结群才能更好地谋生，解决个人之力所不能解决的存在威胁和生活无保障的状况。但人们结群是有选择的，这个选择的依据是什么呢？从正面讲，是人与人之间能够相互给予帮助，而其本质是人与人相互给予最大可能的自由空间，或人与人之间能够相互最大程度地维护各自的自由并有条件地拓展相互的自由。从反面讲，就是人与人之间互不伤害、互不损害。人与人之间互不伤害、互不损害的本质是互不侵害或剥夺对方的自由存在。这就是自由先于群而存在。

自由不仅先于群而存在，也先于族群而存在。所谓族群，有两层含义，一是指家族，它以姓氏血缘为纽带；二是指种族，即民族，它是以人种血缘为纽带。对于家族言，其族规则构成家族的自由的边界。对于种族言，其族性文化、风俗、精神原型、信仰方式以及图腾和禁忌等，构成其从心灵到情感再到行为及其方式的自由框架。且族群是生存选择和地域化定居的，其地域本身为族群的生存提供了多层次的自由内容和自由限度，比如生活于赤道线上的族群，享有充分的温暖的自由和没有过雪天滑冰的自由，这些自由早已在该族群选择来赤道定居之前就已经被制定好了。天府之国和天堂般的苏杭各有个性和特征的自由框架、自由内容、自由方式，早在蜀人和吴越人来到这两个地方之前就已经实际存在了。

最后,自由先于人种。人作为人种,是由物种进化而来。人类作为一个物种,并不是自由创造所成,而是造物主创世界所成。造物主创造世界,不仅创造了世界,也创造了世界的自由和自由的方式、自由的规则和自由的限度与边界。造物主创世界的自由只是相对自由,不是绝对自由,即创世界的造物主本身虽然在客观上求绝对自由,但实际上也不能达于自由的绝对,这体现在造物主创世界仍然遗留下来"意外的疏忽"——生发出恶,产生伊甸园中蛇行引诱之能和夏娃接受引诱、亚当轻信而偷吃禁果犯下原罪。在道理上,造物主应该是完美的自由的化身,但没有达到;如果达到了,造物主就不会对原创的世界行继创生之能。一个不能继续创生的造物主,也就没有存在的必要,那何谈存在之自由呢?所以,造物主的自由也是与其创造物的自由在本质上同一,即自由的本质是**生生**,是**生生不息的生成**,是生生不息的生成性创造。先于物种、先于自然、先于宇宙的自由是造物主的自由,造物主的自由是生成性创造的自由,这种生成性创造的自由框架和自由方式就是创世界的未完成、待完成和需要不断完成,所以,造物主创世界的自由不仅是原创世界的自由,更是继创世界的自由,是造物主与其创造物即宇宙、自然、万物、生命共同继创生的自由,这种自由的本性是生,这种自由的原发动力和机制是生生,这种自由所遵从的法则是**简单创造复杂**和**复杂创造简单**的循环反复的创造原则。

要言之,造物主创化的自由,先于宇宙和自然的自由;宇宙和自然创化的自由,先于万物和生命的自由;万物和生命创化的自由,先于人类的物种自由;人类的物种自由,先于人类的**人种自由**。人类的人种自由,先于族群的自由;族群的自由,先于社群的自由;社群的自由,先于个人的自由;个人的自由,先于社会的自由,更先于国家的自由。自由的如此先在性,形成了自由的存在论。

自由的存在论问题,主要展开三个根本的方面:

其一是自由的存在论来源。对自由的存在来源的考量是打通从人种到物种、从物种到创化的存在世界(万物和生命、宇宙和自然)、从存在世界到造物主及其创化之间的通道,揭示自由本源于存在,自由的存在本源于人种的存在自由，人种的存在自由本源于物种的存在自由，物种的存在自由本源于存在世界的存在自由，存在世界的存在自由本源于造物主的自由，造物主的自由本源于造物主的原创造和继创生。

其二是自由的存在论本质。考量自由的存在论来源，搭建起由人回返于物、由物回返于创化的世界和造物主的创化自由的桥梁，追溯自由的存在本质：自由的存在本质，是生，是生生，是生成。生的本质是创造，是创造地生，创造地生成。合言之，自由的存在本质是**生成式创造**。

其三是自由的存在论限度。无论从发生学观造物主的创化自由，还是从存在敞开看继创生的自由，抑或是人类物种从自然人类学向文化人类学方向展开其自由道路，自由无论是作为一种存在事实，还是一种存在方式，都是有限度的。所以，自由是限度存在的。自由的限度存在最为突出地敞开两个方面：一是自由存在的契约性；二是自由存在的血缘性。这两方面的存在构架起人类自由存在的宏观框架，人类诉求的一切形式和内容的自由都在此框架下展开，并在此框架中生成。

自由存在的契约论　对自由的存在论溯源，揭示人的自由天赋这一存在事实。自由天赋不是判断的观念所成，也不是推展的逻辑所成，而是存在事实。后世将最早说出自由天赋这一存在事实的美誉赋予卢梭（Jean-Jacques Rousseau，1712-1778），因为他说出了"**人是生而自由的，但却无往不在枷锁之中。自以为是其他一切的主人的人，反而比其他一切更是奴隶**"（引者加粗）① 这段名言。但实际上，卢梭不过是对洛克（John Locke，1632-1704）自由思想的重复。洛克说："**我们是生而自由的，也是生而具有理性的；但这并不是说我们实际上就能运用此二者：年龄带来自由，同时也带来理性。**"（引者加粗）② 从自由存在论言，早卢梭80年的洛克的天赋自由论比卢梭的天赋自由论更深刻，因为卢梭在论自由的天赋的同时，发现了天赋的自由落于生存之中则变成了"枷锁"，而洛克的"生而自由"的后面紧跟"生而具有理性"，则明确表达了天赋的自由存在是有限度的，并且揭示了存在自由向生存领域敞开，必须以理性为牵引，因为在洛克看来，缺乏理性的自由本质上

---

① ［法］卢梭：《社会契约论》，何兆武译，商务印书馆2003年版，第4页。
② ［英］洛克：《政府论》下篇，叶启芳、瞿菊农译，商务印书馆1987年版，第38页。

是对自由的扼杀。

天赋自由的存在限度，形成自由存在的契约论。

自由存在的契约论不是社会契约论，以卢梭的契约论为代表的社会契约论是一种**生存论契约**。生存论契约讨论的是人与人、人与政府、人与国家之间的契约，是一种**社会民约论**。自由存在的契约论既指文化人类学的人与万物生命的存在契约，也指人与宇宙自然的存在契约，更指人与存在世界的存在契约和人与造物主的存在契约。简言之，是人与上帝或者说人与造物主的签约。人与造物主的签约所形成的自由存在契约论，构成了人与社会、人与政府、人与人签约的存在论依据、最终根源和根本理由。这种内容和性质的契约既约定了人的自由存在的**生的**本质，也约定了人间的自由存在的边界，更规定了人与他者（万物和生命、宇宙和自然、存在世界和造物主）共存自由的限度。

自由存在的血缘论　造物主创世界的实存样态是自然宇宙和万物生命。造物主创化万物生命，既赋予它以物种的方式，更赋予它以繁衍生息的方式，由此使无论植物物种还是动物物种或微生物物种，都获得了血缘。物种化的生命，是以个体的方式敞开存在，自然成为其血缘链条中的具体环节。

在造物主创化的世界里，血缘链条是一种存在方式，这种存在方式实际地朝向前和向后，或者朝向上和向下两个维度延伸开去，形成人类自由的存在的源与流，这一源与流从历史与未来两个方面规定着人的自由存在**绝对有限**。或可做一个比方，人的自由存在的血缘链条就是一条河流，自由就是河水，它从源到流垒筑起的是两边的堤岸，而堤岸的功能就是驯服流水沿着河道奔流开去。以自然人类学向文化人类学方向展开而从动物存在变成人文存在为界标，血缘的河流向上溯源，人文存在的人的存在自由既来源于人类的物种自由、万物生命的自由、自然宇宙的自由、存在世界的自由，其最终源头是造物主创化世界的自由；反过来看，人的人文存在的存在自由又要接受造物主创世界的自由、存在世界的自由、宇宙自然的自由以及万物生命的自由的约束。血缘的河流向下奔流，文化人类学的人文存在自由向人种的存在自由、种族的存在自由、民族的存在自由、家族的存在自由和家庭的存在自由方向生成，并接受人种、种族、民族、家族、家庭之存在自由的约束。质言之，在人的自由存在的血缘链条上，造物主的存在自由是最远的，也是最原初的，是发生学和原创论的自由；家庭的存在自由是最近的，并且也是血缘自由的高级环节。人种化的、种族化的和民族性的血缘自由产生于物种血缘链条，并成为血缘自由链条的生成性创造与延展方式。

从根本讲，血缘作为一种存在方式之所以产生自由，源于两个因素的激励，一是血缘产生类，即血缘之内是一类，血缘之外是另一类，类生成和建构起内外，自由由此诞生于内外之中。二是自由始终是人相对他者言，血缘既生成建构起人与他者最近存在关联和存在自由，也生成建构起人与他者最远存在关联和存在自由。在存在论意义上，存在自由是造物主创世界所形成的，这种自由是造物主和它所创造的世界的关联存在，这种关联存在构成了存在自由，即存在世界的自由不能逾越造物主创世界的边界，而造物主创世界的自由同样是由其所创化的存在世界本身来标定。这是血缘生产类，类生产出血缘的自由的根源。

更为根本的是，血缘生成类，类却生发内外，由此使血缘存在的自由生出内外两种具体的自由存在形式：第一种存在自由形式，是血缘之内的存在自由。在自然人类学状态，血缘之内的存在自由即物种的自由；从自然人类学进入文化人类学进程中，血缘存在自由分化出人种的自由、族群的自由、家族的自由和家庭的自由。第二种存在自由形式，是血缘之外的存在自由，这种性质的存在自由只是自然人类学进入文化人类学之后才产生出来，这就是人种与人种、族群与族群、家族与家族、家庭与家庭之间的自由，这类性质的自由最终形成一种模式化的存在自由惯例，所以又可以称之为**惯例的自由**。德·雅赛（Antony De Jasay）在《重申自由主义》中对存在自由的惯例或者说惯例的自由做了探讨，指出："惯例通常被理解为一种非正式的无言的契约，对大部分人有宽松的约束力。惯例最简单的目的是大家遵守一个共同的规则。说惯例宽松，是因为它并不要求完全遵守，而只要求尽可能遵守。如果有一部分人在任何时候都遵守这个规则，无言的契约就得到了遵守，惯例就达到了其目的，并保留下来。只有十分敏感的惯例——也许只有不允许弑母或不允许背信弃义的惯例——才不言而喻要求绝对遵守。"[①] 因为惯例是人与人或人与群之间自然生成的，既

---

① ［匈］安东尼·德·雅赛：《重申自由主义：选择、契约、协议》，陈茅、徐力源、刘春瑞等译，中国社会科学出版社1997年版，第100页。

不是真正的人与物种、人与宇宙自然、人与存在世界、人与造物主的自由契约，也不是真正的人与社会、人与政府的自由契约，而是融合和会通二者之自由限度而自然生成的类似契约性质的存在自由，是契约的比喻形式。"惯例只能比喻成契约，它不明确要求遵守，甚至不含蓄要求遵守。大家实际上不想相互承担义务，但是又不知不觉处于一种相互关系之中，每个人都寄很大希望于别人遵守自发产生的规则。尽管契约与惯例不是一回事，把惯例比喻成契约仍然具有诱惑力，因为二者是自愿形成的。"①

换言之，天赋的契约自由和血缘自由都是对存在自由的有限的自身规定，而天赋的契约自由和血缘自由在存在论层面互为规定，却可以通过惯例而发挥其限度与边界的约束功能。只有在这个意义上，才真正理解自由的存在论限度。要言之，存在自由的契约论生成构建起存在自由的血缘论，存在自由的血缘论则生成出血缘之内的存在自由的有限性和血缘之外的自由的有限性。存在自由的有限性即**有限度的存在自由**。有限度的存在自由生成演绎出血缘之内的自由，即亲情的自由——以血缘的浓淡度为自由的大小幅度。血缘之内的亲情取向的自由是天赋的契约，具有相对的自我强制性和互为强制性。与此不同，有限度的存在自由生成演绎出血缘之外的自由，即惯例的自由，它向生存领域敞开，就形成惯例的自由的三种性质取向的类型：一是"自我强制执行的规则"。世界上原本没有路，只是因为生活的需要而在原野中试探行走所成，哪怕是在大雪覆盖的原野里踩出这个村子到那个村子的路来："雪中的路是一个每个个人，从第一个到最后一个，从开拓者到盲从者，都有对个人来说是最佳的解决办法（但对集体来说却不一定是最佳的）的事例。而且采纳的人越多，对于采纳的刺激也就越强烈，最后就没有人随便背离了。无论什么时候，只要出现同样的问题，就有可能出现解决这种问题的同样有力的惯例，而且这样的先背离它。"② 所以，"遵守规则的力量超过违背规则的力量。语言和货币就是这样惯例。它们起初是脆弱的，随着时间的推移加强了力量。要阻止它们传播并使不同的语言和不同的货币产生出来，就需要

---

① ［匈］安东尼·德·雅赛：《重申自由主义：选择、契约、协议》，陈茅、徐力源、刘春瑞等译，中国社会科学出版社1997年版，第101页。
② ［匈］安东尼·德·雅赛：《重申自由主义：选择、契约、协议》，陈茅、徐力源、刘春瑞等译，中国社会科学出版社1997年版，第104页。

'外来的'地理和政治障碍"①。惯例一旦形成并获得普遍的遵从性，就会产生自我强制执行。比如，一周为何是七天？虽然惯例更多地产生于偶然，但它一经形成并获得更多的或者普遍的遵从，就形成一种必然性诉求。二是"依赖强制执行的惯例"，因为"惯例要成为自愿约束个人选择的自由主义结构的一部分，就必须自我强制执行，即使不马上如此，最终也要如此"。②"一个非自我强制执行的惯例在两种情况下可能需要强制执行：它的存在可能需要强制执行，达到它的目的可能需要强制执行。这两种需要互相重叠，但不重合。一个解体的惯例显然不再有什么用处，但没有用处的惯例却不一定会解体。一个许多人都不遵守的惯例，尽管已经失去了其效用，但却完全有可能继续长时间被其余的人遵守。排队似乎就是存在之需要的一个例证，而不允许伤害生命、肢体和财产的惯例则是达到目的之需要的例证。"③ 三是"合法的强制"："在出现问题的情况下，个人利益似乎总能够产生促使一个文明社会结构的惯例形成和巩固的个人行动。基本的选择完全是自愿的，不受任何要求协调的中央意志的控制。有些惯例需要使用附属惯例予以强制执行。人们可以表明，这些附属惯例也是未经过协调而自发地产生于分别地看都是理智的选择的。如果情况是这样，它们为保护一个惯例而实施的强制，按照严格的自由主义学说就是合法的强制。"④

2. 生存自由

讨论生存自由，须再回顾洛克和卢梭的论自由：

> **我们是生而自由的，也是生而具有理性的；**但这并不是说我们实际上就能运用此二者：年龄带来自由，同时也带来理性。（引者加粗）⑤

---

① ［匈］安东尼·德·雅赛：《重申自由主义：选择、契约、协议》，陈茅、徐力源、刘春瑞等译，中国社会科学出版社 1997 年版，第 104 页。
② ［匈］安东尼·德·雅赛：《重申自由主义：选择、契约、协议》，陈茅、徐力源、刘春瑞等译，中国社会科学出版社 1997 年版，第 106 页。
③ ［匈］安东尼·德·雅赛：《重申自由主义：选择、契约、协议》，陈茅、徐力源、刘春瑞等译，中国社会科学出版社 1997 年版，第 107 页。
④ ［匈］安东尼·德·雅赛：《重申自由主义：选择、契约、协议》，陈茅、徐力源、刘春瑞等译，中国社会科学出版社 1997 年版，第 109 页。
⑤ ［英］洛克：《政府论》下篇，叶启芳、瞿菊农译，商务印书馆 1987 年版，第 38 页。

第2章 自由

人是生而自由的，但却无往不在枷锁之中。自以为是其他一切的主人的人，反而比其他一切更是奴隶。(引者加粗)①

无论是洛克还是卢梭，都以自己的思维个性和表述风格表达了相同的基本认知，即存在的敞开是生存，生存的上手状态和过程是生活。自由的状态是由存在向生存方向敞开而最终必须上手于此地此时的现在的生活本身，自由由此开出存在自由、生存自由和生活的自由之自由进程。在自由的进程中，存在自由是天赋的，但也是有限度的，这种限度根源于存在本身，即根源于万物、生命、自然、宇宙的共存自由，最终根源于造物主的原创化和继创生。存在敞开生存，使存在自由**演绎成**生存自由，生存自由更是有限度的，这种限度性根源于人的世界，更准确地讲，根源于人为。卢梭与洛克分别揭示了人为造成的有限性：卢梭以否定的方式表述了生存自由的有限性，这种有限性就是人的生存的"枷锁"，并举例证明这种枷锁无所不在，且无人不受其框架，哪怕那些"自以为是其他一切的主人的人"，与其他一切人相比，更成为其不自由的"枷锁"的"奴隶"。洛克却以肯定的方式表述了生存自由的有限性，指出这种有限性不仅源于人的生存的野性，更源于人的生存如何可能避免野性的"理性"。合言之，存在敞开生存，其存在自由也随之演绎为**生存自由**，却同时接受存在和人为两个维度的约束，这两个维度的约束生成出人的生存自由的三个方面的核心问题：自由的有限与无限问题，自由的理性与任性的问题和自由的形式与实质的问题。由于自然的有限与无限的问题总是贯通于自由的理性与任性和自由的形式与实质之中，所以下面只讨论生存自由的理性与任性和形式自由与实质自由的问题。

生存自由的任性、理性与明智 天赋自由，使自由获得存在论的性质定位。对于自由的存在论，由于人们更多注目于其感觉的关怀而看到自由天赋的一个方面，将自由理解为单纯的无阻碍、无约束的存在，形成"有权如此"的观念，强调自由意志的绝对性，产生绝对自由的激情，这种激情一旦上手此地此时的现在，就演绎出极端的自由主义，而专制和极权不过是这种极端

---

① [法]卢梭：《社会契约论》，何兆武译，商务印书馆2003年版，第4页。

自由主义的一种表现形式。

从存在的实际观，天赋自由的本义是**共存**，因而天赋自由实质上是共存自由，包括造物主与创化的存在世界共存自由，其生之本性和生生机制构成其共存自由的原发动力和原发机制。所以，共存自由的本质的正面呈现，是生和生生的创造；共存自由的本质的反面呈现就是有限性，即自由本身的限度和约束：共存就是共存者的互为限度、互为约束。互为限度、互为约束的存在敞开就是有限性，这种共存自由的互为限度和互为约束就是存在规律、律法、法则。造物主的创世界，无论是原创化的世界还是继创生的世界，都是物理学和生物学性质，即既是物也是生命，并且生命最终也是以物的方式呈现，所以造物主及其创化的存在世界的共存自由的律法、法则，具体为物理法则。共存自由是**受物理世界的法则和规律的支配**。"我们是由受自然界的定律支配的大型粒子集合组成的物理存在。我们的所作所为，所思所想，只相当于这些粒子的运动。跟我握手，就是组成你的手的粒子在上下推动组成我的手的粒子。说声你好，就是组成你声带的粒子跟你喉咙里的空气粒子碰撞，引发这些粒子的连锁反应，让它们穿过空气，撞击组成我耳膜的粒子，在我脑内引发另一批粒子的涌动，我就是这样听到你说的话的。我脑内的粒子响应上述刺激，产生'手握得真紧'的想法，发出由另一些粒子携带的信号，传给组成我手臂的粒子，驱动我的手跟你的粒子协同运动。所有观测、实验和有效的理论都证明，粒子的运动完全受数学规则控制，因此我们不能干预粒子由定律决定的进程，就像我们不能改变圆周率的值一样。"所以，"我们的选择**看似自由**，是因为自然定律的作用被深深掩盖在基本层面之下，我们无法目睹。我们的感官发现不了自然定律在粒子世界中的运作。我们的感觉和推想都集中在日常的人类尺度和行动上：我们思考未来，比较行动方案，权衡可能性。因此当组成我们的粒子行动起来时，在我们看来，这些粒子的集体行为就好像是出于我们的自主选择一般。但是，我们如果有前面提到的超人视角，能够在基本成分的层面上分析日常现实，那就会认识到，我们的思想和行为就相当于复杂的粒子移动过程，**这个过程能产生强烈的自由意志之感。但实际上完全受物理定律支配**"。（引者加粗）①

---

① ［美］布莱恩·格林：《直到生命的尽头：追寻宇宙、生命和意识的最终意义》，舍其译，海南出版社2003年版，第195—196页。

天赋的存在自由向人为方向演绎出生存自由，都要遵循法则和规律。但对于存在自由和生存自由言，其所应遵循的法则和规律是有区别的，比较而言，存在自由所应遵循的法则和规律一定是宇宙学、自然学和神学的，而不是人类学的。人类学的法则和规律只能在宇宙学、自然学、神学的法则规训下才发挥功能，或者说，生存自由所应遵循的人类学法则，必须是对宇宙学、自然学、造物主的神学法则的生存转化所成。"我们的自由并非来自我们无法影响的物理定律。我们的自由是可以展现出行为——跳跃、思考、想象、观察、解释等等——其他粒子集合大都做不了这些。人类的自由关乎的不是意志做出的选择。科学迄今揭示的一切都只是在一再强调，在现实的发展过程中，这种有意志力周旋其间的情形是不存在的。很久以来，无生命世界的行为都被局限在一个非常狭窄的响应范围内，而人类的自由就是从这个范围的束缚中解放出来。"① 更具体地讲，"**我自由，不是因为我能取代物理定律，而是因为我庞大的内部组织结构解放了我的行为反应**"（引者加粗）②。这种"解放了我的行为反应"的自由蕴含了理性，或者说接受理性的牵引，即当人从造物主及创化的存在世界的共存自由的框架和法则中解放出来而生成生存自由，则贯通了理性。不仅如此，当人从造物主及创化的存在世界的共存自由框架、法则中解放出来而生成生存自由时，就体现了极强的人为智慧和人为力量。这种人为智慧和力量解放自己的过程，也是生成性创造自由的过程。这种创造也不是绝对自由意志，即不可能是绝对的任性自由，仍然要接受理性的牵引和激励。反之，存在于造物主创化的存在世界里的人，如果对自己的解放不接受理性的牵引和激发，那就会朝野性和任性的方向展开，这样一来就形成任性的自由，任性的自由是打破存在和生存的双重限度与约束的自由，这种性质的自由是绝对化的，可以完全无阻碍地滑向极端自由主义和极权主义深渊。

然而，理性并非唯一的，也非万能的。理性可以阻止自由的任性，阻遏自由的极端和防止极权主义，但理性也可以激发自由的任性，促成自由的极

---

① ［美］布莱恩·格林：《直到生命的尽头：追寻宇宙、生命和意识的最终意义》，舍其译，海南出版社2003年版，第197—198页。

② ［美］布莱恩·格林：《直到生命的尽头：追寻宇宙、生命和意识的最终意义》，舍其译，海南出版社2003年版，第198—199页。

端，放纵甚至弘大极权主义，这就是"理性可以使我们**比任何一种动物更动物性地存在**，可以建造一个集中营，残暴地杀人，用技术的、医学的手段使人们失去他们的自制力。人类的自由允许了我们能够使统治其他自然生物的自然性机械论失去作用。如果我们能够基于同一人类的自由而决断，通过法和道德而给我们自身划定诸种界限，将它们与其它自然物也拥有的界限进行比照，那么我们基于此所做出的就是非动物性的。我们自由地决断了界限和规范关系，而其他自然生物则是通过本能而受到它们的约束，并且我们做到这一点正是凭借那同一个理性——这个理性**同样也打开了人们失去自制力**地对待我们同胞的可能性。这样我们又再次来到了担负着我们此是悖论的关联：**存在着一个人性的方式和非人性的方式，去与特殊的人性发生关联**。人与动物的区别本质上在于：我们能够无视、否定和毁灭这个区别。这就是当我们将我们自身理解为自由的生物时所真正关涉的东西"（引者加粗）①。

　　理性之所以具有如此局限性，并在生存领域有可能将自由引向任性和极端，是因为人从动物存在演化为人文存在的根本能力是意识地思维向意识地生活方向展开，而从意识地思维向意识地生活方向展开的思维特质就是**谋划**，谋划往往是在感受性生成的基础上超越感受而展开的**实务**考量，这个过程就是从感性体认向经验验证再向理性确证的过程。这一过程可能因为实利或实务的目的性放大而使理性不自觉地滑向无限度的泥潭。由此相对限度和约束言，理性也呈或然性取向。

　　客观地看，理性的或然性是指理性既可正视人与动物的区别，也可忽视人与动物的区别。当人以理性的方式忽视人与动物的区别时，它比动物更残暴，理性是把动物的本能变成无所不能的残暴的方式，两次世界大战及其至今仍猖獗不已的法西斯主义、恐怖极权主义和社会权极主义，以及无限度地开发和运用数字集权工具来全境敞视塔的监狱化国家等行为，无不体现人类进程中对理性的极端运用和发挥。在这种忽视人与动物之根本区别的理性主义境遇中，理性残暴的力量是最无所不能的野蛮。历史地看，人类文明史进程中不断地以不同方式演绎出来的法西斯主义、专制主义和威权主义，哪一

---

① ［德］瓦尔德·施瓦德勒：《论人的尊严：人格的本源与生命文化》，贺念译，人民出版社2017年版，第80页。

步不是通过精心的理性设计并推行这种理性设计所成？

从根源讲，理性与共存自由有内在关联，它直接会通造物主创化世界的生性和生机，接受存在世界简单创造复杂和复杂创造简单的创造原则，在存在敞开生存的进程中，在接受存在的共存自由的有限性的同时，也接受生存本身的人为限度的约束，这种约束不仅有人文律法和社会律法方面的要求，更有对理性的明智要求。在存在敞开生存的自由运动中，只有当理性成为**明智**时，或者说只有当明智成为对理性的牵引力量时，理性才能有限度；从关联存在言，只有有限度的理性才是好的，因为在生存论层面，人为性质的理性本身的或然性意味它存在着两极性。理性敞开自身的两极性，体现为一极联通本能，其行为可能敞开为残暴、暴虐；另一极联通明智，其行为敞开为善良、美好。

在生存论域中，理性之于节制或放纵的两可性，自然将理性与自由的关系凸显出来，即理性与自由之关系的构建也具有选择的或然性，当理性诉诸本能时，自由体现垄断、独裁倾向，形成极权主义、威权主义，甚至法西斯主义；当理性诉求于明智时，自由体现普遍的平等、人道，形成生境主义。

形式自由与实质自由　在存在敞开生存的论域中，生存自由既要接受存在和人为的双重有限性的约束，又要接受本能意志和理性意志无节制的激励。由于其有限性的约束与无节制的激励的相向敞开，自然产生冲突，形成矛盾。这种冲突和矛盾的持续敞开所带来的后果，即生存自由的内在分裂而形成的形式和实质的两分取向，产生形式自由与实质自由。"因此，形式自由和实际自由、苏维埃制度和西方制度的辩证法不能归结为从赞成到反对的讽刺性颠倒：追求实际自由的人可能取消形式自由，但如果没有实现真正的实际自由，就不可能提高生活水平或扩大集体参与；而在提倡形式自由的社会中，大众继续追求更多的实际自由，也就是追求更多的福利和提高参与企业或国家管理的程度。"①

形式自由与实质自由的区别，既可从个人观，更可从政府和社会组织观。从个人看，形式自由与实质自由的根本区别体现在其自由本身有无权利内容，如果有具体的权利内涵，则看有多少具体内涵的权利。从政府和社会组织观，

---

① ［法］雷蒙·阿隆：《论自由》，姜志辉译，上海译文出版社2009年版，第34页。

形式自由与实质自由的根本区分主要体现在权力有无限度，如果权力有限度，其限度的程度是否达到了生存自由本身的要求。要从个人及政府和社会组织两个方面真正理解形式自由与实质自由的根本区别，需要从基本概念入手。

首先是形式自由，涉及三个方面的基本问题。

第一，何为形式自由？法国哲学家雷蒙·阿隆（Raymond Aron，1905-1983）对此做出明确界定，他指出："除了这种保留，我把政治自由叫做形式自由，这种自由能保证公民参与公共事务，能使公民感到，通过他选出的也可能代表其意见的人，自己能对集体的命运施加影响。"[1] 在他看来，在存在敞开生存的论域中，形式自由是政治自由。

第二，形式自由的形式。客观地看，作为形式自由的政治自由有两种形式，第一种是实质自由的形式自由，表明任何有实存内容的自由都需要特定的形式来呈现。客观而言，没有形式呈现的自由根本不存在，但有形式呈现的自由，并不一定有自由的实质内涵。由此形成第二种没有实质内涵、只有形式的形式自由，这种只是形式而无实质内容的自由形式是对自由的取消，阿隆认为"当惟一的政党维持一个专制制度，禁止知识分子、作家和艺术家根据自己的天性创作的时候，对形式自由的要求，不管是沉默的还是公开的，都重新发现其活力，在某些情况下，重新发现其已经失去的力量。至于大众，尽管他们是不满意的，但他们没有对制度的教条、生产资料公有制和计划化条件产生怀疑，不过，至少在东欧国家，他们对惟一的政党产生了怀疑；波兰人、捷克人和匈牙利人按照自己的意志，恢复政党中的竞争和议会表决"[2]。

第三，只有形式而无实质内涵的形式自由是**任性的自由**，是无限度的意志的自由。这就是说，形式自由的社会并不是没有实质自由，而是指形式自由主导社会的自由。在形式自由主导的社会里，只有个别阶层和少数人才可广泛地享有实质自由。并且，享有实质自由的人的自由往往是绝对的，即绝对自由。将自己的意志以无限度的方式自由地释放出来，就形成大众的纯粹的形式自由。所以，处于形式自由主导的社会，在古代，就是家族专制和君主专制的社会；在现代，则更加多元化。在形式自由主导的社会里，大众只

---

[1] ［法］雷蒙·阿隆：《论自由》，姜志辉译，上海译文出版社2009年版，第91页。
[2] ［法］雷蒙·阿隆：《论自由》，姜志辉译，上海译文出版社2009年版，第35页。

有形式自由，往往难有实质自由，即使有实质自由，也只是为了装点形式自由需要的那些无关紧要的内容。从根本讲，在形式自由主导的社会，无论古今，都是无限绝对权力的社会。虽然如此，只有形式自由的古代和现代也存在着区别，这种区别体现为自由任性的范围存在巨大差异：在古代社会，无限绝对的自由任性和任性自由只在政治领域展开，在社会领域里人们普遍是自由的，即大众政治生活领域只有形式自由而无实质自由，但在社会领域却享有普遍的实质自由，这是因为在古代社会，无论东西方都是一个"小政府且大社会"的社会。比如，古代中国遵循的是治不下县，而县治的官府也只有一个县官、几个差役，县官的师爷都是县官自己雇用，县以下是自治，即家族自治而乡绅协调，所以，政府很小而社会很大。在现代社会，无限自由的任性和任性的自由必然开辟威权的世界，无限度的任性自由不仅在政治领域畅通无阻，而且广泛地渗透于社会的每个角落，落实在构成社会的每个细胞之中，形成对大众生活世界的自由的严格规整、压缩和打包监护，形成人成为只有形式自由的赤裸存在者、会说话的工具，工具最后的出路只是耗材。因而，形式自由的社会的基本表征是：大众能够获得标准语言层面的自由，包括法律条文和法律文案上的自由，却往往不发生日常言行的自由可能性。对于意志自由主义者而言，则可享有等序规范下的实质自由，而且这种实质自由在同一等序结构面向上是可能无限度释放和无限度扩展的。

其次是实质自由。这是指自由本身是一种权利，是一种根本的或者说奠基性质的生存权利，是其他一切权利的母体性权利，其他一切生存权利都是由自由这一权利演绎、生变出来的。"西方的自由国家和民主国家想维护人权，使所有的人和每一个人能自发地行动：这些国家没有根据一个计划来建立社会秩序和把未来服从自己的意志的抱负。西方的民主主义和自由主义承认在人民意志存在着合法性原则，承认竞争选举是对其原则的运用。自由主义的观念和民主主义的观念都不会因工业繁荣而削弱或衰竭，或者这种情况至少不是蕴涵在意识形态的终结这种说法中的判断。恰恰相反，意识形态的终结标志着对不再唤起激情的这些观念的全面接受，因为这些观念具有一种几乎一致的共识。不是因为多党竞选制度显示出到目前为止无可怀疑的美德；而是因为经济的发展能在不打破立宪框架的情况下满足'实际自由'的合理要求：生活水平的提高和劳动者在集体中的逐渐融合，这就是在自由民主制度范围内的改革能逐渐地提供给'实际自由'的具体而平凡的内容。"①

要言之，实质自由的核心内容有三：一是平等的个人意志构成**社会公意**，并且，由平等的个人意志汇聚生成的社会公意构成一切合法性的原则。二是只有以平等的个人意志汇聚生成的社会公意才有资格构成真实的公民意志。而以社会公意为内在规定的公民意志的日常方式，就是生存选择自由，即拥有完全的不受普遍法律之外的任何阻碍的自由选择的权利。三是实质自由的社会只能是普遍法律的社会。所谓普遍法律的社会，就是以存在的律法和从属的律法为依据而建立起来的普遍权利的法律社会。在这种性质和内容规定的普遍法律框架下，人人有不服从违背普遍法律的意志的自由。

实质自由的实质是**人本**，是**个人本体**。实质自由的人本性，意指自由始终属于个人，抛弃个人或者人不成其为人时，往往没有实质自由可言。实质自由之所以是个人本体性质的，在于人永远是个体，人的个体性存在决定了实质的自由只能个人的自由，不是个人的自由都不是人的自由；比如"群体的自由"或者"社会的自由"以及"人民的自由"等说法，都只是比譬意义的说法。从根本言，没有个人的自由，则没有实质自由。一旦具有实质的自由，就一定是个人的自由。"人们说，只有个人才能被认为是自由的或不是自由的，因为**自由必须以思考和决定能力为前提**。但是，当一群人以现在或将来的人民的名义要求取得建立一个民族或国家的权力时，他们把一种统一性，一种类似于个人统一性的东西给予了整个集体。相对于其他人而言，这种集体的人出现在国际舞台上，并且认为自己是惟一的和不可替代的，负有任何其他人不可替代的使命。此外，在其每一个成员看来，这种集体的独立是某些具体的和真正的自由的条件。"（引者加粗）② 当然，自由涉及国域问题，在国域内，实质的自由只是个人的自由，在国域外，个人的有些自由是需要以国家的独立为条件，并以国家的尊严为保障。"对一个族群（即使假定它已经融入了一个自由国家中）来说，**一个独立国家的宪法在双重意义上是个人自由的条件**：只要一个人所属的人种与多数人的人种之间实际上存在彼此歧

---

① ［法］雷蒙·阿隆：《论自由》，姜志辉译，上海译文出版社2009年版，第45页。
② ［法］雷蒙·阿隆：《论自由》，姜志辉译，上海译文出版社2009年版，第51页。

视,即使根据现行法律个人应该体验到自由感,个人也不会感到自己是自由的。只要一个人不把在理论上他是其公民的国家当作他自己的国家,他就不可能获得参与政治的实际自由。如果在我们的时代,自由-参与是我们设想的自由的组成部分,那么,民族解放就是自由-参与的一个因素或一个必不可少的阶段。"(引者加粗)①

实质自由不是任性自由,它与任性自由的本质区别在于:任性自由是受意志自由驱动,没有边界和限度;而实质自由是平权的自由,它构成它自身的边界和限度。所以,作为以平权为本质规定、以边界和限度为形式规范的实质自由,由两种性质的权利关系构成。一是权利与权利的关系构成实质自由的边界,因为权利始终是个人的,个人权利与个人权利在没有外力参与的情况下,或者说在存在敞开生存的框架下是平等的,这种平等的个人权利之间发生生存的关联时,就**自发生成**边界。二是权利与权力的关系,也即民权与公权的关系,却不能由权利与权力发生生存关联来确定,必须通过选择政体、定型制度和规训法律来确定,这就是以平等的个人意志为依据建构起来的社会公意为准则来选择权利政体、定型权利制度和规训权利法律,才可真实地构建起权利与权力的边界,这个边界即动态的权利监约权力和权利博弈权力的社会机制。

只有在民权监约公权和权利博弈权力的社会框架和运行机制下,实质自由才与政府之间构成本原性的生存关联,这就是**有限政府**。所谓有限政府,首先是指有限权力的政府,其次是指其有限权力只是服务无限的平等权利的权力,而不是凌驾于权利之上的权力。只有具备如此两个方面规定的政府才是有限政府;只有有限政府,才可行履行保障实质自由的责任。

三 自由的生活实训

存在向生存敞开的最终指向,必落实于生活的大地之中生根、开花、结果。因而,存在自由向生存自由方向演绎成**生活的自由**,就是自由此地此时上手于现在的行动。所以,自由之于生活本身,不过是**实行的**成功。自由向

---

① [法]雷蒙·阿隆:《论自由》,姜志辉译,上海译文出版社2009年版,第52页。

生活的实行，就是自由**对生活的操练**。从这个角度观，生活的实训，既可称之为自由的实行，也可称之为自由的实训。

1. 基本含义的理解

自由的生活实训，是对"生活的自由"的定义。自由作为生活的实训，有两层语义规定。首先，它指自由落地于生活，必须通过上手现在训练的功夫。这意味着，虽然存在自由是天赋所成，但天赋的自由通过生存敞开落为生活的自由的过程，其天赋自由只是一种可能性，而不是一种必然性，所以，自由之于人始终不能成为一种必然的"白吃的午餐"，更不可能成为一种恩赐。恩赐的自由之于人永远不是自由，而是被自由，比如给予你"批判的自由"或"打倒的自由"或"勇于斗争、敢于斗争的自由"等，都不是你的自由，只是他者给予你的自由，是他者借你为工具来实现他的自由意志。客观而言，生活的自由始终是主动的自由和主体的自由，而任何形式的主动的和主体的自由，都必须经由**上手现在**的训练。其上手现在的训练本身揭示生活的自由不仅是一种资格、一种权利，并且作为一种资格、一种权利只是一种可能性，这种可能性既成为可能，也成为不可能，因为生活的自由必是一种能力，只有当自由成为人的一种能力时，作为资格和权利的自由才可变成现实，成为现实的自由。

生活的自由作为一种能力并不是天赋，而是后天训练所成，首先是意识的训练、认知的训练、思想的训练，没有关于自由的真实意识、真实认知和真实思想，不可能有自由的能力；没有自由的能力，只能是他者将你作为实施其意志自由的工具。其次，生活的自由必须将资格、权利、能力集于一身、合为一体，才成为真实的生活的自由，但其根本前提是必须付出，这是自由的实训的本质含义：生活的实训就是对自由的付出，就是因为自由而付出，**唯有为自由而付出，才可真正获得自由，享有自由**。所以，自由的实训蕴含自由的"**付出-获得**"机制和原则，生活的实训原则就是付出-获得原则：生活的实训，即通过付出-获得的训练而养成自由生活的能力，享有自由生活的权利。

要进一步理解自由的生活实训，有必要理解"自由"概念。自由作为一种位态，当它从存在敞开降落于生活的大地上，就获得肯定与否定两个方面的自身定位。从肯定方面讲,生活的自由就是诉求人相自由地生活在一起,或人与人能相予持久地生活在一起,就是生活的自由。生活实训的目的,是通过平等的付出而与人生活在一起,扩展开去,就是人人都乐意与社会生活在一起。从否定方面讲,生活的自由就是摆脱任何形式的强制而与人共存的自在。因为自由始终是属于个人的,并始终以个人为目的,"当一个人的行动不是为了自己的目的,而是为了另一个人的目的而服从另一个人的意志的时候,强制就产生了"①。所以,"自由**以否定的方式被定义**为**摆脱强制**的自由,只要一个人作为一个工具服务于另一个人,强制就出现了。自由是对每一个人能自我作主的私人领域的保证"②(引者加粗)。人们之所以具有摆脱强制的本能冲动并愿意积蓄摆脱强制的能力,是因为强制侵犯个人生活领域,剥夺个人生存空间,"强制意味着带来伤害的威胁和引起某种行为的意图"③,而且"强制的本质是使另一个人受到伤害的威胁,如果另一个人不服从我们的意志,那么他将受到惩罚。被强制的人失去了运用其智慧来选择自己的手段和目的的能力。他成了他服从其意志的那个人的工具"④。"强制是一个人对另一个人的行为的基本材料的控制;因此,只有给予个人能保证他不应受到侵犯的私人领域的手段时,才能只有给予个人能防止强制。"⑤

这些能够保证生活的自由免除遭受侵犯或剥夺的"手段"多种多样,但主要手段有三。其一是财产权利,即拥有独立的财产和使财产免受侵犯的权利,这是生活的自由免于侵犯的基本方式,而独立的财产和财产权利却需要制度和法律的保障。什么性质和内容的制度与法律可以保障财产和财产权利免遭侵犯呢?这涉及第二个方面即普选机制。通过普选而产生的制度和法律,是保障财产和财产权利的制度和法律。其三是法治。普选产生的制度和法律具有法权功能,法权化的法治是免除各种形式的强制而保障生活的自由的根本手段。

法权化的法治为何具有从根本上保障生活的自由的功能?这需要理解

---

① Friedrich Hayek, *The Constitution of Liberty*, University of Chicago Press, 1960, p. 133.
② [法]雷蒙·阿隆:《论自由》,姜志辉译,上海译文出版社 2009 年版,第 78 页。
③ Friedrich Hayek, *The Constitution of Liberty*, University of Chicago Press, 1960, p. 134.
④ [法]雷蒙·阿隆:《论自由》,姜志辉译,上海译文出版社 2009 年版,第 78 页。
⑤ Friedrich Hayek, *The Constitution of Liberty*, University of Chicago Press, 1960, p. 139.

平等保障自由

"法权"和"法治"的语义。通俗地讲,法权即法则权力,这里法则主要指存在世界的存在法则、自然主义的自然法则和生命主义的人性法则,法则权力就是由存在法则、自然法则、人性法则三者贯通生成的权力,它成为人权法律的依据,即以存在法则、自然法则和人性法则为依据所建立起来的法律,即人权法律。以人权法律为依据所展开的社会治理,就是法权化的法治,简称法治。所以,所谓法治是指以法权法律为依据而展开的法律治理,即依法治社会。依法治理社会讲的是法权本体的社会,即法权构成社会的本体。作为构成社会本体的法权,落实在法律的建构和法律实施体系的操作方面,遵从的是人性主义和平等主义。共同的人性,就是人性主义;普遍的平等,就是平等主义。法权的人性主义和平等主义,是指法律的制定与实施以共同的人性为依据,以普遍的平等为准则。作为构成社会本体的法权,落实在法治上,就是"一切断于一法",更具体地讲,即法外无它和法无禁止。法外无它,是指没有逾越法本身的任何特权,包括任何组织、团体,任何个人。法无禁止,是指凡是法外的一切领域都是自由的,或曰:法律没有禁止的任何领域,都是人自由出入的领域。概括地讲,法外无它和法无禁止,以法权为本体的法,就是使治理社会的法规普遍化和一般化。法规越体现普遍性和一般化,就越能在更普遍的意义上给予个人行动以余地,个人自主的领域就会不断地扩大。所以,自由的根本社会条件可概括为**法治**。"在法治下的自由概念——本书讨论的主题——基于如下的论点:当我们服从在不考虑使用于我们自己的情况下制定的一般和抽象法规意义上的法律时,我们并没有服从另一个人的意志,因此,我们是自由的。"① 自由的社会本质,是法治。法治的社会本质,是人人服从法律。人人服从法律的本质是政府只有服务权,没有统治权。政府没有统治权的本质,是人人同享平等的权利和自由的生活。所以,在生存论意义上,自由的本质是平等;在实训论意义上,自由的本质是法治。自由服从法治,首先是自由获得法治的保护,不能保护自由的法治不仅不值得服从,更应废止。其次是政府及其权力必须置于法治的框架下运行,这样才可保证政府没有统治权。

---

① Friedrich Hayek, *The Constitution of Liberty*, University of Chicago Press, 1960, p.153.

第 2 章 自由

洛克说:"法律的目的不是废除或限制自由,而是保护和扩大自由。这是因为在一切能够接受法律支配的人类的状态中,哪里没有法律,哪里就没有自由。这是因为自由意味着不受他人的束缚和强暴,而哪里没有法律,哪里就不能有这种自由。"① 从根本讲,以法权为本体的法治,其根本的和普遍的意义,就是保护自由和抑制政府权力,使之始终不能上升为统治权。因为**政府一旦获得统治权,就是集权的开始,并必然走向极权**,而一切形式的集权必然在无阻遏的情况下达于极权,一切型式的集权和极权都是为等级和特权提供保障,其前提是全面地剥夺平等的民权,其行为方式是侵犯平等的民权,其根本准则是"与民为敌"和"向民抢钱"。相反,政府产生于权利保护的需要,政府的职能不是统治社会,而是服务社会,保护人人平等的平等权利、平等利益和平等生活的自由,构成政府服务社会的基本职责。古典经济学家和道德学家亚当·斯密在《国富论》中将政府服务社会的基本职能概括为三个方面:一是保卫国家;二是建设公共事业;三是全面实施社会公正。以此观之,政府如果将服务社会的权利变成统治社会的权力,就是社会和个人的蜕变;从个人讲,必是奴役的开始,形成个人被奴役、人人被奴役、社会被奴役的链条。正是因为这两个方面,以法权为本体的法治,必须将政府权力限制为服务权而防止其质变为统治权,唯有如此,才可保障人的生活的自由。因为"一切权力和管辖权都是相互的,没有一个人享有多于别人的权力"②,所以"事实是,如果'统治'意味着使一个人服从另一个人的意志,那么在一个自由的社会中,政府就没有这样的统治权力"③。个人生活的真正自由,只能"通过社会法律,在国家财富允许的情况下,国家能够和必须保证每一个人都能得到使一种体面的生活成为可能的最低收入。国家必须设法减少**无根据的特权**,哪怕取消所有权的某些形式(城市里的建筑用地)。国家有权对享有特权者征收累进税,用于税收而增加的公共开支。国家能够和必须减轻在经济发展过程中的弱势群体、个体和地区的相对贫困。但是,国家不可能克服因作出的成就或提供的服务的差异、或因机遇的好坏而造成的不平等。

---

① [英]洛克:《政府论》下篇,瞿农菊、叶启芳译,商务印书馆1987年版,第36页。
② [英]洛克:《政府论》下篇,叶启芳、瞿菊农译,商务印书馆1987年版,第5页。
③ Friedrich Hayek, *The Constitution of Liberty*, University of Chicago Press, 1960, p.156.

再分配的结果通常与最初的愿望相反，再分配不总是能使最贫困者得到好处，也并不总是能打击那些**其收入引起纷纷议论的人**"（引者加粗）①。

2. 自由实行的方式

生活的自由就是实行的自由。洛克指出："人的自由和依照他自己的意志来行动的自由，是以他具有理性为基础的，理性能教导他了解他用以支配自己行动的法律，并使他知道他对自己的自由意志听从到什么程度。"②人的自由的实现的主体条件就是具有自由的能力，这需要理性，因为理性是人实行自由的能力的重要构成，对任何人而言，他通过付出而获得生活自由的重要前提，就是有理性的指导能力，这需要人获得没有限度的自由的生活感受、体验和经历，这就是生活的自由实训，洛克将其表述为"在他具有理性来指导他的行动之前放任他享有无限制的自由，并不是让他得到本性自由的特权，而是把他投入野兽之中，让他处于和野兽一样的不幸状态，远远地低于人所处的状态"③。

生活的自由之于个人，始终是实训的自由。实训的自由，就是生活选择、行动和为此受纳结果的自由。为生活选择、行动而受纳的结果，既可能是善果，也可能是恶果。所谓善果，是指为生活选择、行动而受纳的结果，既对自己有益同时也对他人有益，具体地讲，其行为达及的结果既实现自己的自由，同时也保障或增进了与之行为相关的他人的自由。所谓恶果，是指为生活选择、行动而受纳的结果，可能只对自己有益，实现了自己的自由，却对他人有害，即损伤或侵犯了他的自由；或者为生活选择行动而受纳的结果，既损害自己又损害别人，既不能实现自己的自由，又侵犯了他人的自由。

以实训方式获得的生活的自由，体现出开放性和生成性的特征。在生活中，实训的自由的开放性是指个人的生活自由具有无限的可能性；实训的自由的生成性是指自由既具有解构性，也具有建构性。自由是在建构中解构，并在解构中建构。在解构自由中建构自由并在建构自由中解构自由，以此循环生成，构成自由实训的本质，即自由在生活中操练所成，就是不断化解逾

---

① ［法］雷蒙·阿隆：《论自由》，姜志辉译，上海译文出版社2009年版，第83—84页。
② ［英］洛克：《政府论》下篇，叶启芳、瞿菊农译，商务印书馆1987年版，第39页。
③ ［英］洛克：《政府论》下篇，叶启芳、瞿菊农译，商务印书馆1987年版，第39—40页。

度的自由、不平等的自由、强制的自由，同时实现、增进、拓展人性主义和平等主义的自由视域、自由内涵、自由气质和自由的丰富性，这就是生活的自由的自我**操练**。正是在这个意义上，实训的自由的开放性和生成性决定了实训的自由的广泛性。实训的自由的广泛性既指对自由的拓展，也指拓展自由的视域、丰富自由的内涵、提升自由的水准和质量，这对任何个人来讲，都呈无限可能性。

实训的生活自由，就是**生活行动**的自由。

生活行动的自由所面临的首要实训内容，就是自主训练自由的领域意识和自由的边界能力。生活的自由之于任何人都有领域性的空间范围，这种领域性的空间范围包括地域性生存、家庭、角色、职业、身份等。生活在北京或生活在上海，其生活自由的领域性空间是有区别的；生活于北方与生活在南方，其自由的领域范围也各有特殊性，比如，正值冬天，作为哈尔滨人就有滑雪的自由，南方人要享有这种自由则需要付出相当大的成本。家庭中的许多自由，只能在家中展开并在家中享有，而不能带出门，在公共生活世界里行使；与此同时，公共生活中的许多自由方式和自由内容也不能带进家来。以家为界标，"内外有别"所讲的根本方面，就是自由的内外差别；而职业、角色、身份等因素其实都在强调其特殊性而排斥普遍性，符合人性主义和平等主义要求的职业自由、角色自由、身份自由，是不具有这种职业、这种角色、这种身份的人所不能享有的自由，但这种自由本质上不是由特权所成。因为职业、角色、身份本身带来的自由仅是职业、角色、身份敞开的一个面向，它们同时也敞开另一个面向，那就是职业、角色、身份也带来不自由，因为职业、角色、身份始终是一种限制，这种限制只有在身份自由的时代才可打破，而进入生活的自由的时代，职业、角色、身份始终以一种自由的限制的方式张扬出它本身有限的特殊自由。地域性生存同样如此，既给人带来个性色彩的自由，也给人的自由带来个性色彩的阻碍，即不自由。所以，自由的领域意识最终是自由的边界能力的训练。自由的边界能力训练的本质内容，是自由与不自由的互为交叉重叠，自由中存在不自由，不自由里包含自由。**自由的边界就是自由**。

自由的边界即自由，以边界为规范的自由，不仅缘于地域性生存、家庭、职业、角色、身份等因素，也由于权利与权力。自由与权利直接关联，这种关联表述为：自由即一种权利，权利即一种自由，自由与权利的关系是既互为内涵，也互为限度和边界。自由与权力同样直接关联，自由限度权力并构成权力的边界，这就是真实的人性主义和平等主义的生活自由；自由被权力限度并构成自由的边界，就是真正的丧失人性主义和平等主义的生活的自由。自由与权力的关系，就是权力以权利为界的辩证法，或是权利监约权力和权利博弈权力的辩证法。自由与权力的辩证法构成生活世界之政治和经济的辩证法。"我们重新发现了自由和权力的内在辩证法。在现代社会中，经济活动有一个大多数人**不享有**自由的领域——生产，还有一个他们**都享有**自由的领域——使用他们的货币收入。如果我们把消费者的活动当作经济活动的模式，那么自由，更确切地说，**选择的自由**就是消费者活动的本质特征。如果我们把大规模的生产组织当作经济活动的模式，那么只有少数人，即企业家，看来是不受束缚的。在生产和消费之间，商人也是不受束缚的，他们不屈从于一种等级制度，但通常屈从于外在的和不可抗拒的力量。"[①] 在"经济和政治方面，自由和权力的辩证法不再允许人们接受民主主义的教条主义或自由主义的教条主义，这个事实并不意味着自由社会的表达方式是没有意义的。我们所说的自由民主制度是这样一种制度：通过接受这种辩证法，即通过承认'并不存在对自由的一种表达，不存在对自由的独一无二的表达'，这种制度才得到定义。政府和政党的多样性，民主程序的巩固，能防止处于组织的最高层次上的某些人拥有几乎无限的权力，能防止为大多数人保留的非依附范围减少到最低程度，能防止大多数人无力限制执政者的自由。存在着每一个人仅仅依靠自己的活动，权力的分配能做到权力不完全属于少数几个人，在今天和过去一样，这就是自由社会的条件，在这种社会中，**许多人享有少数自由，但没有人拥有无限权力的绝对自由**"（引者加粗）[②]。没有人可以独裁自由和独霸自由，虽然它可以这样做，也可以做成，却不能持存，必然降落于不自由的深渊。因为天赋人存在自由的资格和权利，决定了所有人都享有基本的自由，也允许人们可以享有更多的自由，但这种多享的自由，不是源

---

① ［法］雷蒙·阿隆：《论自由》，姜志辉译，上海译文出版社2009年版，第139—140页。
② ［法］雷蒙·阿隆：《论自由》，姜志辉译，上海译文出版社2009年版，第1411—1142页。

自强权的侵犯和霸占,而是基于生产、劳动、创造、贡献的特殊性,它的依据是人性、自然法则和存在法则,它所遵循的根本准则是普遍平等,即任何人都可以通过生产、劳动、创造、贡献而获得更多的自由,但绝不能以手中的权力强占自由。这恰好表明:生活的自由不是空洞的,它只能通过实训来实现。自由不仅与劳动、生产、创造、贡献紧密联系在一起,使生产、劳动、创造、贡献本身成为实现自由和创造自由的社会方式,而且自由也同时与分配、消费紧密联系在一起,分配和消费也是实现自由和享有自由的基本方式。

生活的自由不仅是政治实训的自由,也是经济实训的自由,更是思想实训的自由。从根本讲,"行动是否自由并不取决于一个人的选择是由一个强有力的或一个弱而无力的原因所驱使,或是根本没有什么原因。一切都取决于行动者从他所面临的各种抉择中选择其一的能力。他必须是一个头脑清醒的成年人而且不受胁迫的"①。一个人要有真实的生活自由,必须有一个清醒的头脑。一个人要想头脑清醒,必须有独立的意识、独立的认知,最后形成独立的思想。一个人有独立的思想,凡事才头脑清醒。在人类历史上,法西斯和邪教有一个共同的特征,也是它们的共同的清醒认知,那就是要使法西斯和邪教畅通无阻碍必须解决人的头脑,即使人的头脑处于完全的不清醒和混沌状态,而要做到这一点的唯一可行的方法,就是全面深入地、不间断地清洗人的大脑,使人的大脑变成一块白板,然后在这些白板上自由地画出他们鼓吹的理论色彩。

生活的自由需要思想的实训。因为生活的自由而进行思想的实训需要从内外两个方面展开,其内在方面,是进行思想自由的训练;其向外方面,是言论自由的训练。只有这两个方面同时训练并持存性展开,才可真正为探索生活的自由奠定主体条件。比较而言,思想的自由训练是基础性的实训,言论自由的训练是更为根本的。言论自由是所有自由的基础,是人权真正的实现方式,这是所有国家的宪法明确地将"言论自由"置于首要地位的根本考虑。从根本讲,言论自由是一项权利,是所有权利的基础权利,是人的生活

---

① [匈]安东尼·德·雅赛:《重申自由主义:选择、契约、协议》,陈茅、徐力源、刘春瑞等译,中国社会科学出版社1997年版,第33页。

权利的奠基权利,也是人的所有生活权利的保障权利,几乎所有权利都要通过言论自由来传达、来表述、来争取、来实现。这是因为,思想的自由可以使人内在地站立为人,而言论自由却使人外在站立为人;人内在地站立为人具有隐蔽性,人外在地站立为人却是公开的。虽然言论自由需要以思想的自由为奠基,但它超越思想自由的局限,并克服思想的自由可能存在的气质、胆量、勇敢的局限而将一切利害置之度外的那种力量。正因为如此,言论自由构成人之成人的尊严的来源。

人之成为人的尊严,不仅是普通人成为人的尊严,更是由人组建起来的社会成为人的社会尊严。言论自由从如下三个方面敞开尊严的存在、尊严的生活。具体地讲,言论自由形塑个人的尊严、国民的尊严;言论自由更形塑社会的尊严,使社会成为人的社会。所以,**言论自由是一切生活自由的源泉,是人站立生活的真实体现,是社会真正进步的体现。**

在生活世界里,人们热爱言论自由,是因为它不仅构成个人生活自由的根基性实训方式,也成为社会文明的根基性实训方式。这主要体现在五个方面。其一,言论自由启智,推进文明;其二,言论自由解构等序和特权,促进平等存在;其三,言论自由解构遮蔽,推动法治社会;其四,言论自由辨明是非曲直、真假、善恶、美丑、利义,培养社会公共理性;其五,言论自由将权力与权利置于互为边界的框架之中,促进一切形式的公权力接受权利的节制。合言之,言论自由,既是生活自由的实训方式,也是生活自由的净化方式,更是生活自由的创生力量。

四 生活自由的权界

杜威在谈到自由时说:"自由是一件社会的事情,而不仅是私人的一个要求。我曾经论证过:自由是有关**实际力量的分配**问题;而**最后争取自由的斗争是重要的**,因为它的结果影响着在男女老少之间产生一些比较公平的、平等的和人道的关系。"(引者加粗)① 自由之所以成为社会的事情,源于两个因素的激发,一是纯粹的个人不存在自由与不自由的问题,自由或不自由都

---

① [美]杜威:《人的问题》,傅统先、邱椿译,上海人民出版社1987年版,第60页。

源于社会,当个人因为生活的需要而结群组成社会时,自由或不自由的问题才由此产生。二是社会虽然产生自由或不自由,但最终都要落实到个人身上,并成为个人的实际生活状况,所以,自由或不自由乃个人的生活状况。由此两个方面,自由是个人生活所迫切需要的,不自由是个人生活所力求避免的。从社会讲,个人避免不自由或获得自由,只能通过**劳动和分配**来实现,所以,**社会分配自由**。从个人观,社会分配自由或不自由,既可以天赋自由的资格和权利为依据、为准则,也可完全忽视天赋自由的资格和权利,真正促成社会遵从天赋自由的资格和权利来分配自由或不自由,只能是个人争取自由和避免不自由的行动努力和行动力量,唯有当个人通过社会向不自由做斗争,争取自由、创造自由、开辟自由的道路,才能实现生活的自由。由此,生活的自由始终在个人与社会之间展开,必然将**自由的权界**暴露出来,自由的权界问题既是个人争自由的边界问题,也是社会分配自由的边界问题。这个两个问题被哈耶克(Friedrich Hayek,1899-1992)以更抽象的方式表述为"在法律前面的平等导致所有人都能平等参与制定法律的要求。这就是传统自由主义和民主运动之间的汇合点。不过,它们的主要目的仍然是不同的。自由主义(在19世纪的欧洲的意义上)主要关心的是限制政府拥有的强制权力,不管政府是民主的还是不民主的,而教条的民主主义者仅仅认识到对政府的一种限制——大多数人的当前意见。如果我们指出两种理想所反对的东西,那么它们之间的区别是显而易见的:民主主义反对的是专制政府,自由主义反对的是极权主义。这两种制度不是必然地排斥另一个制度所反对的东西:一个民主政府可能掌握专制的权力,一个专制政府根据自由主义的原则行事也是可想象的"①。

1. 自由与任性

在生活世界里,人谋求生活的自由,总会以这种或那种方式面临并承受暴政。

自由与暴政的内在生成关联 暴政(tyranny)即任性的自由,或者说无约束的权力自由,它既是一个政治学概念,也是一个社会学和人类学概念,

---

① Friedrich Hayek, *The Constitution of Liberty*, University of Chicago Press, 1960, p.103.

人类物种从自然人类学状态中走出来向文化人类学方向演进，同时产生自由和暴政这一对孪生兄弟，因为自由，必生暴政；由此暴政，必生自由。自由产生暴政，是因为当人类从自然人类学向文化人类学方向演绎的进程中，从意识地思维向意识地生活方向做**无限制的**设计和努力，必然拉断自由的弓弦而生发对他者的暴政来；当人们遭受暴政的凌厉难以忍受时，必然拉动自由的弓弦。所以，暴政与自由实是互为母体，相互播种，也相互生产。由于文化人类学进程呈现出来的不可逆朝向，是从自然组织向社会组织再向城邦（即国家）组织方向展开，自由与暴政之相互生产、互为成就也就最为集中地在政治生活领域展开，自由与暴政互为生成的问题也就特别地为政治照亮而被看成单纯的政治学问题，与自由相反对的暴政，意指政治的暴虐，与不公正、滥用权力和压迫相关。在西语中，tyranny 的拉丁语词源 tyrannus 和希腊语词源 τύραννος（tyrannos），都指一种不受限制的权力和专制统治。比如亚里士多德在《政治学》中将暴政界定为对城邦之民的不公正统治，其目的是追求统治者自身的私利而不是整个城邦社会的利益。因而，暴政不具有合法性，合法的政府必定追求城邦的福祉。洛克沿着亚里士多德的思路向前，论证政府的合法性来自社会的公意，如果政府违背公意而滥用权力，就是暴政，面对暴政，人民有权反抗。反抗暴政，成为争自由的合法方式。孟德斯鸠（Montesquieu，1689—1755）却发现了既可实现自由又可避免暴政的**平和**方法，这就是他在《论法的精神》中以"分权"为主题构建起的一种权利政治学，他指出分权并使所分之权互为监督，既是构成防止滥权和暴政的根本政治方法，也是促进政府始终保持合法性的根本方法。卢梭继之在《社会契约论》中专门讨论了合法政府的形成，指出合法政府形成于个人基于自由意志所形成的社会公意，揭示权力任性之所以产生暴政实是对社会公意的违背，但本质上是对人的自由权利的侵犯，因为社会公意是由个人的自由意志汇聚生成的。约翰·穆勒认为："真正意义上的自由只有一个，那就是用自己的方式寻求自己的利益。而且，并不因此而剥夺他人的利益，或阻碍他人谋求利益的努力。"[①] 穆勒指出，阻止暴政的最有效方式就是人人追求个人自由。

---

① [英] 约翰·密尔：《论自由》，许宝骙译，商务印书馆1986年版，第13页。

但人人追求个人自由要达到真正阻止暴政的效果，需要自由的追求与实现遵循一个基本原则，他在《论自由》中探讨这个基本原则，直截了当地指出："本文的目的是要力主一条极其简单的原则，**使凡属社会以强制和控制方法对付个人之事，不论所用手段是法律惩罚方式下的物质力量或者是公众意见下的道德压力，都要绝对以它为准绳**。这条原则就是：人类之所以有理有权可以个别地或者集体地对其中任何分子的行动自由进行干涉，**唯一的目的只是自我防卫**。这就是说，对于文明群体中的任一成员，所以能够使用一种权力以反其意志而不失为正当，唯一的目的只是要防止对他人的危害。若说为了那人自己的好处，不论是物质上的或者是精神上的好处，那不成为充足的理由。人们不能强迫一个人去做一件事或者不去做一件事，说因为这对他比较好，因为这会使他比较愉快，因为这在别人的意见认为是聪明的或者甚至是正当的；这样不能算是正当。……**任何人的行为，只有涉及他人的部分才须对社会负责。在仅只涉及本人的那部分，他的独立性在权利上则是绝对的**。对于本人自己，对于他自己的身和心，个人乃是最高主权者。"（引者加粗）① 穆勒这一关于自我防卫的自由原则，可表述为两个避免暴政的基本原则："第一条原则：一个人，只要不涉及到对他人的损害或伤害，你就有完全的行动自由，社会和他人对你的自由不得妨碍或阻止；第二条原则：一个人，只有当你的行为危害他人和社会利益时，你才应当接受他人的谴责和社会的惩罚，社会才可以对你采取强制权。这两个原则既是个人自由的限度原则，又是调整个人自由与社会控制之关系的协调原则，亦称为个人的自主权利协调原则。或者相对地讲，穆勒所提出的如上两个原则中，前一个原则是个人的自主权利原则，这个原则规定了个人可以做什么和能够做什么；后一个原则更多的是社会控制原则，即政府、国家、社会在什么样的情况下以及在什么范围内，才能有权干涉个人的行为自由。"②

穆勒的自我防卫的自由思想重新打开了自由与暴政的认知视野，续接起自由与暴政思考的思想的传统，自由与暴政的问题关联起多数人与少数人的角色转换：自由，与所有人相联系，但暴政，或只与少数人相联系，也可能

---

① ［英］约翰·密尔：《论自由》，许宝骙译，商务印书馆1986年版，第10—11页。
② 唐代兴：《生境伦理的知识论构建》，上海三联书店2013年版，第301页。

与多数人保持联系。

少数人的自由与暴政 自由,并不是平均分配,它实际上总是有条件地分配。在理想的或者说基于个人自由意志汇聚生成的社会公意主导的语境中,自由分配的条件有两点,一是权利制度和有限政府,这是适合于社会共同体中每个成员的普遍条件。二是个人自为实训生活自由的能力,从正面讲,就是争取自由和创造自由的能力;从反面讲,就是自我防卫其生活自由免于侵犯的能力。少数人的自由与暴政,则产生于权力制度和无限政府。

权力制度,即以权力为逻辑起点并以权力为实际目的的制度。权力制度要解决的核心问题有二:一是驯化权利,使所有社会成员的权利获得全面的规训;二是全面保障权力,使权力在任何语境下都没有阻碍。权力制度致力于解决这两个问题,必然产生两种直接的社会效应。一是权利的形式化,即使普通权利变成实际的**形式权利**。当普通权利变成无实质内涵的形式权利,就是大多数人只配享有权利的形式而无权利的实项内容,比如,在法律上赋予人们言论、集会、结社等自由,而实际地赋予所有这些自由以明确而严格的附加条件或不予施行的明确限制。从人类权利史可以看到,当拥有一切形式权利的个体去行使其权利的实质内容时,就往往会成为权力的敌人。在**权利形式化**的生活语境中,权利成为权力的敌人,人自然成为权力监管的实物,自由在大多数人的生活中陨落,只有极少数人才享有实质的权利,并且这些能够被享有的实质权利必然受到权力的加持而成为可任意突破权利边界的权利。客观而言,一旦突破权利边界的权利,必然张扬着跋扈而质变,所以它不再是权利,而是升格为特权。因为在大多数没有权利的生活境遇里,当少数人可以享有的权利自然成为社会大众不能望及的特权时,特权在本质上始终是权力。也就是说,权利可以通过特权的通道而进入权力时,甚至成为无限度的权力。二是权力没有限度和边界,形成权力的任性和放纵。权力任性是指权力的任性自由,体现专横性格,张狂绝对的意志自由;权力放纵是指权力绝对意志自由化,行为上没有约束、没有边界。

由此两个方面,权力制度必然为政府行无限自由提供生存的制度土壤,并亲手形塑政府,使政府成为无限绝对权力的政府。从根本言,制度是政体的形式定位,它一旦形成就获得相对的稳定品质而形成静态的存在位态,其对社会的功能释放主要通过政府运作来实现。权力制度形成如上两个方面——权利被驯化的形式化和权力被膨胀的任性与放纵——必须通过**无限政府**来实施。所以，任性自由产生于无限政府，但其根源是权力制度。

任性自由的暴政的实际功绩有两个方面，一是剥夺大多数人的自由；二是赋予少数人自由。暴政剥夺大多数人的自由的实际目的，是实现少数人的自由。暴政所要实现的少数人的自由，敞开两个面向的自由本质：第一个面向是少数人的自由既是任性的自由，也是无边界约束的自由。第二个面向是少数人的自由带来的是少数人对多数人的暴政。所以，少数人的自由与少数人的暴政形成一一对应的关系，这个对应关系构成实质的互释机制和互生机制，即暴政实现任性的自由，任性的自由体现暴政。并且，无论自由的暴政，还是暴政的自由，都是绝对的。而且唯其是绝对的，才是可互释和互生的。

少数人的自由与暴政不仅贯穿人类政治史，也贯穿人类文明史，它客观地构成人类文明向前的反面推动力。从人类文明史和政治史观，对于少数人的自由和暴政，在古代，其基本制度样态是君主专制，君主专制所形成的少数人的自由与暴政往往以血缘为纽带，以家族或宗法为凝聚力，与现代的少数人的自由和暴政比较，体现出相对的温和性，有一种人性的柔情，因而在古代，少数人的自由和暴政体现两个方面的特征，一是自然主义倾向；二是相对的有限性。少数人的暴政的自然主义倾向，既受自然主义人性观念的束缚，也缺乏无所不能的手段。在现代化进程中，少数人的自由和暴政的基本样态是威权主义，它以利益为纽带，以组织为结构性的凝聚力，与古代的少数人的自由和暴政相比，体现绝对的暴虐。这是因为在现代化进程中，人性剔除了自然主义的成分，敞开赤裸的贪婪，形成绝对利益主义，尤其是不断精进的技术，为少数人的自由和暴政提供了不断更新的武装。由此两个方面的合力运作，导致现代人类进程中的少数人的自由和暴政所缺乏的是无人性的温柔一面，而总是显得变本加厉。

多数人的自由与暴政　如果少数人的自由和暴政构成必然；那么，多数人的自由与暴政只成或然，这种或然性形塑出两可取向的生活状况。

"多数人的自由"这一表述是相对社会而言。现代意义的"社会"这个概念有广义与狭义之分，在广义上是相对人类而言，指人类社会，它涵盖了人的存在世界；在狭义上是相对民族国家而言，指以民族国家为基本单位的社会，即国家社会，简称社会。讨论自由与暴政问题，在一般情况下以国家社会为参照视域。因而，多数人的自由是指社会里多数人的自由。由此产生一个问题，为什么只说社会多数人的自由，而不说社会所有人自由？"多数人自由"并不只是对应"少数人自由"的修辞表述，而是在直陈一个基本事实：无论怎样完善的社会，自由也不涵盖所有人，或曰自由不可能照亮所有人。无论社会的自由程度有多高，也有一小部分人不能享有自由或与自由无缘，比如先天性的智障者、植物人，或者被法律剥夺自由权的人，以及尚不具备自理能力和独立能力的人，比如婴幼儿，当然还包括那些从事特殊的需要监管人身自由的职业者，同样不能享有正常人的自由。由此种种，自由只能达及多数人，这个"多数人"或可用功利主义的"最大多数人"来表述。

多数人或最大多数人享有自由的社会，可称之为自由社会。在自由社会里，多数人的自由与暴政没有关联，或者更准确地讲，在生活自由的社会里，多数人享有的自由是以抑制任性的自由和反抗暴政所得来。在生活自由的社会里，多数人的自由是暴政的敌人，正因为多数人享有自由，暴政才无生存的空间。因为在生活自由的社会里，多数人自由的自由本质是普遍平等，即人人有权享有平等的自由，人人可通过生活的实训而获得平等的自由。并且，人人可共享的平等的自由是有限的自由，是有限度、有边界约束的自由，这就是：在生活自由的社会里，每个人的自由都既构成他人自由的边界，也构成自己行为的边界。

多数人的自由与暴政发生关联，形成其自由与暴政之间的生成逻辑关系者，出于两种情况。一种情况发生在自由社会里，人们基于习俗或传统，或者基于稳定的生活和普遍接受的观念、思维模式或行为方式，而对新的东西，比如新的见解、新的观念、新的思想、新的行为方式或创造性的成果等，因为不理解，会本能地拒绝理解，或因为利害的冲突等，多数人异口同声地以暴力的方式对抗少数人的自由言行、自由探索。苏格拉底之死就属于自由社会里多数人行暴政的典型案例，正是因为苏格拉底遭受雅典城邦里多数自由人的暴政而死，震撼了人们对民主社会、对自由社会的怀疑，才促成柏拉图在哲学上探索何以可能避免多数人暴政的依据和方式，产生本体论形而上学的理念论（或曰"相"论）哲学，构建起"大写的人"的"理想国"。也正是基于自由社会里可随时发生多数人自由的暴政行为，严重地危害到了少数人的自由，才有了穆勒的自由主体论，提出"自由就是自我防卫"的思想。这是穆勒承袭古希腊苏格拉底之死引发柏拉图和亚里士多德从两个不同的方面对自由与暴政问题的思考予以时代性的再思考："人们往往在民主的名义下把两个非常不同的概念混为一谈。根据本来定义的纯粹的民主概念指的是具有平等代表意义的全体人民的主权和统治。而通俗理解的和迄今所有过的民主政治则往往是多数派对全体人民的统治，其代表性也是有局限性的。前者与全体公民的平等是同义的；而后者仅仅是有利于多数派，付之以特权，并使之在实际上控制了国家的全部声音。"① 穆勒认为，在生活自由的社会里，能够真实地解决多数人自由造成的暴政的唯一方式，就是正视并保护少数派的自由和权利。所以，穆勒重新定义自由，指出："唯一实称其名的自由，乃是按照我们自己的道路去追求我们自己的好处的自由，只要我们不试图剥夺他人的这种自由，不试图阻碍他们取得这种自由的努力。每个人是其自身健康的适当监护者，不论是身体的健康，或者是智力的健康，或是精神的健康。人类若彼此容忍各照自己所认为好的样子去生活，比强迫每人都照其余的人们所认为好的样子去生活，所获是要较多的。"② 自由，就是使自己不受来自任何他者的伤害，穆勒对"自由"的如此定义，是重新赋予了生存论"自由"的生活内涵：**自由，即自我保护**，这是从个人看；从他人看，**自由，则是相互保护**。将这种自为保护和互为保护贯通起来的却是平等，因而，自由的本质不仅是限度，而且是平等。并且，因为平等，自由才互为限度，自由才既是自由，又成为边界和约束。或者，从平等角度看自为保护和互为保护的自由，这是权利；从由平等构成的限度、边界和约束方面讲，这就是责任。因而，自由又将权利和责任贯通，**所谓自由，就是权利与责任的对等相待**。基于如上规定，自由生出尊严，并在行动上表现为尊重，这就是"真正对个人的尊重还包含一种使'社会机会平等化'的责任感"③，更包括一种使"社

---

① J. M. Robson（Ed.），*The Collected Works of John Stuart Mill*，*Volume XIX*，published by Routledge and Kegan Paul，1981，p.448.
② ［英］约翰·密尔：《论自由》，许宝骙译，商务印书馆1986年版，第10—11页。
③ ［美］弗雷德里克·沃特金斯：《西方政治传统：近代自由主义之发展》，李丰斌译，广西师范大学出版社2021年版，第163页。

会机会平等化"的权利要求。

另一种情况发生在非自由的社会里。按习惯性的认知，非自由的社会里是没有自由的，其实这只是感觉性的论断。客观地看，不自由的社会里，客观地存在着两种性质和两种类型的自由，第一种就是少数人的自由；第二种就是多数人的自由。

非自由的社会，或是集权社会，或是威权社会。前者是有限的专制，有两种取向：一种是主观上不愿意将专制推向极端，这是一种温和的专制，其专制里还存留着一定程度的人性，甚至还给予社会有限的自由和平等的空间；另一种是主观希望将专制推向无所不在的极端，但客观上不具备这方面的基础、能力和条件，尤其是物质基础和技术能力，比如，在农牧社会或工业社会，手工技术和机械技术无论怎么发展，都是技术物与人的截然两分，人始终是技术的主体，技术始终不能成为人的主体，集权也就不能获得技术的全副武装，只能行有限的专制。与此不同，威权社会则可绝对专制，这是因为经济、技术以及其他工具为其提供了全副武装，尤其是进入生物工艺学技术体系的时代，可以利用其生物工艺学技术——具体地讲就是基因工程和人工智能技术——将整个社会的权力集中到一人手中。从这个角度观，在当代人类沦陷于后世界风险社会的进程中，是不断更新的新技术——具体地讲，是以计算机为运演工具，以会聚技术为认知方法，以大数据为分析方法，以基因工程和人工智能为两翼形态的生物工艺学技术体系——拯救了并发展了极权主义、恐怖主义和法西斯主义，竞相研发的具有无限可能的生物工艺学技术，在本质上重塑了人类苦难的宿命。

在非自由的社会里，无论是主观上形成的温和专制，还是客观上形成的温和专制，其拥有自由的少数人对多数人的任性，都体现一定程度的有限性。与此相对应，大多数不自由的人们本能地行多数人的任性自由，也体现一定程度的有限性，即在一般情况下体现一定程度的温和性。但在非自由的威权社会里，无论是少数人的任性自由，还是在少数人鼓动下的多数人的任性自由，都会被推向极端，希特勒时代德国的狂热，即多数人自由地向少数人行暴政的狂热。进入后工业时代，一旦得到生物工艺学技术即基因工程技术和人工智能技术的全副武装，无论是个体还是组织机构，要想行任性自由之暴政，则成为很容易之事。

在非自由的自由社会里，多数不自由的人行自由的暴政有两种形式，一种形式是基于组织的自由暴政，希特勒时代几乎席卷整个欧洲的屠杀犹太人的自由运动，以及当代世界上流行的恐怖主义、邪教主义运动，都属于有组织地驱动不自由的人行任性的自由，这种有组织的不自由的自由实质上是暴徒的自由，暴徒的自由是没有边界的，刺刀见红的血腥和人必泯灭的兽性是暴徒的自由的基本特征。另一种形式是基于本能的自发联合的任性自由，这种多数人对少数人的自由暴政体现出来的是弱者对强者的制胜。从本质讲，非自由的社会体现两个特征，并形成两种取向，一是强权特征和强权主义取向，非自由的社会一定是强权社会，它表征为掌握社会资源和国家权力的群体，成为社会的主导力量，形成一种强权主导；二是弱者群聚特征和弱权主义取向，它是由社会的大多数人在强权者的主导下沦为弱者，形成大众的弱权主义。所谓弱权主义，就是弱者自发地聚集并达成本能的弱权共识，与非强权者的生活强者做斗争，由此形成弱权主义的多数弱者对身边的个别生活强者行任性的自由。

2. 权界的自由

少数人的自由，只在非自由的社会里发生。因而，少数人自由引发的任性自由体现特权或专制性质。多数人的自由可避免暴政，也可导致暴政，前者多发生在自由社会里，后者必发生在非自由社会里。在非自由社会里，多数人行自由的暴政，要么属于暴民政治或暴徒政治，要么属于弱民政治或弱权主义。但不管属于哪种性质，暴徒政治都直接地由少数人的任性自由导演所成。

从整体观，无论是少数人的自由与任性，还是多数人的自由与任性，都体现出**自由的边界**问题。仅就自由与暴政本身的关系言，要解决二者的分离，或者要使自由避免任性，必须得使原本有限度的自由本身恢复其清晰的限度和边界。这就形成**自由的权界**问题。

自由的动机 无论是人类整体还是个人，都本能地诉求自由。而且，无论是自由社会的自由，还是非自由社会的自由，抑或是少数人的特权的自由或多数人的平等的自由，以及多数人的暴虐的自由，在其最终的动机上都是同一的，那就是**天赋自由**。

近代第一个系统思考自由的思想家是洛克，他最早提出天赋自由论。他从人类自由的现实入手，揭发"人类的自然自由"和人类的"社会人的自由"两个进化阶段这一存在事实，提出人类自由的发展论，认为人类的自由发展是从物的自由走向人的自由。"人的自然自由，就是不受人间任何上级权力的约束，不处在人们的意志或立法权之下，**只以自然法作为他的准绳**。处在社会中的人的自由，就是除经人们同意在国家内所建立的立法权以外，不受其他任何立法权的支配；除了立法机关根据对它的委托所制定的法律以外，不受任何意志的统辖或任何法律的约束。"（引者加粗）[①] 自然的自由，以**自然法则**为准则；社会的自由，以**法律**为准则。洛克认为，社会的自由是以自然的自由为基础，因而，社会的自由要以法律为准则，但保证社会自由的法律却要以自然法则为准则。所以，人类自由的最终根源不在法律中，而是在自然中，在洛克看来，自然是上帝的造物，所以人类自由的最终根源不仅在自然中，而且在上帝中。洛克认为，在上帝的创世界中，人是自然的，但自然是神性的。所以，人类的自由根源于上帝，也因为上帝根植于人的本性。[②] 这就是洛克"天赋的自由"的来源：天赋的自由，是上帝赋予人类以自由。

如果上帝的创造，只给予了人类以一种存在，而不是把亚当"造成""他的后裔的君主"，如果亚当（《创世记》第一章第二十八节）不是被确立为人类的主人，也没有被赋予一种除了对他的儿女外的"个人的支配权"，而只是被给予了凡是人类子孙都共同享有的支配土地和下级动物的权利和权力，如果上帝（《创世记》第三章第十六节）也没有给予亚当以支配他的妻子和儿女的政治权力，而只是作为一种惩罚，使夏娃服从于亚当，或者只是在有关家庭共同事务的处理上对女性的从属地位作了预言，但不曾因此而给予作为丈夫的亚当以必然属于行政长官的生杀予夺之权；如果父亲们不能因生育儿女而取得对他们的这样的支配权；

[①] [英] 洛克：《政府论》下篇，瞿农菊、叶启芳译，商务印书馆1987年版，第16页。
[②] 黄伟合：《英国近代自由主义研究：从洛克、边沁到密尔》，北京大学出版社2005年版，第9页。

如果"孝敬你的父亲和母亲"这一诫命也没有授予这种权力,而只是责成人子对双亲同样地应尽责任,不论他们是否臣民都是一样,并且对母亲也与对父亲一样;如果上述诸点都是对的——在我想来,根据上面所说的论证,这是十分清楚的——那么,不管我们的作者怎样坚决地加以否认,人类确实具有一种"天赋的自由"。①

洛克认为,上帝就是以如此赋予人类权利和理性的方式赋予了人类自由,他说:"我以为上帝创造了人类和世界以后,这样对人类说过——即是,指示人类通过他的感觉和理性……来利用那些可供生存所需的东西,和给予他以'自我保存'的手段。"所以,人类应该"服从他的创造主的旨意",行使他对生命、财产和自由的权利。②然而,天赋自由论只提供了自由的来源,并不能说明自由的动机。只能通过天赋自由的真正秘密,不仅赋予所创化的世界以自由,而且赋予其自由存在和自由保存的方式,这就是生和生机,所以,天赋自由以生性和生生不息的生机,才构成自由的最终动机。现实地讲,人们之所以诉求自由,就是因生而活、为活而生且生生不息。就是在现有的环境和条件下,以自己的方式求生、创生。人对生活自由的诉求总是通过以自己的方式谋求生存、创造生存铺开来的。

自由的目的 天赋自由以生性和生机为最终动机,所要使之达到的目的有三:获得独立存在的权利、生活的幸福和共生存在。

首先,自由的目的是获得独立存在的权利。具体地讲,天赋人以生性和生生不息的方式诉求自由,就是要人实现独立存在并拥有独立存在的权利。有关于此,洛克最先做出系统性的思考。他指出,"自由意味着不受他人的束缚和强暴"③。由于自由是天赋的,因而必是平等的。剥夺人生而平等的自由的力量也只能是人间的强权。基于此一朴素认知,洛克指出,人要获得独立存在的自由,必须反对两种阻碍甚至剥夺天赋自由的"绝对的权力"和"专断的权力"。洛克认为,"绝对的权力"属于君权神授的神权论,"君主们都

---

① [英]洛克:《政府论》上篇,瞿农菊、叶启芳译,商务印书馆1987年版,第56—57页。
② [英]洛克:《政府论》上篇,瞿农菊、叶启芳译,商务印书馆1987年版,第74—75页。
③ [英]洛克:《政府论》下篇,瞿农菊、叶启芳译,商务印书馆1987年版,第36页。

享有神权赋予的绝对权力",他们以自己的意志为根据来操控法律,"否认了人类的天赋自由权,从而不独尽其所能地使一切臣民遭受暴政和压迫的莫大灾难"。① 因为在神权论的君主们看来,"人类不是生而自由的,因此绝不能有选择他们的统治者或政府形式的自由;君主所有的权力是绝对的,而且是神授的,奴隶绝不能享有立约或同意的权利,从前亚当是一个专制君主,其后一切的君主也都是这样"②。洛克指出,基于天赋自由的权利而反对神授君主的"绝对的权力",必须构建法律体系,以法律为武器来争自由,即"处在社会中的人的自由,就是除经人们同意在国家内所建立的立法权以外,不受其他任何立法权的支配;除了立法机关根据对它的委托所制定的法律以外,不受任何意志的统辖或任何法律的约束"③。以法律解除了"绝对的权力",就必然解决"专断的权力",因为君权神授,权力专断成为必然;也因为君权神授,专断的权力必然成为剥夺人民自由的根本方式,"如果君主使用专断权力,未经取得人民的同意并与人民的共同利益相抵触,而变更了选民权或选举的方式,立法机关也就被变更了。因为,如果不是由社会所授权的那些人去选举或不用社会所规定的方法进行选举,那么那些当选的人就不是人民所任命的立法机关"④。基于天赋自由而从法律入手根除绝对的权力和专断的权力,是使天赋的"自然的自由"真正成为"人的社会的自由",其根本的权利保障方式是财产权。洛克认为,在所有的权利中,财产权才是最为基本的权利,它构成一切权利的基石,也构成自由的基石,这块基石并不是人造的,而是上帝为人铺垫的,也是上帝为人的"自然的自由"向"人的社会的自由"过渡成为可能而奠定的那块基石:"上帝扎根在人类心中和镂刻在他的天性的最根本的和最强烈的要求,就是保存自己的要求,这就是**每一个人具有支配万物以维持个人生存与供给个人使用的权利的基础**。但是,除此之外,上帝又在人类心中扎下了繁殖自己种类和延续后代的强烈的要求,这种要求就给予儿子们以分享父母的'财产权'和承袭他的财产的权利。"(引者加粗)⑤ 所以,"人

---

① [英]洛克:《政府论》上篇,瞿农菊、叶启芳译,商务印书馆1987年版,第4页。
② [英]洛克:《政府论》上篇,瞿农菊、叶启芳译,商务印书馆1987年版,第5页。
③ [英]洛克:《政府论》下篇,瞿农菊、叶启芳译,商务印书馆1987年版,第16页。
④ [英]洛克:《政府论》下篇,瞿农菊、叶启芳译,商务印书馆1987年版,第131页。
⑤ [英]洛克:《政府论》上篇,瞿农菊、叶启芳译,商务印书馆1987年版,第75—76页。

们联合成为国家和置身于政府之下的重大的和主要的目的,是保护他们的财产"①。

其次,自由的目的是实现生活的幸福。

洛克的自由权利思想蕴含了幸福的目的论,却经边沁才得到**全面**的显发。边沁与洛克在自由问题的思考上呈现承续关系,正是通过自由、经过权利而通向幸福。边沁将洛克视为其自由思想的"精神之父"而将此承续关系显发了出来。边沁说:"没有洛克,我将毫无所知。"②并指出"自由的定义是我的体系的奠基石之一:无此我将不知如何着手"③。边沁在《政府片论》中明确捍卫"个人判断的权利——这权利是英国人所珍视的一切东西的基础"④。他在《道德与立法的原理导论》中揭示个人利益**先于**社会利益是一个客观的存在事实,并由此旗帜鲜明地指出,对任何人来讲,"不了解个人利益是什么,而侈谈社会利益,是无益的"⑤。边沁从个人利益出发来审查个人的自由,将人的自由置于实际的生存进程中来拷问,认为人的自由不是任何形式的抽象物,而是有鲜活而具体的存在内容,这就是**快乐**和**利益**。在边沁看来,自由的根本性就真实地体现在它是实现快乐的幸福的手段或者说方式。人因为快乐而幸福,而快乐却是天赋人的自然本性,"自然把人类置于两个至上的主人——'苦'与'乐'——的统治之下。只有它们两个才能指出我们应该做些什么,以及决定我们将要怎样做。在它们的宝座上紧紧系着的,一边是是非的标准,一边是因果的链环。凡是我们的所行、所言和所思,都受它们支配;凡是我们所做的一切设法摆脱它们统治的努力,都足以证明和证实它们的权威之存在而已。一个人在口头上尽可以自命弃绝它们的统治,但事实上却始终屈从于它。功利原则承认人类受苦乐的统治,并且以这种统治为其体系的基础"⑥。

---

① [英]洛克:《政府论》下篇,瞿农菊、叶启芳译,商务印书馆1987年版,第77页。
② Jeremy Bentham, *Correspondence*, VI, Timrothy L. S. Sprigge, ed., London, 1968, p. 205.
③ Jeremy Bentham, *Correspondence*, VI, Timrothy L. S. Sprigge, ed., London, 1968, p. 311.
④ [英]边沁:《政府片论》,沈叔平等译,商务印书馆1994年版,第106页。
⑤ Jeremy Bentham, An Introduction to the Principles of Morals and Legislation, J. H. Burns and H. 1. A. Hart, ed., London, 1970, p. 11.
⑥ Jeremy Bentham, An Introduction to the Principles of Morals and Legislation, J. H. Burns and H. L. A. Hart, ed., London, 1970, p. 11.

快乐与痛苦却与利益直接关联,并直接由利益来确定,在边沁看来,利益不仅是快乐与痛苦的来源,它本身就是快乐或痛苦,所以边沁用快乐或痛苦来界定何为利益,他说:"当一事物倾向于增大与此直接关联的人的快乐总和时,或可说当该事物倾向于减小与此关联的人的痛苦的总和时,它就说成是实现了这个人的利益,或可是为了这个人的利益。"①

相对快乐(或痛苦)之幸福和利益,以及由此快乐的幸福和利益所引发的权利言,适度的自由是实现"最大多数人的最大幸福"的有效手段。所以,自由既不是人的最高目的(人的最高目的是幸福),也不是实现快乐的幸福的最重要的手段。在边沁看来,实现幸福的根本手段是**利益**,没有利益则根本没有快乐的幸福可能,人的最高目的是经历生活自由的实训创造利益、实现幸福。人通过生活自由的实训来创造利益、实现幸福,必得有法律的保障,这是边沁发展洛克的法律保障自由的思想而前行的呈现,指出自由作为实现幸福的有效手段,必须在法律的框架下展开。边沁用法律来确定自由,既是对洛克关于"人的社会的自由"即法律的自由的发展,也是对洛克的"自然的自由"的抛弃。在边沁看来,洛克关于"自然的自由"是一种绝对的自由,这种绝对的自由是来自"上帝的不容篡夺的礼物",这种"不依赖于任何社会体系而独立存在自由"的绝对的自由,既是法律意义上的虚构实体,也是一个自相矛盾的概念。只有由法律定义的自由,才真正体现逻辑的自洽性,并构成真实的存在实体。因为,只有当人们基于幸福的需要而建立起来的法律,才可能保障人们的个人自由和权利,比如,"法律禁止我和其他个人去任意地使用土地:同时也给予我和其他个人以其他自由。……在这种情况下,法律不仅允许你能不受干扰地行使你对自己土地的权利——而这在没有法律保护的情况下是不可能的——同时当其他人的事业妨碍了你行使你对自己土地的权利时,法律也会代表你而进行干预,作出对你有利的决定以保障你的权利。因此可以说,你以前在没有法律时所有的权利和自由,现在在法律之下得到了巩固和帮助"②。

---

① Jeremy Bentham, An Introduction to the Principles of Morals and Legislation, J. H. Burns and H. L. A. Hart, ed., London, 1970, p. 12.
② Jeremy Bentham, *Of Laws dn General*, H. L. A. Hart ed., London, 1970, pp. 255-256.

其三，自由的目的是实现**共生存在**。

阿克顿爵士说："**自由的本义：自我驾驭；自由的反面：驾驭他人。**"①自由的正反两个方面的合生，则构成了自由的最终目的，即己与人生活在一起。己与人生活在一起的行为体现或者说形态学呈现，是**共生存在**。己与人生活在一起的本质规定或者说本体方式，就是自由的自我驾驭和驾驭他人。一个人对自由的自我驾驭，就是节制；一个人对自由的驾驭他人，就是边界。人与人的共存关联是必然的，这种必然性源于两个方面的存在规定。首先，每个人都是世界性存在者；其次，每个人都是他者性存在者。人的这两种存在决定了每个**具体的己**必然与**不定的具体的他**发生共存关联。但在这种共存关联中，每个具体的己是否与不定的他形成生活在一起的自由，却始终是或然性的。要使这种或然性变成现实性，就需要节制和边界。从己出发，实现生活在一起的自我方式，就是节制自己的自由；而实现生活在一起的他人方式，就是自我节制的自由为他人的自由确立起边界。穆勒用"自我防卫"来定义自由，蕴含了自我防卫节制他人的思想。己对自由的节制，构筑起了己的自由被侵犯的防卫机制，这个防卫机制就是己之自我节制的自由机制构筑起与此己关联存在的他人的自由边界。

共生存在之构成自由之最终目的，是因为它统摄起了权利和幸福：己与人的共生存在，必以权利为实项内容，以幸福为生活的日常表征。因为人是存在于社会之中的人，更具体地讲，人是与人关联地存在者，权利和幸福都只能在己与人的关联存在中实现，并在其关联存在中敞开，不可忽视关联存在的他者。以权利为实项内容、以幸福为生活表征的自由，不能忽视关联存在的他者的具体含义有二：一是不可忽视人实现其自由的权利和幸福必互借智-力才可达成的共生存在事实，二是不可忽视人的自由的权利和幸福得以实现与关联存在的他者的自由的权利和幸福的边界。由此二者，人诉求独立权利和幸福生活的自由最终必然以共生存在的方式统一于自身。

自由的权界原则 生活的自由始终是相对的。相对的自由，将权利和幸福统摄于共生存在的框架之中，实现人与人、人与群的"**生活在一起**"，既需

---

① ［英］阿克顿：《权力与自由》，侯健、范亚峰译，商务印书馆2001年版，第308页。

要自由节制，也需要通过自由节制而构筑自由边界。由此生成建构起自由的**权界原则**。

构建自由的权界原则，其首要任务是审定作为生活位态的"自由"本身，使之边界明朗。这需要从三个方面展开。首先，明确生活的**自由边界本身，以自由本身为边界的法则规定自由，以避免自由的扩大化**。因为自由一旦扩大化，就会造成对自由的损害，形成自由的"扩大损害原则"①。其次，**自由边界法则规定：不能用权利来界定自由**。用权利来界定自由，就是权利自由主义。"权利自由主义却在损害原则原应占有的位置当中塞进了一大堆分别列举的权利，号称是一切属于特定的范畴的人所应享有的。每一项权利都要成为一个碉堡，保护那个特定的权利持有人的相应利益不受任何意图的侵犯，包括整个政治群体的意图。但是，在这些碉堡之外，在无人地带，群体的全局性的目标，只要不打破任何一个碉堡，还是可以最大化的。至于在碉堡的内部，则个人的利益比之共同的目标更有优先权；在碉堡之外却是相反。"②由于权利始终是以碉堡的方式构成并以碉堡的方式发挥功能，才形成穆勒关于个人权利与全面之间的和谐只具有或然性的假设。赫伯特·哈特（Herbert Hart，1907—1992）讨论了这种或然性假设与人的实际生活取向之间存在的不可调和的相向性，指出"全面的总体福祉和幸福的最大化……同那些保护……某些方面的个人福祉并承认这些个人福祉是对最大化的全面原则的限制，二者之间，是有一无法填平的鸿沟"③。所以，用权利来界定自由是靠不住的，"我们唯有冲淡权利的意识，使得自由权成为不那么值得去享有的东西，才能保持住[男男女女享有自由权的这一意识]。因此，我虽然相信，为了给予别的男男女女以他们应得的平等地位，有必要由某些男男女女作出努力，但我并不承认，这些男男女女希望得到自由的要求，就需要在上述努力中作出任何妥协"④。因为，用权利来界定自由，**不仅损害了自由，**

---

① [匈]安东尼·德·雅赛：《重申自由主义：选择、契约、协议》，陈茅、徐力源、刘春瑞等译，中国社会科学出版社1997年版，第37页。

② [匈]安东尼·德·雅赛：《重申自由主义：选择、契约、协议》，陈茅、徐力源、刘春瑞等译，中国社会科学出版社1997年版，第53—54页。

③ H. L. A. Hart, *Essays in Jurisprudence and Philosophy*, Oxford：Oxford University Press, 1983, p. 188.

④ R. Dworkin, *Taking Rights Seriously*, London：Duckworth, 1987, p. 268.

也伤害了权利。就其本身言,"个人权利是个人所持有的政治王牌。当某一集体的目的并不能成为充足的理由否定个人的权利时,个人就拥有权利"①。不仅如此,权利与自由根本不同:自由和权利都有其天赋的来源,但就实际存在的依据言,**自由依据的是平等,权利依据的是分配**。权利所依靠的分配原则,同集体目标互比高低的:"……对某一个人给予某些利益时少给一点,只要能证明这样做能导致更大的全局利益,就可以算是有道理的。"② 因而,"任何人所要求的东西,除非有更有力的理由应该给他,理由比某种集体性的理由更为有力……否则任何人都不享有某一政治权利"③。**最后,自由边界法则规定:权利必负有"举证之责"**。由此形成有举证之责的权利和不能提供举证之责的权利,前者是"已经如此"的权利,后者属于"理应如此"的权利:"某些权利之存在,是人们凭经验就知道的事实。这些权利存在的证据,可以在契约、习惯、习惯法和成文法中找到。而另一些权利之存在或是人们声称它们之存在,靠的则是道德上的直觉。这些权利之得到承认,并不靠有什么证据,证据是没有的,即使引用了'证据'来支持这些权利,这'证据'也只是牵涉到对人皆有之的人类天生的根本常理的理解,或是牵涉到理性与礼貌使我们不得不遵守道义命令。"④ 这两种权利源于"两种不同的'事实',一个事实就是:有某一'已经如此'的权利存在,另一事实则是:为了某一理应如此的权利而提出的道义诉求,是一个有效的诉求。前一种事实是一个严格封闭了的部类:直到今天,仍然只有一定总量的证据,可以被发现来作为依据,去对某一定的'已经如此'的权利清单加以承认。反之,'理应如此'的权利,这个部类都是无尽头的。总会有新的权利被发明出来;这些权利的潜在清单是无限长的。从一个无底井中掏出的种种可能的论据,成为这些权利作证的'证据',随着清单的加长,这些'证据'也可以随之而补上"⑤。

---

① R. Dworkin, *Taking Rights Seriously*, London: Duckworth, 1987, p. 11.
② R. Dworkin, *Taking Rights Seriously*, London: Duckworth, 1987, p. 91.
③ R. Dworkin, *Taking Rights Seriously*, London: Duckworth, 1987, p. 365.
④ [匈]安东尼·德·雅赛:《重申自由主义:选择、契约、协议》,陈茅、徐力源、刘春瑞等译,中国社会科学出版社1997年版,第64页。
⑤ [匈]安东尼·德·雅赛:《重申自由主义:选择、契约、协议》,陈茅、徐力源、刘春瑞等译,中国社会科学出版社1997年版,第64—65页。

构建的自由权界原则，必有其自身的严格规定。德·雅赛在《重申自由主义》中提出"严格的自由主义"主张，并将其概括为如下六个自由主义原则：

（一）个人能够选择，并且只有个人才能选择（"个人主义"原则）。

（二）个人能够为自己选择，为别人选择，或者既为自己也为别人选择（"政治"原则）。

（三）选择的意义在于选取所偏爱的方案（"无支配"原则）。

（四）承诺必须兑现（"契约"原则）。

（五）先来后到（"优先"原则）。

（六）所有权是私有的（"排斥"原则）。[1]

如上六个自由主义原则恰恰从个人和共存两个维度界定了自由权界的边界。

首先从三个方面界定自由权界的个人边界。

一是**自由的个人原则**。这一原则表述为"个人能够选择，并且只有个人才能选择"。其理由有三，一是"只有个人**能够做出**经过思考的选择，而不是只有个人做出经过思考的选择。不论是随随便便的选择，这是不用脑子的反射性选择，都不违背这条原则"。二是"如果赞成和反对的理由都被强制所压倒，个人就不对自己的选择负有责任，或者只是负有部分责任。不论强制是否合法，都是如此"。三是"要么个人选择与集体（或'社会'）选择的对立是一个没有任何确定意义的比喻，要么集体选择也一定是个人选择的结果，尽管是间接的个人选择。出于这一原因，这条原则要求把方法论上的个人主义当作研究社会现象之原因的唯一恰当途径"。[2]"个人能够选择"既强调个人选择的权利，也强调个人具有选择的能力，但个人具有其选择的权利和选择的能力，并不必然选择。因为选择是**实行**能力和权利的行为，而凡实行行为的发生，必有需要动机。只有具体的需要动机的催发，能够选择的能力和选择的权利才被调动起来，产生选择的行为。所以，"个人能够选择"的原

---

[1] ［匈］安东尼·德·雅赛：《重申自由主义：选择、契约、协议》，陈茅、徐力源、刘春瑞等译，中国社会科学出版社1997年版，第75页。

[2] ［匈］安东尼·德·雅赛：《重申自由主义：选择、契约、协议》，陈茅、徐力源、刘春瑞等译，中国社会科学出版社1997年版，第76—77页。

则，本质上是自由权界的**主体论原则**；而"只有个人才能选择"却是对自由的主体论原则的更为具体的规定，这就是，自由的主体**只能是**个人主体，而不能是集体主体、社会主体或国家主体，而当以集体、社会或国家为自由选择的主体时，主体必然消隐而不存在，自由也随之消失而不存在。当自由消失时，其以集体、社会或国家为主体所建立起来的政治秩序，只能是集权的或极权的政治秩序，属人的自由将彻底被埋藏。

合言之，自由的政治秩序的构建必须遵从个人主体论原则，这是自由政治秩序建立的奠基原则、本体论原则和本质论原则。以人为动机和目的、符合普遍人性要求的政治秩序，必须以个人为本体，并必须以个人为唯一主体。否则，所建立起来的任何形式的政治秩序，无论如何华丽地进行修饰，都是非人的和无人的扼杀自由的政治秩序。

二是**自由的政治原则**。这一原则表述为"个人能够为自己选择，为别人选择，或者既为自己也为别人选择"，此一自由的政治原则蕴含的内容可归纳为三类：其一是"不求报酬的事物，即上天或同胞的馈赠"，这是"为别人选择"，如周日做义工。其二是"可以分割的事物，这类事物可以分割成很小的单位，一直小到能够适合他的时间、精力和财力'预算'的程度"，这是为"自己选择"，如星期天到教堂做弥撒。其三是"不可分割"的事物，这是"既为自己也为别人选择"，如修建教堂。"个人能够为自己选择，为别人选择，或者既为自己也为别人选择"之所以构成自由的政治原则，首先是因为人的世界性存在和他者性存在之双重规定和双重要求，其次是由始终属于个人的自由之权利、幸福和共生存在之目的所规定。"在这样一个世界里，如果一个个人不能把他自己的选择强加给别人，他也不会遇到别人把选择强加给他的危险。换句话说，每个个人都是独立自主的。然而自主权因人而异，每个人都承受自己所做选择的机会成本。直截了当地说，**除非发横财，所有人都要为自己所得到的东西付出代价**。不能让一个人为别人得到的东西付出代价，也不能让别人为这个人得到的东西付出代价。总之，**这个世界将是一个只有免费的馈赠和可以相互接受的交换的世界**，就像一个自发的、没有规范的市场经济，在这种经济中，消费者和生产者都是独立自主的，施舍行为可能受到地位平等的人的鼓励，但并没有通过强制而成为义务。"（引者

加粗)①

　　无论从发生学讲，还是从本质论，社会都是自由人的联合，国家是自由人联合的互助平台。在自由人联合的社会里，或者说通过自由人的联合而建构起来的国家，其使之发挥稳定功能的政治秩序必须遵从的根本原则只能是平等和平等前提下的**自愿**。所以，平等原则和平等自愿原则构成根本的社会政治原则。具体地讲，平等原则是政治的基本原则，它以主体论原则为依据，并维护个人主体。平等自愿原则是以平等为依据和准则的行动选择原则，即为自己选择、为别人选择，或既为自己也为别人的选择，都必须遵从真实的个人主体论的自愿原则，没有强迫，没有诱骗。

　　三是**自由的无支配原则**。这一原则表述为"选择的意义在于选取所偏爱的选择方案"。这一原则的基本意思是"如果选择的结果是获得一个'被支配的'选择方案，选择就没有意义"②。所谓"'被支配的'方案，就是一个在一系列相互排斥的选择方案中比任何其它选择方案都差的选择方案。再说一遍，这并不是说人们绝不选择被支配的方案，而只是说选择被支配的方案就是浪费选择能力"③。德·雅赛指出："如果同意说'无支配'原则是一条不言自明的原则，那么这条原则对家长作风是一个隐含的排斥。"这是因为"对于显然能够做出选择的人来说，严格的自由主义是排斥家长作风的。排斥家长作风显然不能以任何直接的、结果决定论的理由予以辩护。自由主义并不是论述以直接的和具体的方式改善人们处境的理论，而是论述一个社会——一个人们最有可能学会改善自己处境的社会——的组织理论。如果说它有一个结果决定论的辩护理由的话，那就是这个更长远的和间接的理由。当然，它还有一个非结果决定论的辩护理由，但是这个理由不必拿来批驳家长作风"④。

---

　　① ［匈］安东尼·德·雅赛：《重申自由主义：选择、契约、协议》，陈茅、徐力源、刘春瑞等译，中国社会科学出版社1997年版，第78页。
　　② ［匈］安东尼·德·雅赛：《重申自由主义：选择、契约、协议》，陈茅、徐力源、刘春瑞等译，中国社会科学出版社1997年版，第78—79页。
　　③ ［匈］安东尼·德·雅赛：《重申自由主义：选择、契约、协议》，陈茅、徐力源、刘春瑞等译，中国社会科学出版社1997年版，第78—79页。
　　④ ［匈］安东尼·德·雅赛：《重申自由主义：选择、契约、协议》，陈茅、徐力源、刘春瑞等译，中国社会科学出版社1997年版，第82页。

客观地讲，无支配原则既是对平等原则的具体化，也是对平等自愿原则的具体化，对平等原则和平等自愿原则的具体落实，就是行为选择的无支配。只有无支配的选择，才是平等的和平等自愿的；只有无支配的选择，才是个体主体论的选择；只有平等、自愿的主体论的选择行为，才是自由的行为。只有当如上条件完全具备时，无支配的自由原则才是不言自明的。

其次从三个方面界定自由权界的共存原则。

一是**自由的契约原则**。这一原则表述为"承诺必须兑现"，这一契约原则之所以"是单方面义务和契约制度的道德基础，是整个社会共存的基石"①，是因为这一原则蕴含四个方面的内容：其一是人与他者之间要构建起真实的存在关系、生活关系和互借智-力的利害关系，必须遵从双方的同意，这就意味着自由的契约必须贯通个人主体论、平等和自愿与无支配的排斥。其二是人与他者之间之所以能构建起实际的存在关系，实是互借智-力谋求共生存在，其本质规定却是**等利害**，这是"承诺必须兑现"之契约原则的本质，它贯穿了一个永恒普遍的原理，即**权责利对等**原理。其三是契约一旦构建，所必须遵从的契约原则只能是必须兑现承诺的原则，它同样贯穿了个人自由的主体原则。其四是为保障"承诺必须兑现"的契约原则能够不折不扣地被履行，必须启动必要的强制手段，即契约原则本身不存在任何形式的强制，凡强制所形成的任何关系都不是契约关系，遵从契约原则建立起来的任何契约关系，都是以"承诺"为实现权益的唯一条件，由此也只能以在任何情况下都要兑现承诺为唯一准则。当行为违背了承诺实现权利和必须兑现承诺的准则时，必须以强制手段的介入。

二是**自由的优先原则**。这一原则表述为"先来后到"。这一原则的"作用是帮助调节在一个拥挤的社会环境中行使'自由权'"。自由的优先原则涉及两个基本问题，一是对"自由"本身的理解。由于自由本身是相对他者而言，所以自由总是以自由为界，即你的自由是我的自由的边界，我的自由是你的自由的边界，这是"自由权"得以建立的框架。在自由以自由本身为边界的框架下，自由权在原则上不受限制。只有当行为逾越自由权设定的疆界时，自

---

① [匈]安东尼·德·雅赛：《重申自由主义：选择、契约、协议》，陈茅、徐力源、刘春瑞等译，中国社会科学出版社1997年版，第84页。

由权就此自动消失。没有自由权疆界的行为,往往会产生自由侵犯。所以,当人行使自由权会侵犯他人的权利时,就存在限制。比如,居住在一个房间里的两个人想唱不同的歌,这就是相同自由权发生冲突;或者,此房间中的二人此时一人唱歌,另一人要睡觉,就形成不同自由权的冲突。面对这类情况,自由的优先权是不能解决的。客观地看,自由的优先权只在发现、发明、生产劳动、占有等领域发生作用,因为这些行为者在具体时间进程中敞开,体现事物生成性特征。所以,在时间敞开的进程性和事物的生成性两个方面规定的生活关系中,必须遵从自由的优先原则。在非时间敞开的进程性和非生成性的关系中,不适合自由的优先原则。所以,"在所有这些惯例中,自由权都得到了行使。在不拥挤的环境中,这些自由权是无需加以限制的,但是当环境拥挤的时候,避免让这些自由权相互'碰撞'才符合文明共存的要求。防止'碰撞'在很大程度上是靠接受'先来后到'实现的"①。

三是**自由的排斥原则**。这一原则表述为"所有权是私有的"。这一原则之所以被称为自由的排斥原则,是因为"它允许得到一项产权的个人将他人排斥于与这项产权有关的决定及其后果之外。这项产权既不是'我们的',也不能按照'应有的权利'、需要或投票等来分享"②。卢梭宣称:"每个人都生而自由、平等。"因为"这种人人共有的自由,是人性的产物。人性的首要法则,是维护自己的生存;人性的首要关怀,是对他自己的关怀。"③ 但人性实现对自己的关怀的必需前提,是对与己关联的他者的关怀,这种关怀就是共生存在。只有在共生存在自由关怀中,独立的权利和生活的幸福才可同时而至。关怀自己与关怀他人的共生存在之根本原则就是自由权界原则,它统合自由权界的个人原则和自由权界的共存原则,而构**成己他权界**原则和**群己权界**原则。

己他权界原则规定着个人与个人之间的自由疆界:你的自由是我的自由的边界,我的自由是你的自由的边界。己他权力原则揭发:己与人的自由,

---

① [匈]安东尼·德·雅赛:《重申自由主义:选择、契约、协议》,陈茅、徐力源、刘春瑞等译,中国社会科学出版社1997年版,第89页。
② [匈]安东尼·德·雅赛:《重申自由主义:选择、契约、协议》,陈茅、徐力源、刘春瑞等译,中国社会科学出版社1997年版,第93页。
③ [法]卢梭:《社会契约论》,何兆武译,商务印书馆2003年版,第5页。

既互为标界，也互为成全。而互为标界和互为成全的己他权界的自由的根本方法，就是**权责对等**。

群己权界原则规定个人与群体组织、个人与社会、个人与国家、个人与政府之间的自由疆界：个人的自由，既构成群体组织的自由边界，也构成社会的自由边界，更构成国家和政府的自由边界。群己权界原则规定：群体组织的自由、社会的自由、国家的自由、政府的自由，只能用个人的自由来标界，并只能以个人自由的平等实现来成全自身的自由存在。以个人的自由来标界和成全群体、社会、国家、政府的自由的根本方法，只能是严格的**公私公明**。只属于人、只属于个人的自由永远是私域的，因为无论是群体组织或社会，还是国家或政府，其行使权力自由时所永远不能碰触的就是个人的自由；否则，就是非法，就不具有合法性。

第3章　平等

　　自由和平等是一对孪生姊妹，也是一对情侣。说她们是一对孪生姊妹，是因为她们有发生学和存在本体上的血缘关系，她们同源于造物主创世界，同根于创化存在世界的生之本性和生生生机。说她们是一对情侣，是因为她们自宇宙自然和万物生命被造物主创化之时始，就形影不离、相互唱和，形成人和社会的完美状态，一旦被迫分离，人将不人，社会亦将不社会。这就是自由与平等的**生死相依**的存在关系。

　　具体而言，自由象征个体和个人的存在状况，自由的有无、自由的普遍与否，构成个人的正常或异化的实际存在处境。与此相对应，平等却象征人的群化存在或者说社会存在的实际状况，平等的有无、平等的普遍与否，构成社会的正常或异化的实际存在处境。所以，自由与平等的存在关系亦可表述为：**自由引发平等，平等保障自由**。有自由的诉求、期待和持续的努力，才有平等的真实到来；有平等在此地此时的现在到来并上手于每个人的生活，个人才有真正的存在自由。

　　自由是天赋的；平等并非天赋，但蕴含着天赋，这是因为自由要求平等：没有自由的需要和对自由的不懈努力，则没有平等。因为人虽然是生而自由，却无往不在枷锁之中：从生活的和物质层面讲，这个自由的枷锁就是存在的不安全和生活的无保障；但从存在的和精神的层面讲，这个自由的枷锁就是没有平等。因而，没有打破不平等的枷锁的努力及其真正实现的成功，就没有自由。所以，**平等承受自由的挑战，自由却来自平等**。这是第 2 章简要地讨论自由之后，必将正视平等的内在动机，也是引发罗尔斯与诺齐克关于

"平等的自由"和"自由的平等"之争的根本原因。

客观地看平等与自由的事实关系，平等的自由应该是指探讨平等的可能性和实现平等的机制，开辟真正实现自由的道路，这是从流溯源；自由的平等应该是指天赋的自由遭遇不自由的"枷锁"处境，必须努力探求构建平等的各种可能性，以通过对平等舞台的搭建来实现全面的自由，这是由源溯源，最终是回返源头本身。

自由是个人取向，它必须是个体自主论的；平等是社会取向，它必须是主体社会论的。

主体社会论与社会主体论根本不同：社会主体论是指以社会为主体，而社会主体的代表或者说象征不是个人，而是政府、国家，所以社会主体论的实质指涉或者说具体表述，就是政府主体论和国家主体论。与此不同，主体社会论是指个人作为主体必须进入社会而获得成为社会的主体地位，并形成主体间性的能力。主体社会论是个人主义的自由走向社会的桥梁，只有当个体主体因为自由的缘故而走向社会，获得主体社会的资格并具备主体间性的要求时，平等问题才凸显出来。换言之，从自由到平等，实质上是从个人到社会、从道德到政治的道路，行进于这条道路上，社会、政治以及服务社会和政治的政府需要保持价值中立，这样才能保证个人走向社会的过程使社会回返个人，这个回返的方式就是主体间性。因而，自由的平等和平等的自由，就其直接讲，是通过**主体间性**的桥梁；间接地讲，是通过政治、政府的价值中立来构建和维护。从根本讲，自由主义就是个人从自由诉求社会平等而最终通过社会平等回返个人自由。只有在这个意义上，**自由主义成为一种方法论，既是个人自由的方法论，也是社会平等的方法论**，它将市场、自由、权利会通成以人本身为目的的哲学方法论。只有在这个意义上，才可真正理解边沁的关于"一个所提供的效用总和并不亚于另一个所提供的效用总和。但是价值中立绝不取决于、也绝不局限于效用这个框架。价值中立只不过是不持至善论罢了，它将道德的至善问题留给社会上各个个人的意志决断来加以发落"[1]。基于自由而平等且通过平等而自由的社会，要求政府**必须且只能**

---

[1] ［匈］安东尼·德·雅赛：《重申自由主义：选择、契约、协议》，陈茅、徐力源、刘春瑞等译，中国社会科学出版社1997年版，第18页。

成为有限的和价值中立的政府:"一个自由主义的政府之所谓在价值上中立,……这只不过是说,它**在道义上并没有权力去将它自己的偏爱付诸实行**,如果只能靠强迫自己的百姓为此付出代价才可以迁就这些偏爱的话。"所以,价值中立理论是基于**自由诉求平等**且**平等保障自由**的方式**会通**经济、政治、道德的哲学方法论原则而构建起来的:"事实上,这个学说是以这个原则为前提的,因为**一个政府如果扶植某一特定的价值,那么,它哪怕是努力想限制自己,也是限制不了的,而且越是努力想限制自己,就越是违背自己的初衷**。"(引者加粗)[①]

一 不平等的根源

卢梭之论:"人是生而自由的,但却无往不在枷锁之中。自以为是其他一切的主人的人,反而比其他一切更是奴隶。"[②] 既揭露出两个事实,也提供一个关于**人如何成为人**的努力方向:第一个事实,天赋自由,人人皆然。第二个事实,天赋的存在自由向生存领域敞开,则变成了不自由的枷锁。追溯其根本原因,是因为不平等,这种不平等就是"主人"和"奴隶"。基于"主人"与"奴隶"的不平等现实,人成为人的唯一努力方式就是打破"主人"与"奴隶"的不平等框架,实现平等,只有如此,才可恢复天赋的自由。人一旦通过自己的努力而享有天赋的自由,就是人真正地成为自由的人。

洛克比卢梭更早认识到这两个存在事实,但比卢梭有更积极的态度且明确提出解决这两个问题所必须具备的主体条件和必须方式,那就是理性:"我们是生而自由的,也是生而具有理性的;但这并不是说我们实际上就能运用此二者:年龄带来自由,同时也带来理性。"[③] 人要能从不平等的窘境中解放出来过"生活在一起"的自由生活,必须具备理性,且必须以理性的方式来行动、来构建自由的生活。而理性行动与努力构建自由的生活的第一步,就是充分地认识天赋自由向生存领域敞开所遭遇的不平等本身和不平等根源,它从先在性和继发生成两个维度铺展开来。

---

① [匈]安东尼·德·雅赛:《重申自由主义:选择、契约、协议》,陈茅、徐力源、刘春瑞等译,中国社会科学出版社1997年版,第20页。
② [法]卢梭:《社会契约论》,何兆武译,商务印书馆2003年版,第4页。
③ [英]洛克:《政府论》下篇,叶启芳、瞿菊农译,商务印书馆1987年版,第38页。

1. 不平等的两维呈现

因为自由而诉求于探索和构建平等，需要认识不平等存在本身。认识不平等存在的前提是理解何为不平等。对于不平等，可以从个体和社会两个不同的角度切入做事实陈述。

首先，从社会观，不平等可以用剥夺、占有、损害三个词来概括：剥夺，造成不平等；占有，生产不平等；损害，扩张不平等。剥夺、占有、损害，在人类社会里几乎不可杜绝。但是，即使剥夺、占有、损害成为不平等的标志，但也需检视这种状况的出现到底是个别的偶然，还是普遍的必然。客观地看，当剥夺、占有、损害只是偶然的个别行为、个别现象时，并且这些偶然发生的个别行为、个别现象随即得到客观公正的处理，则不能以此论不平等。反之，当剥夺、占有、损害不是偶然的个别行为、个别现象，而是日常化的普遍行为、普遍现象，并且这种普遍性化的行为和现象不能得到客观的处理，不平等就出现了，并成为一种日常的普遍的生存状况，社会的不平等和不平等的社会就此产生。

其次，从个体观，其不平等从存在和生活的方方面面敞开，概括其主要者有六个方面：其一，人无尊严地存在，可在任何时候、任何情境下遭受任意的欺侮和凌辱，或者自我矮化，自我凌辱。其二，人卑鄙地存在且卑鄙地生活，或成为奴隶，或沦为奴才，或被定义为生产工具。当其有用性被消耗干净后，也可能被作为耗材而处理，比如古代被驱赶为帝王修建陵墓者，当陵墓修建好后，这些人大多被集体处理掉。在非平等的生活境遇中，人的卑鄙存在，既可能是主动而为，比如特殊的生活语境中生产出的奴才生活即如是。其三，人沦为被剥夺、被占有、被损害之物，包括人身和肉体，包括情感和精神，包括理解和思想，包括希望和未来等，都沦为被剥夺、被占有之物，人从存在到生活承受全方位的被损害，并由此构成一种可任意损害的损害原则。"损害原则自从第一次被采取为自由主义的一条也许算是关键性的规则以来，它沿着一条怎样的道路改变了自己的内容。一开头是'损害他人利益的不正当行为'，接着就延伸到'负面外在情态'，神不知鬼不觉地把大部分日常生活的事情囊括到它的名下。与之相呼应，对损害应负的责任也随之而扩大，责任从'造成'损害扩大到'本人本来有能力使损害停止'。为了实施这样广泛的一条原则而需要的一套强制措施,也不局限于压制'不正当而又有害'的行为了。这套措施也扩大了,现在竟然可以要求实行一些虽然本人要付出代价但对别人有利的行为了。到了极端,不做善事就可以等于造成损失。究竟是否等于,因而必须强制做善事,归根结底是一个政治上决断的问题。其所以如此,是因为没有别的可能,理由简单得很,再加上没有别的权威当局,无论是道义上的或是什么别的,具有就此作出最后决定的权限。"① 其四,存在的非安全。这种存在的非安全,不是指社会本身不安全,主要指意志自由的人制造出来的不安全,包括婴幼儿、少年甚至年轻人,个人权利在任何情境下遭受来自任何方面的任意剥夺,形成无权利安全。当这些日常性的生活权利遭受四面八方和四通八达的不安全时,人的起码的平等生活必不存在。财产安全,是社会平等的基本保障方式。财产的安全由财产制度提供保障,当财产制度本身丧失安全性质而成为不安全的根源时,平等就失去了根本的保障,没有平等保障的社会,自然没有平等,自由也随之消失。最为普遍的是无生活安全。生活无安全,不仅成为社会化的问题,也成为世界化的问题,这主要从三个方面铺展开来,一是生活环境灾难化,如地震、山体滑坡、地下井垮塌、煤气泄漏、核泄漏、大气污染等。二是生活资源毒化,如食品安全、水污染、土壤污染等。三是生活疫病化,来自生物世界、微生物世界甚至人为的各种病毒侵袭人的身体,构筑起人的日常生活处境。人人生活在人身不安全的环境里,根本的、立体的不平等自然产生。因为当人身安全被人为地解码之后,人身安全本身由本原的存在权利变成了特殊的福利。其五,生活无保障。生活无保障有先天和后天的两种情况,前者多属于地域存在的自然环境给予;后者无一例外地来源于人为,包括个人性之为和社会性之为。个人性之为的生活无保障,或因他人造成,或因自己造成,比如运气、偶然的灾难降临,这种情况往往与个人或家庭的变故有关。社会性之为,主要来源于剥夺、占有。从历史观,这种剥夺和占有或出自"与民为敌,向民抢钱"的邪恶,或出自私欲主义的权力运动,或出自蒙昧和野蛮武装起来的意志自由幻想和癫狂。其六,也就是最根本的方面却是分配

---

① [匈]安东尼·德·雅赛:《重申自由主义:选择、契约、协议》,陈茅、徐力源、刘春瑞等译,中国社会科学出版社1997年版,第47页。

的不平等造成财富不平等的无限扩大,而形成这种分配和财富不平等的根源是权力的无约束,因为在财富与权力的构成关系中,财富是权力的目的,权力是财富的手段,其目的与手段的融合与实现要通过分配的桥梁。所以,分配不平等以及由此形成财富不平等的扩张,最终根源于权力的无约束。

合言之,不平等是一个社会概念,它所表征的不是偶然、临时或局域的特殊情况,而是一种普遍的、持续增强和扩散的人类存在状况,这种普遍的和持续增强与扩散的人类存在状况必是由如上因素的完全出现并自发形成整合机制而持久地铺开,如此形成一种持久的社会不平等。

2. 出生·地域·造诣

不平等始终通过个人存在和生活表现出来,但它本身不属个人性质,而是社会性质的。所以,考察不平等的根源,必得从社会切入,否则就会出现两种偏颇,第一,如果将不平等定义为个人性质,那就很容易将个别性的个人现象扩大为社会现象;第二,如果将不平等界定为个人状况,那么社会的不平等就会被当成个人现象而被普遍漠视。

不平等本身是社会现象,而且是普遍的、持续的社会现象,它既可完全消解,也在实际上不可真正消解。这是因为不平等现象既有先在的构造,更有后续的生产。对于前者,可以概括为出生、地域、造诣的不平等,或者说出身、地域、造诣三个方面的不平等带动起了所有的**先在的构造的**不平等。至于后者,就其根本者言即制度、结构、分配三个因素组合性生产的不平等,制度、结构、分配此三者作为制造的动力机器,将所有的不平等源源不断地制造出来,生产出来,将先在构造的不平等予以无限的放大和扩张。所以,理解制度、结构、分配的不平等根源,需先了解出身、地域、造诣的不平等性质及其普遍性。

出身的不平等 平等与自由的根本区别是:自由是天赋的,平等是人为的,人为的平等虽然蕴含天赋的潜在资质,完全是因为自由本身,即天赋的自由使平等获得了潜在的天赋资质。因而,相对自由言,平等的这种先天的潜在资质可以忽略不计。不仅如此,平等的后天人为性更在于不平等不仅是后天的制造,更有先在的构造。这种先在的构造可从出生、地域、造诣三个方面突显出来。

首先是出生的不平等。

出生是个人性质的，即个人出生，没有集体出生、社会出生、人类出生之说。虽然如此，但出生又把他者关联起来，这个被关联起来的他者，不仅是他人，比如某个女人和男人，更有具体的家庭，也包括家族，地域环境、时空、文化、历史、存在状况等因素都被关联了起来。比如，一个人的出生，先有完整的肉身结构，并且这种完整的肉身必须是一个活物。而这种充满生意的完整的肉身是在另一个人的身体里生成，其生成的先决条件是播种，这就由此引发另一个不同性别的个人与这个生成新的肉身的人的交配。在本原意义上，这种交配并不是有意识、有目的的文化行为，而完全是一种本能冲动的生物行为，即男女基于生理成熟的需要而达成的一种满足行为，这种对成熟的生理需要的满足行为播下新生命的种子，并不是如现在这样是预成性努力的结果，而是其生物需要-满足的交配行为中偶然发生的意外收获。但实际上它将许多因素耦合了起来，这对男女的年轻态、身体状况、身心成熟程度、情欲的旺盛状态、家庭处境、家族血脉、物种血脉，特定的时空、环境、气候、温度以及日月运行等因素都在无意中被联结了起来，形成此一男女于此生理需要-满足的生物性行为的环境，如果这一生物性行为在这种环境中发生而意外播下一个新的生命的种子，这个新的生命种子也就会聚了天、地、物、人、神于自身，使这个生命的种子在这个女人的身体里孕育而最终成形为完整的肉体并活脱脱地降落人世，其中，这个生命的种子到成为完整的生命并最后脱落于母体，却经历了一个完整的人的创生过程和人的完整的人神生活过程。所以，任何一个个体生命的得来与诞生都是得之于天，受之于地，承之于（家庭、家族、人种和物种）血脉，最终才形之于父母。从根本讲，个体的人是天地人神共创的杰作，既是物性的，也是人性的，更是神性的。

虽然人的出生关联起天地人神，但他仍然是个体的人，是以个体之人的方式出生。这就形成了人的出生的不平等，这种不平等将个体与整体关联起来而构成出生不平等的整体性根源。具体地讲，个人的出生的不平等由如下因素汇聚生成。

第一个因素，是人种的不平等。人，原本是一物种，是造物主创化的世界中的众物之一物种、众生之一种生命，在造物主和存在世界共同继创生的进程中，人类物种才从自然人类学状态中走出来而向文化人类学方向进化，在其进化的漫长历程中，人类由此从物种变成了人种。人类作为物种是单一的，但从物种进化为人种，却因为进化途中迁移和经历不同的地域环境而分蘖出诸如白人、黄人、黑人等不同的人种，这些不同的人种总是通过个体生命的播种、繁衍、出生而敞开，由此形成不同人种之间的不平等。虽然文明的向前在有意识地消除人种的不平等，具体的人种始终呈现自身的个性与特征，但这种个性和特征与物性和本能的保持度却在不同人种之间呈现出根本的差别，这种差别形成了进化的方式和进化的不同程度，而且不可根除。这是人种不平等的根源。这种根源的客观存在就使人种不平等地客观存在，除非消除人种差异，否则始终存在，这种始终存在的不平等的人种根源总是通过个体的不同出生而展现出来。

第二个因素，是种族的不平等向家族、家庭的不平等方向展开。人类物种从自然人类学向文化人类学方向展开，是一个"**化物为人**"的艰难进化过程。这一"化物为人"过程形成的最初成果是人类从物种分蘖出人种。其后，进入文化人类学轨道的人类继续向前再进化，就是"**化人为人**"。这是一个漫长的且没有终点的历史进程，在这个"化人为人"历史进程中，人类以学习进化的方式将"蒙昧人"化为"野蛮人"，将"野蛮人"化为"文明人"，将"天启的文明人"化为"智启的文明人"……在这一人类自化的历史进程中，人种也由此分蘖出更多的种族，再继续向前，智启的文明人渐进向古代文明人、近代文明人、现代文明人以至于后现代文明人或后人类方向铺开以至于无穷向前延展的历史进程，种族不断地分蘖出家族、家庭，由此产生种族不平等、家族不平等和家庭不平等。比如，单一民族构成的国家与国家之间，无论怎样文明互鉴，都存在一种甚至是隐秘的和根本不可消除的不平等隔阂，这种不平等的隔阂都根源于种族性质、气质、方式所形成的不平等的存在场域、历史场域、文化场域、价值场域。多民族国家内部，无论怎样进行民族大融合，民族与民族之间始终无法消除其不平等的隔阂。家族之间的不平等更是呈现残酷的斗争，这种斗争或以古代的血腥火拼的方式展开，或以现代的经济、政治、教育、文化的剥夺、占有、损害的方式进行。在这个过程中，一些家族衰落了、被消灭了，另一些家族兴起了，以此循环展开，生生不息，而一个又一个特殊的以及普通平常的家庭，也在这种循环更替中起伏或兴衰或新生而消长不息。

第三个因素，是基因的不平等。人类从物种进化为人种，继而分蘖出人种化的种族、家族，人种化的种族、家族的盛衰由许多综合性因素导致，但其中最为根本的因素是种族和家族基因。基因不仅是生物性质的，也是人文或者说文化性质的，是生物基因和文化基因的混合形式。但总的来讲，生物基因是底色，是根本的内容；文化基因是主导，是主要的内容。基因的不平等首先是生物基因的不平等。人的出生带来的不平等，更有个体体质结构、心智结构等方面的差异性，这种差异不仅源于生命被孕育母体的身体状况、精神状况、生活水准、物理环境等因素，更为根本的生成生命种子的精虫和卵虫本身的质量，即合成这一个生命种子的精虫和卵虫本身蕴含的生物基因，这一生物基因既是家族的，也有种族和人种的性质，更有物种的因素。生物基因本身呈现出来的这种等序性，或者说血统的高贵或低贱，却是其物种基因向人种基因再向种族基因蘖变的纯粹和个性化保持的程度，而种族基因向家族蘖变，就形成同一种族的高贵血缘与低贱血缘的区分，这种区分，就是基因进化的纯度和速度，种族基因进化的纯度越高、速度越快，就成为高贵血统的家族；反之，就沦为低贱血缘的家族。生物基因从物种向人种、种族、家族方向进化所形成根本的不平等，并生产出血缘的高贵或低贱的取向，文化基因的自我提炼、纯化及其自我提炼、纯化的速度，形成基因不平等蘖变的根本性推动力量。

第四个因素，是动变的时空。出生的不平等，总是可以追溯到生命播种的**时空之点**上，具体地讲，男女基于生理的需要-满足冲动而交配的运动以及这个运动过程中一个精虫和卵虫的偶然生成必然媾和发生的这一特定时空之点，将物种化、人种化、种族化和家庭化的生物基因与文化基因、家族的血脉、男女的生物本能、兽性（或者说生物）激情、精神气质、文化涵养、教养、年龄状态、身体状态、精神和精力状态等所有因素全部调动起来形成的这种癫狂或冷漠（比如不情愿、被迫或勉强应付）的情态，必将铸成这一个生命种子的质量状态、水平状态，形成这一生命种子的体质结构、心智结构、情感结构等原型，这一原型刻画了它作为一种可形成的生命的贵贱等序，其生命如果顺利出生之后的大体走向及其通达哪种状态的可能性。

地域的不平等 从现实讲，人的出生带动地域不平等。但从生命的发生学讲，当你作为一个人的生命种子被某个男人和女人一时的寻欢作乐而无意间播下时，你的地域环境就被构造。命运之于民族国家和个人，是始终的存在。否定它、不承认它，不过是缺乏原本性诚实的自欺。并且，无论民族国家还是个人，命运实际地由天命与地命两个因素合生构成。仅个体言，出生构造人的**天命**，而出生带动起来的地域，构成人的**地命**。

所谓地命，就是大地之命。具体地讲，就是你的生命种子播下所联结起来的并通过出生降落于地的那一块土地、那一片地域，就构造起你作为一个人存于其中的**大地之命**。所以，人的地命、就是具体的存在地域赋予他的命运。地域的不平等是最为直观的不平等，但也是最能够被人们普遍忽视的不平常，因为人们从出生到死亡，天天与之相见而习以为常，故而变成了视而不见。

客观地讲，人的出生的不平等，既有诸多隐性因素，也有诸多显性因素。因为出生的隐性因素和显性因素带出来的地域不平等始终是显性的，对显性的地域不平等可以引发对出生不平等的意识，对出生不平等的发现可凸显地域的不平等。然而，发现出生的不平等以及由此构造的地域不平等，奋起而争，就是反抗命运，即反抗天命和地命。反之，发现出生的不平等并以此不平等构造出来的地域不平等而默然承受，这就叫作**认命**，即认同天命，也受纳地命。不仅个人从生至死无所改变，也构造起家庭甚至家族的宿命，代相承袭，由是，固化的高贵与低贱的血统，固化的等序存在，固化的剥夺、占有、损害，固化的奴役与受役，亦代相承袭。不平等，成为平常，也成为合法。

人从存在到生活的不平等，由出生带出，并通过地域不平等而固化。理解地域不平等及其固化性质，需要理解何为地域。

地域，既是一个空间概念，也是一个时间概念。作为一个空间概念，地域是某一相对稳定的地理疆域，它的具象形态即地理版图、地质结构及海陆分布。作为一个时间概念，地域指其在静持中动变的状况，形成这种动变状况的动变因素包括气候、日照、地温、水土、资源及其可再生和不可再生的存在物的实际状况。

从世界的原创化观,地域是相对万物和生命言,它是造物主给所有生命和物种的礼物。从世界的继创生观,或者从自然人类学向文化人类学观,地域是相对物种向人种生成言,它是造物主给人类物种的人种化礼物。从空间论,地域始终是不变的,并且,地域不变是其对全部的自然性质的保持、保存。因而,地域构成了人类物种与造物主、与存在世界的直通桥梁。从时间论,地域始终处于生变的进程之中,这种动变源于两个方面,第一个方面是其地理疆域被种族和国家在不断的争夺中分割,由此形成不同人种、不同种族、不同国家之间的地域疆域的变动性生成。这种争夺性分割情况越由当代向古代回溯,就越是激烈和繁忙,越由古代向当代延展,动变性就越趋于平缓而最终相对固化,除非发生大规模的战争,地域才可重新焕发出动变的激情。第二个方面则是地域气候的变迁、地域水土的变化、地域资源的开发和运用所形成的匮乏或枯竭。

空间性的静态不变的地域,构造出人的不平等存在的底色;时间性的动变的地域,构造出人的不平等生存的动变性,非确定性和可能性方向与方式。合言之,静持与动变相生的不平等地域,构造出大到人种、种族、国家,具体到家族、家族和个人不平等存在的基本格局。谢和耐在《中国社会史》中说,"生活方式是对历史作任何综合解释之根据"[①],但"首先依据的是地域。地域导致采用某种生活方式,并对其有所限定。在某一海拔高度之上,超乎某种气候条件,小麦便无法生长而要让位于大麦与小米"[②]。不仅如此,"地域规定着各种生活方式,反映出其发展、消退以及共存状态。此类现象具有重大历史意义而且能部分说明不同文化之间的接触与相互借鉴。但是人类社会总是趋向于将其依附之生活方式推到自然限度之外,而且地域条件也容许人类活动有相对的自由"[③]。

造诣的不平等 出生和地域的不平等,都是它者性的。比较而言,造诣是**个我**性的,但个我性的造诣却直接地由出生和地域共同构造。这是因为造

---

① [法]谢和耐:《中国社会史》,黄建华、黄迅余译,江苏人民出版社2014年版,第11页。
② [法]谢和耐:《中国社会史》,黄建华、黄迅余译,江苏人民出版社2014年版,第11页。
③ [法]谢和耐:《中国社会史》,黄建华、黄迅余译,江苏人民出版社2014年版,第12页。

诣直接受两个因素的制约和激发，一是天赋，二是心智。而天赋和心智都直接根源于出生，并为地域所构造。所以，从根本言，造诣由出生和地域共同构造所成。

从行为讲，造诣是人的后天所为所成。但从构成论言，造诣是先天构造所成，它通过出生和地域的合生构造而形成造诣必备的天赋和心智。

首先看天赋，它是指人之成为这个人或那个人的独特资质、气质、神韵，以及由此形成的本有的原型性质的大度（即心胸度或心胸格局）、视域、远见。也就是说，人的胸襟（即大度）、视域、远见并不只是后天养成，后天养成的胸襟、视域、远见是有原型的，这个原型是天赋。这个天赋的原型是一种潜在的张力结构，不同的人，因为出生和地域所构造的这种潜在的张力结构，也存在根本的不同。绝大多数人生活浑浑噩噩，为眼下的实利和势利所捆绑而缺乏大度、视域、远见，实际上是天赋的胸襟、视域、远见被沉睡。一小部分人虽然竭尽努力却最终成就平平，是因为其天赋的胸襟、视域、远见的原型结构的潜在张力本身就小，只有极个别者才可有大成就，其根本的先在性条件就是其出生和地域合生构造的不同于常人的天赋——其胸襟、视域、远见——原型的潜在张力得到完全的释放。

与此不同，心智是人之成为这个人而区别任何人的**心意**构成。所谓心意，即出生和地域合生构造的人的本原性**心灵意向结构**，这一心灵意向结构构成人的心灵镜像视域的原型[①]，即人的心灵镜像视域的开合及其张力，均由其作为原型的心灵意向结构的水平和弹性所决定。作为天赋于个体的心灵意向结构的心智，由心商、情商、智商三构成，此三者构成由内向外的三个层次、三级阶梯，原生的内动力机制是心灵，构成心灵这一内生动力机制的原动力因素是自由意志、灵魂和生命激情，它们推动心灵向外敞开，就是心商向情商的开放而鼓动智商发挥功能，催生出个性和人格化的造诣。

造诣既是**天成**的，也是**人成**的，是天成与人成的合作。从天成观，造诣必以天赋和心智为先决条件，是天赋的资质、气质、神韵以及由此形成的原型性质的大度、视域、远见与心灵意向结构化的心商、情商、智商的合生运

[①] 有关于"心灵镜像视域"的详细分析的论述，参见卷四《限度引导生存》（2023）第 1 章内容。

行。从人成观,造诣的实现和运作必受环境、家庭的激发或制约,其中,最重要的方面是家庭的经济状况,而这恰恰使造诣与财产权相联系。不仅如此,造诣的水平、高低以及由此所做出的实绩的大小,又直接与社会的平等和自由息息关联,即社会的平等和自由的有无与程度,直接构成人的造诣激发因素或制约力量。而造诣的不平等,恰恰来自天成与人成各因素的合力,这种合力是向人性的方向释放,则会推动造诣的不平等拉大差距、缩小差距,但无论是拉大还是缩小其差距,都体现公道取向;反之,当其天成与人成所形成的合力朝向反人性的方向释放,造诣所形成不平等只有无止境地拉大差异的可能性,并且这种不断拉大的差距始终呈非公道性质和取向。

3. 制度·结构·分配

人类不平等的根源有两类因素,一类是**先在的**构造,出生、地域、造诣等因素是构造不平等的根本因素;另一类是**后天的**制造,其主要因素有制度、结构、分配,它们是制造不平等的根本性因素。

制度制造不平等　在制造不平等的后天因素里,最重要也是最根本的因素是制度、结构、分配,其中最为根本的因素是制度,因为制度既制造社会的结构,也生产分配的模型与方式。

制度,既是平等的象征,也是不平等的象征。从本原论和发生学讲,制度在本质上是不平等的,它作为不平等的象征,首先是本原论和发生学的,然后才是生存论。在本原论和发生学意义上,制度**始终只是**不平等的象征,这是因为制度本身是不平等的,制度也必然产生不平等;只有在生存论意义上,制度既可是不平等的象征,也可是平等的象征。

人类从自然人类学起步而进入文化人类学,将其动物存在变成人文存在,并不是任意的,而是接受诸多条件,这些条件既构成人类物种"化物为人"的平台、武器、资源,也成为人类物种"化物为人"的阻碍、限制。在这种"既……又……"式的诸多条件中,最为根本的因素有三个方面,第一个方面,人类物种被命定为必须以生命化和个体化的方式展开自身存在;第二个方面,人类物种必须与他者同在,由此形成人类物种**只能且必须**是世界性存在者和他者性存在者;第三个方面,展开人类物种并延展人类物种的个体,只能是物理和生物性质的,其物理的和生物的性质规定了人类物种"化物为人"必要接受出生、地域、造诣等因素的激发与制约。由此三个方面形成人类物种"化物为人"的本能冲动及其意识地努力,必要围绕"生"而展开。人类物种从本能到意识地围绕"生"来展开"化物为人"的努力,必然落实到两个根本的存在问题上来,这就是存在安全和生活保障的问题,这两个问题都不是个人能够解决的,需要人与人互借智-力来达成。而互借智-力的稳定性方式就是集群,并通过集群而形成社会性运行方式。以社会性运行方式来互借智-力以解决存在安全和生活保障之生生努力,必然发展出高级的组织形态,这就产生出公权、国家机器和政府,也必然呼出规范公权、国家机器和政府运行以保障人生自由的努力的制度。

制度的发生学,不是人类"化物为人"的发生学,而是人类"化物为人"的发展学。制度是在人类"化物为人"的发展学基石上发生的。制度发生于人类"化物为人"进入高组织化进程中如何激发人的创生力和怎样保护人的创生力之问题中,这是人类物种在高级组织化的社会框架中能够**合意地**和**合算地**互借智-力共同解决存在安全和生活保障的根本问题。这就是制度的发生学问题,制度就是因为这一根本问题而产生,并因为提出解决这一根本问题的方案、方式、方法而存在。具体地讲,制度要解决激发人的创生力,以促成人类更好地互借智-力解决存在安全和生活保障之根本问题,就必须充分释放人的出生、地域、造诣等方面的潜在优势,或曰,制度的发生学就是它必以自身的规范方式激活人的出生、地域、造诣的潜能,使之释放出创造的力量,以更好地解决存在安全和生活保障的社会问题。与此同时,制度还需要以自身规范的方式保护人的创生力,这就对人的出生、地域、造诣等优势予以相应的限度和疏导。由此不难发现,制度激发和保护人的创生力的发生学本身,既诉求一种本原性的不平等,也诉求一种"化物为人"的平等。

从根本讲,平等是社会构成的**基本理想**,因为平等的理想,人们意愿于聚集起来创建社会。不平等是社会构成的**基本现实**,因为不平等,社会的构建才成为现实;也因为不平等,社会才产生稳定性结构制度。所以,制度本身的不平等敞开为两个方面。第一个方面,人求群居使之然。怀抱平等的理想而组建起来的社会,必然以不平等为基本框架,是因为要解决人们共同面临的存在安全和生活保障的问题,而需要激发个人潜力,而个人潜力始终因为出生和天赋而存在巨大的差异。所以，激发个人潜力，就是促进人们能者上前，能者优先。而能者上前，能者优先，就生存论言，是平等的，但从存在论言，是根本的不平等。第二个方面，人的智-力造成。因为人类物种"化物为人"的过程不仅是生发出生、地域、造诣的差异性的过程，更是催发人们的智-力非平衡发展和非平等发展的过程，而这个过程总是获得制度的保障和制度的激励。

制度本身的不平等，为制度生产不平等提供了广泛的可能性。制度生产不平等，是指制度有生产不平等的功能。制度所具备的生产不平等的功能，自有其依据，这些依据构成制度生产不平等的根源。制度生产不平等的根源有二。

一是制度被观念地设计。

制度设计呈两可性，其两可性源于制度设计对依据的选择，以什么为依据来设计制度，制度就成何等取向。制度设计以个人为依据，也就是以个人为本位。以个人为本位，就是以个人为准则、为逻辑起点和目标。所以，以个人为依据设计制度，就使制度本身获得唯权利取向，这样的制度生产不平等的可能性较小，或曰，以个人本位为依据设计出来的制度，总是具有自约束能力，而能最大程度地自约束对不平等的生产，缩小生产的不平等。制度设计的依据选择社群，即形成以社群为本位的制度选择。制度选择以社群为本位就是以社群为准则、为逻辑起点和目标，这样一来，制度本身就获得唯权力取向。以唯权力为取向设计出来的制度必然生产不平等，并且，生产不平等是这种性质的制度的基本功能。

二是人的智-力对制度的运作。

制度的设计是组织化的，但对予以组织化的制度的操作却是具体的人，具体的人对社会尤其是对权利与权力的看待，形成他们对制度设计的依据选择。同样，对所设计出来的制度予以实施和运作，也是组织化的。而组织化地运作制度，同样最终落实为组织化的个人的共同努力。在其组织化的结构体系中，操作制度的个人基于权利与利益或权力与利益的不同考量，就使原本不平等的制度更加不平等或缩小平等，如果操作制度的人钻营于制度本身的漏洞，就会不遗余力地制造出广泛的不平等来。客观地看，能够生产广泛的不平等制度，主要是三个方面的基本制度。

首先是经济制度。

经济制度是涉及人的实际权益的奠基性制度。经济制度敞开许多维度，但根本的方面有三，即财产制度、市场制度和分配制度。

经济制度的基石是**财产制度**。财产制度也是人类社会制度体系中的所有制度的基石，更是分配制度的核心。财产制度基于人性和存在之生的双重催发，本质上是利己和有私的。人类文明史上生发出来的财产私有制度，是既合普遍的人性，也体现人人之生的存在要求。与公有财产制度相比，私有财产制度是产生不平等因素最小化的财产制度，也是能最大程度地限制不平等扩散的制度。因为私有财产制度能够保障每一个人通过劳动、创造得来的财产、财富由自己来支配，任何他人、社会组织以及政府都不能在自己的意愿之外行使对个人财产的剥夺、占有，否则就是违法的，必得到法律的惩治。比较而言，与之相反的财产制度，比如财产公有的制度，虽然有理论上的完美和理想意义上的可行性，但在实践层面难以解决财产不被公权所侵犯和占有的难题，因为以社群为依据建立的社会制度客观地存在两个方面的困难，一是往往难以保障个人的社会主体、社会主人的地位，其原因是当集体和政府成为实际的社会主体之后，个人的社会主体地位必然地退场。但这只是形态学意义的，在存在的本质层面，却是社会以个人为依据和主体还是以社群为依据和主体，实际地定位了权力与财富的关系。从发生学、本原论和本质论三个维度观，权力与财富之间的本质关系，客观地呈现为：财富始终是权力的目的，权力永远是财富的手段。权力与财富的本质关系，形成权力本能地渴望财富的占有，而财富本能地渴望权力的保护，二者的相向渴望构成权力与财富**互为许身**的可能性，当制度的选择设计出倾向于**权力本位**时，财产的公有制度则铺展使权力与财富从"相互暗恋"走向"合法婚姻"的金碧殿堂。二是难以真正保障个人的平等权利不被侵犯和剥夺，因为以社群为依据的制度构建和制度运行，是以公权为依据并以政府为主体，个人被置于政府之下、个人权利被置于公权之下，个人利益服从集体利益和国家利益。这样一来，个人利益以及个人财产能在任何情况下得到维护和保障，就变成一个实际的难题。

进一步讲，如上两个方面的难以真正解决的生存问题的制度性生成和扩张，最终根源于这种性质和取向的制度总是面临最大难题，即人性本身，即社群主义为本位的制度选择及其体制设计和运行，往往与共通而普遍的人性相违背。共通而普遍的人性内容是生、利、爱、群，是以生己、利己、爱己、己群为出发点，为实现其生己、利己、爱己、己群而必然地努力于生他、利他、爱他、群他，这既是个体意愿于求群、适群、合群的逻辑前提，也是个体愿意于求群、适群、合群的逻辑展开链条。与私有财产制度相反的财产制度，在设计的理念上可以忽视如上的本原内涵的人性因素，反其道而行之，但实践操作上总是难以绕过人性以及由此人性激发出来的利欲释放的**适度**或**逾度**问题。通观人类史，其选择和设计不同财产制度的国家之间所呈现出来的公职人员腐败以及社会腐败——不只是经济的、物质的、财富的腐败，这只是腐败的形态学内容，而真正的本质的腐败是人性的、良心的、伦理的、法则的、价值观的、信仰的等方面的腐败——所由此形成的普遍性程度之差异，就是最好的例证。客观地看，财产制度的选择和设计总是不能回避和无视人性这块基石，当所选择和设计的财产制度既缺乏根本的人性基石，也缺乏有效的权力约束机制时，这种财产制度要达到尽可能不生产和不扩大社会不平等，这是根本不可能的事。客观理性地看，能够最大程度地抑制不平等而尽可能地拓展社会平等的领域，尽可能地丰富社会平等的内容的财产制度，必须有效地解决两个根本问题，并建立两个方面的防护机制，第一个根本问题是如何有效避免天赋"相近"的人性"习相远"的问题，具体地讲，就是如何解决人人能**有限度地**利己，并能够建立起行之有效的"**合理利己**"的社会机制，包括权利的**舒张**机制和权力的**约束**机制，**先劳后得**的劳动机制和**付出与获得对等**的分配机制。第二个根本问题是如何有效地抑制公权对民权的侵犯，更具体地讲，是如何建立起公权的约束机制从而使公权本身在任何情景下面对公有财产不动心、不动色、不动欲？第一个问题如果不能有效解决或根本不能解决的突出实践表现是：公权由服务社会质变为管制社会，暴力施治构成基本方式。第二个问题能否得到真正解决的分水岭和真正可为整个社会所观感的晴雨表，是公权运作的清廉或贪腐。如上两个难以真正解决的社会问题，其实都源于财产制度，从人类制度发展史与文明史的相互参照观，不能有效解决权力与财富互为婚姻的财产制度，往往是意识地生产不平等和使不平等社会化扩大的直接动力。因为在没有人性基础且从根本上缺乏有限约束权力的财产制度，必然滋生出特权和等序的阶层固化，形成阶层固化的特权主义和等序主义，而阶层固化的特权主义和等序主义却是人类平等的天敌。

在制度层面，对平等或不平等产生普遍影响的另一项重要因素是**分配制度**。如前所述，不平等是本原性的社会问题，它伴随人类社会——更具体地讲，它伴随人类之国家社会——的产生而产生。但分配制度成为最为基本的调节机制，它通过分配本身而行调节功能，既可以缩小这种本原性的不平等，以努力改变社会不平等的状况，增进社会平等的程度，更可能成为制度扩张本原性的不平等，进而产生更新的不平等。分配制度若倾向于扩大和制造不平等，前提是这种分配制度一定是以权力为取向的分配制度，以权力为取向的分配制度，诉求分配的两个优先，一是分配的**特权优先**；二是分配的**等序优先**。所以，以权力为取向的分配制度，是不平等的制度灵魂。

扩大和生产不平等的第三个因素，是**市场制度**。市场制度是一种综合性的政治-经济制度，其可能扩大或生产不平等，展开静态与动态两个方面。从静态观，市场制度必须忠实地执行财产制度和分配制度，如果所执行的财产制度和分配制度本身体现极强的不平等的生产性，那么市场制度忠实地执行财产制度和分配制度也必然地产生扩大或生产不平等的边际效应。从动态观，市场制度如果缺乏严谨的市场契约机制和法治机制，就会给予市场以垄断的空间，而形成对本原性的不平等的扩展甚至对不平等的生产。概括地讲，市场制度可能成为扩展或生产不平等的动态方式，主要由三个因素推动，一是市场的非契约化，缺乏契约约束；二是市场的非法治化，缺乏法治规训；三是垄断市场化，包括权力垄断、资源垄断、市场的生产和消费垄断、财富垄断、技术垄断、人力资源垄断等。

其次是政治制度。

政治制度的核心构成有三：一是选举制度，它从根本上决定权利的性质、民权的地位，以及权利与权力的本质关系定位。从人类政治文明史观，普选制度的性质是权利本位的，从民权出发而确定民权的社会地位，并由此明确权利与权力之间的限度与约束关系，因而具有更大抑制不平等、缩小不平等的取向和实际的功能效应。反之，就会形成扩大或生产不平等的取向，并产生生产不平等的实际成效。二是言论制度。表面看，言论制度并不重要，但它实际上是在构建权利与权力之间的边界机制和约束机制。这是人类现代政治文明国家总是在其法权宪法里都要明确"言论"和"言论自由"制度的根本原因。在实际的社会生活中，言论权的广泛而平等享有，是缩小不平等的基本社会方式；反之，言论限制和言论剥夺如果被普遍确立或被制度化，就会在实际上成为不平等的制度基石。三是财产公示制度，这是公权自律的根本方式，因为运作公权的人们，是以运作国家权力为工作职责，而权力始终与金钱、财富、利益、好处等直接关联。从权力与财富的关系本质言，财富是权力的本质，也是权力的目的，权力是财富的运用，是实惠财富的手段。这是对掌握公权的人们制定财产公示制度的根本理由。客观而言，财产公示制度的缺乏，必然滋生权力对财富的热忱，所带来的结果是社会不平等在广度和深度两个方面更为精进。

最后是法律制度。

法律制度的核心内容有三：一是法权宪法；二是司法制度；三是法律的审查制度，包括违宪审查制度和司法违法审查制度。此三个方面的法律制度，如果属权利本位，必然形成法律的制定、司法的实施、行政的运作均以法权为依据和准则，就会最大程度地减少不平等的制度因素，而使社会的平等度更高。反之，如果此三个方面的法律制度属权力本位，则必然地形成法律的制定、司法的实施和行政的运作均以权力本身为依据和准则，就会成为自发地生产不平等的因素，最大程度地扩张社会的不平等。这样一来，社会的不平等程度只会越来越更高，更广泛。

结构制造不平等　本书讨论的结构是社会结构，社会是结构性质的，没有结构，社会无法产生。对社会言，结构既是自然生成的，也是人通过智-力构造的。仅前者言，人因为造物主的创化之功而形成物种、人种、男女，男女基于生理的需要而发生生育，形成家庭，产生村坊，建立社会，形成国家，这就是社会结构的自然生成的逻辑展开。在这一社会自然生成的逻辑框架中，人的智-力构造社会结构才发生，也就是说，人以智-力的意愿方式构造社会结构，是以自然生成的社会结构为基本框架、为底座的。

由于社会结构的生成与构造既是自然的也是人为的，所以结构也就本然地具有了原本性的不平等和扩展性的不平等两类性质。社会结构的本原性不平等，根源于造物主创世界和人类物种在造物主的创世界中从自然人类学走向文化人类学的进程中，天赋其结构的自然性不平等。这种自然性质的不平等主要从两个方面体现，即社会的地域性存在和地域性社会的地理分布，这两个方面的自然因素构成的**存在结构**自然地构成社会结构的原型，这种原型性质的自然结构本质上体现非均衡的差异性，这种非均衡的差异性构成社会结构不平等的底色。

自然生成的不平衡结构，构成社会结构的本原性框架和底座。在这一本原性框架和底座基础上，人的智-力对社会予以秩序化的结构安排，主要从三个层面构建。一是制度结构的构建，包括制度结构的完整性构建和制度结构的等序性构建。这两个方面的结构构建，都要借用法律来定界，因而，法律结构构成制度结构的外在结构形式，是制度结构的运用结构，它既确定社会结构的边界，也明确界定社会结构内部之间的关联边界。制度结构的内在规定，也是社会结构的本质结构，其本体结构却是权利与权力结构。权利与权力结构，就是表征个人地位、身份和主体存在的权利与表征社群地位、身份和地位的权力之间的边界约束结构。社会结构的构建是扩大其本原性的不平等，还是缩小其本原性的不平等，虽然通过制度和法律来展开，但根本在权利与权力的结构关系的界定与确立。以个人为本位的**权利主导权力**的本体结构和本质结构，往往会主导制度结构和法律结构趋向于对平等的维护和对不平等的抑制与降减；相反，以社群为本位的**权力主导权利**的本体结构和本质结构，往往会主导制度结构和法律结构趋向于对不平等的维护和扩展。

除此三个层面的基本结构外，最能导致社会不平等的结构因素还有两个方面，一是极端扩张的阶级结构，阶级结构是客观存在的，却随着文明向前，其结构社会的功能日益缩小，如果人为地保持和扩张其阶级结构，它就会成为制造社会不平等的重要结构因素。二是城乡结构，它也是客观存在的，这种客观存在既可能更大程度地促进社会消解不平等而扩大普遍平等，也可能扩大和生产社会不平等，这主要取决于制度、法律、政策对城乡的硬性定位和规制。一般地讲，硬性规制城乡的二元框架，并目的性地拉大城乡二元结构的差距，或者不愿缩小城乡之间的本原性结构差距，城乡社会结构就成为生产不平等的普遍社会结构方式。

分配推进不平等 人类物种从自然人类学向文化人类学方向进化而建立起人的世界和人的社会，就开始形成两种分配，即自然分配和社会分配。从本原讲，自然分配是绝对的不平等。这种不平等根源于人是世界性存在者和他者性存在者，这种不平等不仅体现在地域化分布上，更体现在出生、地域、天赋以及出生带来的家庭、环境等方面的不平等因素。从本质讲，人的出生、地域和天赋都是分配的，或者说都是给定的，人出生而来的地域存在、家庭和环境也是给定的和分配的，具有不可选择性，任何人都不可能在出生方面自由选择父母、家庭、地域、环境。与此不同，社会分配却始终是人为的、人力的，后来发展为智力和权力，它往往通过制度和法律的方式来展开。因而，自然分配是造物主分配，分配者是造物主；社会分配是制度性分配，分配者是通过权利与权力的博弈所形成的制度。人进入社会，生存以及发展所涉及的一切都体现分配，都要通过分配来实现。但从根本方面讲，社会分配的主要形式有三个方面。

第一个方面是制度性分配。制度性分配主要分配两个根本的东西，一是分配权利和权力；二是分配资源。从根本讲，前一种分配决定着后一种分配，后一种分配是前一种分配的实物化或者说**物权化**。分配的物权化的核心问题，是取私有还是公有，私有或公有的制度构成资源分配的依据和准则。然而，无论取私有还是取公有，都具有缩小本原性不平等或扩大本原性不平等的两可性。社会资源分配的本质是物权分配，物权分配的本质是人权分配，人权分配的核心是以权利为依据和准则来分配权力，或以权力为依据和准则来分配权利，如是前者，分配本身就成为平等的象征，并会最大限度地降减本原性的不平等；若是后者，分配本身就成为不平等的象征，并会最大限度地扩展或生产不平等。

第二个方面是结构性分配。结构性分配是指社会分配以结构为依据和准则来进行权利和资源或者说人权和物权的分配。结构性分配主要分配两个东西，一是社会结构**分配地位**，形成等序；二是社会结构**分配身份**。结构性分配的依据是人权分配和物权分配，如果以人权和物权为依据和准则来分配地位和身份，会更趋向于普遍的平等；结构性分配如果以权力为依据和准则来分配地位和身份，会更趋向于普遍地扩大社会的不平等。

第三个方面是劳动分配。劳动分配是制度性分配和结构性分配的**实物**形式。劳动分配有两种社会方式，即按劳分配和按需分配。这两种分配方式伴随人类的结群生存存在，只是人类文明越是向前发展，这两种分配方式就越成熟，并且其按需分配变得更重要、更普遍化。因而，按劳分配是激发人的创生力的社会激励方式，它既体现本原性的平等，又扩张着本原性的不平等。按劳分配激发人的创生激情所体现出来的本原性平等，成为推动社会发展的动力。按劳分配激发人的创生激情扩张着本原性的不平等，则成为促进人类文明的动力。客观而言，按劳分配的劳动分配制度如何在最大限度地激发人的创生激情以保障人的本原性平等的同时，有效地抑制其不平等，变其不平等为普遍平等的动力，就需要按需分配。所谓按需分配，是按人的基本需要分配，具体地讲，是按人的生、教、病、养、福的需要而对社会劳动创造出来的财富和其他成果进行普遍分配，但其依据是每个人都为缔造社会和不断缔造社会作出一份相同的贡献，所以，按需分配与按劳分配一样，也是贡献分配。所不同的是，按劳分配是以劳动创造财富为依据的分配，按需分配是以缔造和发展社会为依据的分配。

按劳分配和按需分配都客观地存在生产不平等或创造平等的两可性，一般而论，没有垄断、没有特权主义和等序主义的按劳分配，是降减社会不平等的分配方式；反之，存在垄断、特权主义和等序主义，并且垄断和特权、等序普遍化、社会化的按劳分配制度和按劳分配方式，是制造社会不平等的根本方式。同样，按需分配也存在生产不平等或创造平等的两可性。比较而言，越是普遍化、社会化的按需分配，越趋向于降减不平等并扩大平等；反之，越是少数人群的、特权化和等序化的按需分配，越趋向于扩大不平等和生产不平等。

二 平等的基础

自由是天赋的，平等是人为的。讨论不平等的根源，是证明平等为何是人为的依据。人类物种在"化物为人"的进程中，就是基于先在的不平等和人为的不平等之历史和现实而诉求平等。人类基于不平等的历史与现实而诉求平等的基础，构成人类存在平等的前提条件。

1. 政治平等

政治平等的首要基础，是政治。政治之能构成平等的首要基础，是因为政治的本质是平等。

从西语看，politics（政治）的拉丁语源 politica 是由希腊语 polis 衍生而来，polis（πόλις）的本义是城市或城邦，用以指称城市组织、政府和公共事务。在古希腊，城市是政治生活和社会组织的中心，所以，politics 一词与城市和政府的公共事务相关。希腊城邦社会是以公民为主体，法治和平等构成其基本社会结构框架，因而，政治获得其法治与平等的内在规定性。正因如此，在其后的语义发展中，politics 扩展到指涉广泛的社会组织、权力结构和公共事务等领域，包括与政府、政治体制、政策制定和社会权力有关的一切事务。

在汉语中，最早对政治做出定义的是孔子。"为政以德，譬如北辰，居其所，而众星共之。"（《论语·为政》）孔子所说的"为政"之"为"，意指做、从事；"为政"之"政"，即治理、管理，也指正、中正、堂正、公正。因而，"为政"有两义，一是指从事邦国政治或从事邦国治理、管理事务；二是指从事邦国政治或治理、管理邦国政务，必要**持中、持正**。前者指出政治是做什么的；后者揭示政治的本质，指出从事政治和邦国治理和政务管理"应该如何做"，"应该如何做"的问题牵涉"以什么为准则"的问题，即只有确定"以什么为准则"时，才可明确"应该如何做"。正是基于这样的认知思路，孔子才通过界定政治的本质的方式来确定政治应该以什么为准则的问题。他认为，政治的本质是正，为政就是为正，因此将孔子之"为政以德，譬如北辰，居其所，而众星共之"译成现代汉语就是："管理邦国的为政者只有具备中正之德，才可如天上的北极星，安居中央，得到众星拱卫并环绕它而旋转。"关于政治就是中正、堂正、公正之治，"为政"就是"为正"，孔子另有专门的定义和解释：

> 季康子问政于孔子。孔子对曰："**政者，正也**。子帅以正，孰敢不正。"（《论语·颜渊》）
>
> 子曰："**其身正，不令而行**；其身不正，虽令不从。"（《《论语·子路》）
>
> 子曰："**苟正其身矣，于从政乎何有**？不能正其身，如正人何？"（《《论语·子路》）

鲁国执政大夫季康子向孔子咨询如何执政。孔子首先告诉季康子什么是政治，指出"政治的本质是正"，这是对政治的本质定义。然后告诉季康子如何执政的问题或者怎样执政的方式、方法就蕴在政治的本质之中，具体地讲就是："只要你做出自持中正的表率，没有哪一个敢不向你看齐自为地端正。"孔子从正反两个方面举实例来予以推证，说：一个为政者，如果自身言行端正，即使他不下达政令，下属都会主动去做。一个为政者，如果自身言行不正，哪怕他不断地下达政令，下属也是不会真心地服从和执行。孔子通过如此正反推证，做出结论性的判断："如果当政者自己行事中正，治理邦国会有什么困难呢？如果自己不能行事中正，又如何要求别人行事中正呢？"

作为经验主义思想家的孔子，是以"事件的本体论"方式而不是以"实体的本体论"[①]方式来完成他关于政治的认知思考并形成普遍性的政治思想：政治的本质是正，从事政治职业，就是以持中持正的方式经营社会治理和政务管理。进而，政治的本质是正，是中正、堂正、公正。正、中正、堂正、公正的本质是平等。所以，平等的政治基础就是政治平等。

政治平等，是人类政治文明的根本问题，是其他所有政治问题以及与政治相关联的全部问题的枢纽。安东尼·德·雅赛认为："政治的基本问题并不是自由、公正，或平等。这几个问题都是**派生出来的**问题。从最深刻的意义上讲，政治的基本问题是**选择**问题，即谁为谁选择什么。我们在选择问题上的主张决定着我们能够接受或不能接受哪些政治理论。"（引者加粗）[②] 这种

[①] ［美］郝大维、安乐哲：《孔子哲学思微》，蒋弋为、李志林译，江苏人民出版社2012年版，第7页。

[②] ［匈］安东尼·德·雅赛：《重申自由主义：选择、契约、协议》，陈茅、徐力源、刘春瑞等译，中国社会科学出版社1997年版，第75页。

看法存在问题：既然政治问题是选择的问题，意味着选择才产生政治问题，那么，不选择则是否可避免政治问题的产生？显然不能如此推导，因为这种推导导致的结果是远离政治问题的实际。客观而言，政治以及政治平等的问题产生于人类物种"化物为人"从低级向高级方向展开的进程，它确实体现了人为"选择"的基本性，但选择始终属于生存论范畴，并在生存领域展开。但所有生存论问题都有其存在论的根源和原发机制，无论是个人还是由个人组建起来的社群或国家，其任何内容或方式的"选择"都产生于需要"选择"或渴望"选择"的直接动因和存在理由。人，不可能平白无故地选择，选择，不可能平白无故地发生，选择总是有其存在理由、存在依据、存在机动、存在目的。我们为什么要选择政治？并不是我们喜欢政治，而是因为我们作为个体的存在无力维系自身存在而必须求助于他者的智-力，当每个个体都有这种互借智-力才可持存的需要，人们才不约而同地选择相向走到一起，创立社群，建立国家。也因为社群和国家的产生，如何利用和驾驭社群和国家的问题才成为最为头痛也是最为紧迫的问题，于是产生了构建怎样的政治秩序来满足和保障每个人持续存在的平等权益，于是就有了自由的想望，有了感觉经验取向的自由与理性审慎的自由的意识地分别与选择等问题，这些问题引发出政治。政治必须对此做出解答，提供如何使每个人的自由都不遭受损害或侵犯，都得找到保持和安全的方案及其方案得以广泛实施的依据、准则，于是，平等的问题必然进入政治视野，构成政治秩序建立的依据和准则。可以普遍实施则构成了政治秩序的核心问题，那就是如何可能保证每一个人的自由问题。所以，政治问题，本质上不是简单的选择问题。

　　政治平等的核心问题是个人权益问题，即个人的平等权利和利益如何都能获得安全，都能得到保障。所以，政治必须遵从个人权利和个人主体原则，这个原则也可以说是作为社会主体的个人的自由选择原则，即"个人能够选择，并且只有个人才能选择"的主体论原则。如果说政治平等的核心问题是个人利益和对个人利益的主体论，那么政治平等的本质却是自由的限度。自由始终相对人与他者才发生并产生实际的意义。相对人与他者的实际存在关联而产生的自由，它的实际意义就是自由的互为限度，即你的自由构成我的自由的边界，我的自由构成你的自由边界。这种人与他者之间所形成的相与存在自由限度问题，构成了政治平等的本质问题，即政治平等就是为人与人、人与群、人与政府、人与国家之间确立起不能任意逾越的边界，构成自由的边界法则。

基于政治平等的本质规定，政治平等的本体问题敞开为两个方面，一是自由的平等。自由，是最根本也最紧要的存在问题和生活问题，自由的根本性和紧要性集中体现在自由是自由的边界。自由与自由的互为限度构成了平等的根本问题只能是自由问题，即**自由的平等**。自由的平等，必以自由作为一种人的权利而得到政治的确认，才可真正成为可享有既有限度又无任何障碍的自由方式和自由存在，所以，自由的平等必以人权的平等为根本保障方式。

2. 法权依据

法权的语义内涵　政治平等的依据是法权，或曰，平等的政治只能建立在平等的法权基础上，没有法权的支撑，平等的政治不可能产生，即或侥幸产生了，也不会持久地持存。

"法权"是个外来词 jurisdiction，其拉丁语词源 juris 和 dictio 合写而成，其中，Juris 的本义为法律、法规或权利；dictio 的本义为说、断言或言辞。其合成 jurisdiction 新词，意为"法律的说法"或"法律断言"，所以，jurisdiction 的本义指一个人或机构行使法律权利的范围或权力。jurisdiction 的拉丁语词源 juris 和 dictio 源自希腊语 δικαιοδοσία（dikaiodosia），它是由 δίκαιον（dikon）和 δόσις（dosis）构成，前者的原初语义指法律或正义，后者的原初语义表分配、给予或说法。质言之，δικαιοδοσία 意指"法律的分配"或"正义的说法"，也表示对法律权利的分配和分发。源于拉丁语和希腊语的 jurisdiction 从原初的法律断言到表示法律权力，其本质蕴含不是法律，也不正义，而是"法律的分配"的准则和"正义的说法（或断言）"的依据，这个准则和依据即自然法则和人性权利。因为赫拉克利特（ρκλειτο，公元前540-前480）对其"永恒燃烧的活火"予以哲学抽象的 Λόγος（逻各斯），其本义是"话""话语"，赫拉克利特用它来表示"说出来的道理"。所"说出来的道理"真实地表达了这个世界存在的真实原则，以及这个世界存在的真实理由。因而，Λόγοsd 在赫拉克利特的运用中，由"话""话语"的本义获得了"道理""理由""理性""规律""原则""道"等含义。这是表述"法律的分配"的准则和"正义的说法（或断言）"的依据，"法权"（jurisdiction）即自然法则和人性权利的存在论的和人性论的依据。

要言之，"法权"概念有两层语义，一是作为法律的依据和正义的来源的法权；二是有其自然法依据和人性来源的法律及其法律权力。

法权作为法律的依据和正义的来源，在自然人类学意义上，就是自然法则，具体地讲，就是造物主创世界——包括原创世界和继创世界——的生之本性和生生的法则，这对宇宙自然和万物生命言都是同等意义，都是平等的。从根本讲，自然法则的灵魂是生和生生，自然法则的本质是平等和自由，这是因为，首先，作为存在世界之实存样态的宇宙自然和万物生命，都是由造物主创化所成；其次，造物主创世界时赋予世界——宇宙自然和万物生命——以同构的生之本性和生生的机制。与此相对应是在文化人类学意义上，也即人类物种从自然人类学向文化人类学方向进化而使动物存在变成人文存在的进程中，法律的依据和正义的来源就是人性权利。因为人性即生性，是由造物主赋予人类这一物种生命的生生物性向人文存在方向生成的生生人性，它构成人在"化物为人"的进程中的完全平等和普遍自由的人性权利。

法权的法律体系 法权作为法律权利有其完整体系，这一完整体系由三个维度的内容构成。

首先是**作为权力的法权体系**。它涉及三个方面的内容，一是国家权力制衡法，即制衡国家权力的法律，它构成法权宪法的核心内容。国家权力制衡法明确定位国家立法权、行政权、司法权的权力边界和权力制衡。为明确此三大国家权力的权力边界和权力制衡能够完整地发挥其运作的功效，除构建实施其权力分立的法律制度外，还配套相应的制衡机制和限度机制，前者主要是媒体权利、知识权利、言论权利独立与互为制衡的法律制度；后者主要是避免政党独裁政治和国家权力的法律制度。国家权力制衡法的本质是分权，精髓是杜绝和防范分立后的权力的合流而制衡。二是有限政府法。有限政府法是以法律的方式解决五个根本问题，第一是以法律定义有限政府，即政府权力只是有限绝对权力。第二是用法律定位有限政府与人权的关系，平等的个人权利构成有限政府的权力边界，即政府的权力不能大于个人的权利。第三是用法律明确有限政府与自由的关系，政府没有独立于和超越人的自由的自由，政府的自由只是国民的自由，国民的自由之外，没有政府的自由。第四是用法律确定有限政府与平等的关系，有限政府的根本职责是保护社会平等，保障人人自由，其前提是政府没有特权，政府的权力与国民的权利之间只能是**平等**关系，而不是指令与服从的关系。在这一平等关系中，国民并不向政府负责，只向法律负责，这是国民有"不服从的权利"的根本理由。政府却同时既向法律负责，也向国民负责：政府向法律负责，是接受法律的牵引与规训；政府向国民负责，是服务国民的生活和保障国民的权益。合此二者，有限政府的基本职能是服务国民的权利和自由，因为，政府只因为国民而产生，并因为国民而获得授权。第五是用法律明确有限政府与市场的关系，市场的事务归于市场，政府对市场的功能，不是主导，也不是掌控，而是为市场提供服务。政府服务市场的基本做法，就是为市场的有序发展提供保障，政府服务市场的目的是服务国民，即政府通过服务市场或者说为市场提供服务保障的方式而服务国民。所以，有限政府是指政府的权力有限，而不是指政府的服务职能有限。政府服务社会、市场和国民的职能具有无限性，但政府服务社会、市场、国民的所运用的权力却必须是有限度的，这种有限度源于两个方面的实质规范：一方面，国民是社会的主人、主体，政府是国民的服务工具。另一方面，小政府和大社会。"小政府，大社会"的基本表述是：政府的机构小、权力小，但服务的功能必须大；小政府大服务的根本目的，是使社会不断壮大。社会越大，政府越小，就越平等和自由。有限政府法的精髓是政府只能是**法权政府**，而非特权政府。法权政府的权力边界，只能是国民的权利，每个国民的权利都构成政府权力的边界约束，这是法权政府的本体论诠释。

其次是**作为权利的法权体系**。这一法权体系包含所有的权利法律内容，但其根本的内容有三个方面。**一是权利法案**，它构成法权宪法的奠基石内容。真正的法权宪法只能以权利法案为基石，一切其他的法律，包括其他的权利法律、权力法律以及诉讼法律体系的建构，都须以权利法案为逻辑起点，并归于权利法案。权利法案的精髓是一切权利归于个人或一切权利归于国民，国民权利或曰个人权利之外，再无其他权利，有的只是权力、公权，但权力、公权必须只是权利的派生形式，并以权利为边界。权利法案的本质是**一切权利平等**，并且一切平等的权利高于任何权力。**二是私权法**。私权法确定：个人的权利属于个人，除非本人意愿，任何个人之外的力量都不能探测、窥视或窃取个人权利，更不能损害、侵犯、占有个人权利。私权法有两部分内容，即隐私权和非隐私权。个人的隐私权必予以法律的确定。个人非隐私权，同样需要严谨的法律定义。比如，个人的财产、财富、收入，以及社保、医保费用，任何个人或组织——**尤其是政府**——都不能以"共济"的名义征收、减少、取消。又比如肖像权，就属于私权，必须有严谨的法律定义，不能以各种方式任意侵犯人的肖像权，任意收集人的肖像信息。**三是物权法**，既指可脱离个人的身体又只属于个人的所有物理范畴的内容，都属于物权法的内容，都应该得到法律的明确界定。物权法的本质，是将所有合法的利益予以赤裸化的法律确定，使其界线清晰，确保人的物权得到完整的保障。物权法的精髓是，将利益赤裸化界定以致成为推进社会进步的有效方式，因为将个人利益、国民利益予以赤裸化的法定界定，是从根本上减少甚至避免公权对民权的侵犯、剥夺、占有，因为公权对民权侵犯、剥夺、占有在许多时候是民利没有得到法律的清晰定界，呈现模糊态，自然成为遭受公权侵犯、剥夺、占有的有利因素，所以，将民之物权予以本原性的法律界定，既是避免公权侵犯民的有效方法方式，也是使民权与民权之间避免物权纠纷的根本法律方法。

最后是**作为法权保障的法律体系**。限制公权，实施有限政府，保护民权不遭受任何形式的侵犯，必须有其根本的保障法律体系。根本的保障法律体系，就是法权化的宪法体系。法权化的宪法体系由三个基本部分构成。一是法权宪法。从人类的法律发展史观，有宪法不等于有法权，宪法的法权化必须用诉讼来保障。有**违宪诉讼**，才有法治；有违宪诉讼，才有法权保障。所以，法权宪法的具体落实，不仅是有完整的实体法体系和诉讼法体系，而更应该有法权宪法的保障法体系，即违宪诉讼体系。二是司法独立制度，这是法权宪法的保障法体系的基本构成内容。司法独立制度的精髓，是保证司法的至高权威。司法独立制度的本质，是确保一切断于一法，并且**法无禁止**。三是违宪审查和诉讼制度。法权宪法是需要保护的。保护的基本方式有三，一是司法独立；二是违宪审查；三是违宪诉讼。在此三个方面法律制度得以完整的建立，法权宪法正常运行才会获得完整的保障。

法权平等 法权的本质是平等。平等，贯穿法权法律体系之中，构成法律体系的灵魂。

法权平等，必然地落实为**法律平等**。法律平等的本质是保障自由，有关平等保障自由，最早为洛克所关注，并在其《政府论》里面讲得特别清楚和明白，他说："法律的目的不是废除或限制自由，而是保护和扩大自由。这是因为在一切能够接受法律支配的人类的状态中，**哪里没有法律，哪里就没有自由**。这是因为自由意味着不受他人的束缚和强暴，而哪里没有法律，哪里就不能有这种自由。"[①]

法律保障和扩大自由的首要前提就是平等。法律面前一律平等，一切断于一法，法无禁止。这是平等的三个维度，也是平等的三个方面，这三个方面都做到了，就是法权平等。

法权平等由两个方面规定，一是由平等自身规定，这就是有限。平等即是有限；二是由平等的外在规定，这就是规训。平等即规训。平等的规训是由平等之有限推出，因为平等是有限的，因而，有限的平等要得到保障，就必须接受规训。法权规训通常从两个方面展开，第一个方面是**民权规训**，即民权规训民权：民权构成民权的边界约束，这就是民权规训民权。民权规训民权，这是法权规训的基本方面。法权规训的第二个方面是**权力规训**，权力规训从两个方面实现，一是法权体系规训权力；二是民权规训权力。在人的社会里，并且在法权社会里，只有当权力受到全面规训时，民权与民权的相互规训才成为自觉的方式。

3. 人性土壤

政治平等，以法权为基础。法权的建立，必以人性为土壤，更要以人性权利为依据，因为人性权利深扎于存在世界之中，有造物主创世界之生性和生机为最终解释依据。

人性，是平等的土壤，也是平等的原动力。它源于平等的生之本性和平等的生生生机。人性的平等，根源于造物主创世界。造物主创世界赋予宇宙

---

① [英]洛克：《政府论》下篇，瞿农菊、叶启芳译，商务印书馆1987年版，第36页。

自然和万物生命之生性和生生的生机，构筑起宇宙的本性，自然的本性，万物的本性和生命的本性，从存在发生学讲，万物和生命基于相同的本性之生和生生的生机而完全平等。作为从万物之一物和众生命之一生命进化而来的人类的本性，也从其生和生生之物性演绎而来，因而，无论从自然人类学的物性言，还是从其从动物演绎而来的文化人类学的人性言，都体现平等性。这就是孔子概括出"性相近"何以论为"习相远"的不平等的根本理由。孔子从历史和现实两个方面总结其根本原因，就是一个"习"字，习，使人性相远。习，即习染。被什么习染？被利欲习染。当人的利欲过度膨胀到主宰人的本性，人的本性必然被无度的利欲所习染。利欲习染的人性之所以使人相其远，就在于人性被利欲左右而堕落。人性堕落的表现，就是人性溃败。人性溃败，不仅表现为人心灵败坏、丧失良心和良知、道德败坏，而且成为生产不平等的直接动力。因为当天赋相近的人性被利欲习染而成为"人心向恶"的原动力，必然武断地斩断人性的天赋之源，连根拔起人性的生之本性和生生生机，使人性成为人可任意地解释的工具，然后以强力替代天赋自由的人性，由此使全面溃败的人性成为做人世之恶的原动力。

诉求平等，使平等成为自由的保障，必须正视人性的土壤和原动力。清理人性的土壤，使"习相远"的人性恢复其天赋"相近"的本原状态。

人性即生性，就是因其生性的鼓动而生生不息，人性的生活敞开方式就是"因生而活，为活而生，且生生不息"。所以，人性之生演绎出人性之利和人性之爱。由于人性的本质是平等，生生不息的人性之生、人性之爱和人性之利必然获得人性之群，才能够不断焕发出人性之生、利、爱、群。这就是霍尔巴赫所讲的人"为了自保，为了享受幸福，与一些具有与他同样的欲望、同样厌恶的人同住在社会中。因为道德学将向他指明，为了使自己幸福，就必须为自己的幸福所需要的别人的幸福而工作；它将向他证明，在所有的东西中，人最需要的东西乃是人"[1]。这也是康德所讲的"人是自然界的最高立法者，动物不具有道德，人类对他们不负直接的义务"[2]。人性之生和生生不

---

[1] 周辅成：《西方伦理学名著选辑》下册，商务印书馆1996年版，第189页。
[2] ［德］康德：《实用人类学》（外两种）（注释本），李秋零译，中国人民大学出版社2013年版，第113页。

息的生机，注定人性之利必然达于人性之爱而走向人性之群，人与人相向求群、适群、合群之所有作为和努力，仍然只是实现人性之生的自由，即实现有限的人生之无限的"因生而活，为活而生，且生生不息"。

人性之生的自由和生生不息的生机揭示人性的本质是平等，平等的人性之根却是**利己**，人性之生、利、爱、群——具体地讲，人性的生己与生他、利己与利他、爱己与爱他、己群与群己——的生生运动，是生活化敞开人性利己之根和人性利己之本，即天赋的人性利己是扎在平等的土壤之中。没有平等的土壤，则没有人性之生性和生机的保存，没有平等的土壤，也没有生、利、爱、群，更没有"因生而活，为活而生，且生生不息"的人性链条和人生链条。人性溃败的根本表现是"习相远"。人性"习相远"之所以使"人心向恶"，是因为它破坏了人性平等之本和人性利己之限度，只片面地和变本加厉地生己、利己、爱己而抛弃了生他、利他、爱他和求群、适群、合群。最终走向只允许自己"绝对利己"，反对和不准"他人利己"。

利己，是人性的本体方式，以平等的方式利己，是人性利己的本原方式。具体地讲，以平等的方式利己，就是有限度的利己。有限度的利己，就是利己不损人或利己也益人。所以，以平等的方式——或者说以有限度的方式——利己，既是人性利己的本质规定，也是人性利己的边界规定。由此内外两个方面的规范，人性利己构成良心的坐标，或者说本原性的利己，铸成良心的坐标。法权社会的法律实施抛弃"有罪推定"而实施"无罪推定"，不主张自证其罪，也不诱导"坦白从宽，抗拒从严"，而尊重沉默权，实是基于人性的利己和人性之本原性利己的平等本质。因为基于人性本体的利己和人性利己的平等本质，自证其罪，坦白从宽，实质就是自我检举、自我揭发，而自我检举、自我揭发和历来被鼓动而盛行的相互揭发、告密等，都是人性溃败的正反两个面：自我检举、自我揭发是人性溃败的正面敞开；相互揭发、告密是人性溃败的反面呈现。

以生和生生不息的生机为本体内容和本质规定，人性利己，必内注为良心的坐标，形成**人性向善**。无论是英美法系还是大陆法系，都建立起司法的陪审团制度，这是基于人性利己所内生的良心坐标。以生为本质规定和以生生为本体内容的人性利己之所以内注为良心的坐标，就在于以生为本质规定和以生生为本体内容的人性利己蕴含着一个**推阐原则**，这就是两千多年前被孔子所发现的"己所不欲，勿施于人"。"己所不欲，勿施于人"这一被世界公认的道德金律表述了人性利己的质朴准则：自己不为之事，在一般情况下，别人也不会做。在一般情况下，人的行为违反这一基本的推理原则，人性就被扭曲或遭受解构而形成人性溃败，其表现方式就是"人心向恶"。所以，大陆法系和英美法系的陪审团制度规定，陪审员必须是非法律专业的成年人，并且每个非法律专业的成年人都必须有当陪审员的责任和义务。这就是充分运用人的本原性的良心作为判断被告之行为是否有罪的依据，这就是让**良心说法**。良心说法的前提，是良心本身就是法，因为良心说法的法，就是以生性为本质规定和以生生为本体内容的利己人性为依据，以本原性的利己的推阐原则为准则。从根本讲，陪审团制度是保障司法正义的根本制度。

人性在后天的利欲习染中一旦突破平等利己的疆界，就会形成生和生生的本原性的人性的溃败，导致人心向恶的人性倾向。为避免这种人心向恶的人性倾向对司法公正的干扰和对司法正义的舒张，英美法系和大陆法系都建立起回避制度，包括法官回避制度和律师回避制度，前者是以法律制度的方式斩断法官与当事人之间的直接联系，当事人不能在庭前庭外任意接触法官，以避免当事人向法官行贿，也避免法官徇私，以保证法官司法的客观和公正。后者是以法律制度的方式斩断律师与法官之间的直接联系，即律师不能在庭前庭外任意接触法官，因为律师是有偿服务于当事人的，律师回避制度就斩断了当事人可以通过律师而在庭前庭外任意接触法官，以影响司法的客观和公正。所以，斩断律师与法官在庭前庭外任意接触的通道，也是为了保障司法的公正和舒张司法正义及其权威。

反之，当司法缺失如此性质和内涵的陪审制度的制约，自然预留了人心向恶的通道，人性利己自然会在人的心中种植下人性溃败的种子，一旦有条件、有机会，溃败的人性就会爆发出来，人性利己的本原性平等与限度就会完全被解构而只剩下赤裸的无限度的私欲对人性的主宰。同样，缺失如此性质和内涵的司法回避制度，更是滋生人心向恶的温床，司法者、权力者、财富拥有者以及一切钻营者，都可以通过各种方式打通当事人、律师、法官之间的利益通道。

所以，政治平等必有其法权基础，法权必有人性土壤，人性作为法权的土壤和政治的依据，必是它本身始终保持本原性的生之本性和生生的生机，人性的本原性之生和生生蕴含两个东西，一是人性的平等的本质和行为边界；二是以平等为本质规定和行为边界的人性的己生生他、己利利他、己爱爱他、己群群己的推阐原则，即"己所不欲，勿施于人"的人性原则。人性利己和"己所不欲，勿施于人"的人性推阐原则要始终得到保持，又需要法权的良性推行和政治平等的持存强化，这需要思想为其输送滋养的营养和力量。

4. 思想基石

自由，是天赋的，它不需要思想而在，因为自由本身就是自由的基石。但自由成为自由，却需要平等的保障。与此不同，平等却是人为的，因而平等本身不能成为平等的基石，平等成为平等的基石是法权，而法权的基石却是思想，因而，思想是平等的基石的基石，是平等的最终基石。

从根本讲，凡事都有存在的基石，而存在本身也有其存在的基石。存在世界是以造物主的创化为生之基石，人的世界是以存在为基石。人相与缔造的社会是以组织为基石，组织化的社会是以政治平等和法权为基石，政治平等和法权以思想为基石。

思想之所以构成政治平等和平等法权的基石，是因为思想自身的性质所规定。思想的自身性质有存在论和生存论的内涵。思想的存在论性质体现在思想揭发出存在的本体，思想是存在本体的敞开，而存在本体始终是关联的，这一根本性质决定了思想的生存论性质，即普遍：思想是对普遍的彰显。合言之，思想之为思想就是对存在本体及关联存在的普遍（法则、原理、公理、道理）的照亮，并且，存在本体及关联存在的普遍构成思想的本质内涵。由于思想自身的如此性质规定、如此内涵充盈和以如此照亮的方式敞开，所以，思想所能给予人的东西，即人的关联存在和共生生活所需要的东西有两个：一是视野；二是认知。

思想开新视野，视野却打开眼界，形成高远。从人类自由史和平等史观，人类的许多不自由和不平等，其实都是由视野、眼界的狭窄和仄逼造成，因为视野的狭窄和眼界的仄逼，总是使认知丧失辽阔高远的眼光，各种内容和形式的主义之争造成对自由的伤害和对平等建设的暴虐，是最为痛心的人类例证。因为内容的主义之争都是以不同的方式将自己远离思想本身，而一切远离思想本身的主义之争，最终向政治领域里燃烧，就演绎出极端、绝对，滋生出独断和专权。

思想不仅开辟新视野，更提升认知和创造认知。这是因为思想总是辨别真假、辨别善恶、辨别美丑、辨别利义，破除意见的张狂，澄清观念的面目，扫除心灵、思维、认知的蛛网，还人、人生、生活、存在关联存在的本来，使认知本身获得普遍、真理、真道。比如资本以及剩余价值的善恶判断，总会因为思想的退场或在场而显示不同的面目表情和形象。从根本讲，资本和剩余价值不仅关联人的存在之生，也关联社会的凝聚力、人类的进步和文明的动力等问题。首先，人作为个体生命来到这个世界上，是一个生命的和需要资源来滋养才可存下去的个体，但人人所需要的资源并无现成，只有靠向自然世界求取，但个人的能力根本不能解决滋养生命所需要的自然资源，因而，人们必须相向走近而结成群体，其目的就是解决两个根本问题，即存在安全和生活保障的问题，所有这些都必须通过群体性的方式向自然索取。向自然要存在安全和生活保障，这就是劳动，劳动的本质是什么呢？抽象地讲，劳动的本质是创造，即必须创造出支付劳动成本之后的剩余价值。具体地讲，劳动就是创造生活资源和物质财富。创造生活资源和物质财富这个过程，需要资本的积累和运作，这种方式就是能创造更多财富和成本更小而剩余价值更多的劳动方式。所以，资本和剩余价值本身不存在善恶问题，善恶问题出在如何积累和运用资本，怎样积累、分配和运作剩余价值。又比如，司法为何需要尊重沉默权和无罪推定？或者司法为何需要自证其罪即坦白从宽和抗拒从严？为何需要鼓励自我检举、相互揭发和随时告密？这些都涉及法律与人性之本质关联，涉及对人性的尊重和人的存在尊严的尊重等问题，而对诸如此类问题的真正澄清而获得清晰的真假善恶是非的判断，则需要思想的到场。

叶公语孔子曰："吾党有直躬者，其父攘羊，而子证之。"孔子曰："吾党之直者异于是，父为子隐，子为父隐，直在其中矣。"（《论语·子路》第18章）

如上引文是《论语》中记载叶公与孔子关于何为"直"的对话。这场对话是承"叶公问政。子曰：'近者说，远者来'"（《论语·子路》第16章）而来。叶公向孔子询问如何治政，孔子以"近者说，远者来"而对之。孔子之论是在阐述邦国政治文明的天下中心论，即邦国一旦经过"庶之""富之""教之"，就会实现"去残胜杀"。孔子认为，刑法之治的最终目的是使"法无所用"，即法律只成为一种预备，但刑治的直接目标却是废除刑法的严酷和死刑罪。孔子认为这就是治政的政治文明，一旦朝这种政治文明的方向去治理邦国，就一定会引来天下的效仿。叶公为了进一步了解孔子邦国政治文明的天下中心论思想，就假设了一个"吾党有直躬者，其父攘羊，而子证之"的个案，以观孔子如何看待和评价，借此真正了解孔子的法礼及治理邦国的思想精髓。孔子却反其道对"直"做重新界定，认为"父为子隐，子为父隐"才是"直在其中"。

叶公和孔子所讨论的"直"，主要不是伦理学意义的正直，而是政治学意义和法学意义的正当、正义、公正，既体现孔子的政治学思想，更体现孔子的法治思想[①]。客观地看，叶公与孔子围绕"其父攘羊"到底是其子为之而"隐"还是不"隐"的问题展开的论辩，涉及两个基本问题：一是该不该"隐"？二是隐或不隐，何为"直"？

叶公认为："其父攘羊，而子证之"是为"直躬者"，其依据是法律或道德，即"其父攘羊，而子证之"，这是从法律和公德角度论。法讲公道；公道的依据是道德，即"你的就是你的，我的就是我的"，不能随便侵犯。所以，道德也要讲公道，或可说，道德本身就是公道，因为德与法在本质上同构。按照法律和道德两个方面的公道论，任何人都不能偷窃，偷窃行为既违法，也违德。持守公道，就是直。所谓直，就是正，即中正、公道。"其父攘羊，子证之"是为"直躬者"的本质含义，是为中正、公道，这既是守法的表现，也是公德的行为。

孔子却认为"其父攘羊，子隐之"或"其子攘羊，父隐之"，是为"直

[①] 有关于孔子的法治思想，可参见唐代兴《孔子法治思想新论》，《社会科学研究》2023年第5期。

躬者",其依据是本能和人性,这是从血缘本能和自然人性角度论:从血缘本能讲,"父子相隐"具有情感的合理性,可以理解;从自然人性角度讲,"父子相隐"有人天生自私的依据。正是这种天生的自私,才形成了孔子所讲的天赋"性相近"却始终"习相远"。天赋"性相近"的人性"习相远",却是人性在后天生存敞开中的异化。以此来看,孔子关于"父子相隐,直在其中"的说法,既没有问题,也存在问题。说没有问题,是说"父子相隐,直在其中"是自然人性和血缘本能使然,体现常理,或者说天理。这种平常的天理,即使在现代文明中,也仍然具有一种需要保留的空间,欧美法系和大陆法系中当事人"不自证其罪"的"沉默权"以及"无罪推定"等,均以现代律法方式赋予自然人性和血缘本能以存在空间。

进一步看,英美法系和大陆法系的"不自证其罪"和"沉默权"以及"无罪推定"等,恰恰暗合了两千多年前孔子的正名思想。从认知论角度看叶公与孔子之间关于"父子相隐"及"直"与"不直"的论辩,是孔子如何正名的最好例证。齐景公向孔子询问如何治理邦国内乱,孔子的"君君,臣臣。父父,子子。"八字方策相告,后世误解孔子此论是专制主义,孔子的本义却是君必成为君,而担当为君的责任,臣应成为臣,担当起为臣的责任;为父的要成为父,必担当起为父的责任;同样,为子的也应成为子,担当起为子的责任。"君君。臣臣。父父。子子。"这是治理邦国的根本方策,也蕴含其思想的逻辑推证。这一逻辑落实到父子相隐上来,父子之所以成为父子,必要**名实相符**。父子相符的真实人性体现,是**父为子担责**和**子为父担责**。从这个角度看"父子相隐",其"隐"只是其行为方式,而"隐"的行为之实质却是父子相互为之担责,父成为父,必为子担责;子成为子,必为父担责,只有相互为之担责,才是父之为父、子之为子的名实相符。从道德论,担责的本质是直,所以父子以相"隐"的方式互为担责,自然"直在其中"。从法律论,担责的本质,无论父之于子还是子之于父,都体现正当和公正。这就是英美法律和大陆法系之尊重沉默权,拒绝自证其罪,拒绝坦白从宽,拒绝自我检举和相互检举的根本人性考量,也是孔子道德论和法律论何以如此从人性出发而尊重人性的根本理由,这也是政治平等和法权平等均要以人性为基石的根本理由。

思想作为政治平等和法权平等的基石,主要从三个层面层累地建构。

首先是平等的存在论思想。平等的存在论思想论,即是存在平等的思想。存在的平等思想,不过是人对存在平等本性和平等法则的发现和彰显。客观而论,万物平等、生命平等,根源于宇宙自然平等;宇宙自然和万物生命平等,根源于存在世界的自由创化遵循了造物主生之自由本性和生生之自由法则,这构成人的世界存在平等和人与人平等的依据。自由和幸福的前提必须是平等,没有平等,就没有自由,更不可能有幸福。但事实上,天赋的平等只是在造物主自由创世的意义上才存在,而且,上帝与世界之间的自由"创"化行为本身就揭示平等是有条件的,这种条件就是造物主的自由之"创",因为"上帝既未创造完全独立的人类,又未创造全都是奴隶的人类。不错,上帝是在每个人的周围画了一个他不可能越出的命运所注定的圈子,但是人在这个广泛的范围内还是强大的和自由的。一个国家或民族也是如此。现代的各国将不能在国内使身份不平等了。但是,平等将导致奴役还是导致自由,导致文明还是导致野蛮,导致繁荣还是导致贫困,这就全靠各国自己了"①。造物主创世界,所赋予世界的平等只是**可能性**。这种平等的可能性,既可能开出对自由的保障,也可能生产出对自由的奴役。造物主创世界的行为创造出平等的可能性,成为一种**恒存**,是一种恒存的可能性。这种恒存的可能性平等伴随被创造的世界以实存样态显像时,它就彰显出既平等又非平等的**可塑**的现实性,这种既平等又非平等的可塑的现实性,构成不平等的根源,也蕴含平等框架通向自由或奴役的双轨性桥梁。根本的问题在于,人类能否有直面造物主创世界的平等可能性,从而揭示这种可能性的普遍的和本体的精神,并提炼使之成为本体的和普遍的思想,来构筑人世间探索和开创平等存在和生活的坚实基石。

其次是平等的人性论思想。平等的人性论思想,即人性的平等思想。人性天赋的事实和天赋人性"相近"的事实,从两个不同的侧面揭发了人性的平等本质,也揭发平等的人性的生成动力和生成逻辑,前者即人性之生;后者即人性之生生。人性之生的本体论和人性之生生的平等本质,既浓缩了它

---

① [法]托克维尔:《论美国的民主》下卷,董果良译,商务印书馆1996年版,第885页。

的自然人类学的创化论来源,也敞开了它的文化人类学流向,那就是人性之生的本体论和人性之生生的平等本质,在将人类引向从"化物为人"向"化人为大人"的进化之旅中自为地打开生、利、爱、群,网罗起生己与生他、利己与利他、爱己与爱他、己群与群己对立统一的博远思想,这一思想构筑起平等的人性基石。

最后是平等的社会论思想。平等的社会论思想,就是社会的平等思想。社会的产生,并不是强制,而是自然地生成。社会自然地从蒙昧状态进入野蛮状态再进入文明状态,从家庭到村坊、从社区到城邦和国家,从根本上体现了人与人在各个方面的自愿联合。这些自愿联合可能附带了一些条件,但在整体上呈现平等。平等是自愿联合的内在规定。不仅如此,人类社会从低阶向高阶方向展开其发展,同样体现了平等性。客观地看,在人类进程中,平等程度越高的时代,发展越快。平等程度越普遍的社会和民族国家,其发展越是前行于世界的前沿,成为世界的先行者和人类文明的带领者、领导者。相反的例证是,越是专制和极权的时代,越不平等,越不平等的时代,越是黑暗,越是黑暗的时代和社会,越是落后和愚昧。以此正反实例为出发点进一步探讨则会发现,时代和社会总是以平等为发动机,但平等却以思想为原动力。只有思想创发的时代,才可开出平等的风尚而推动时代和社会发展向前;反之,思想瘫痪和沉默的时代,只能是昧暗的野蛮和蒙昧,在这种野蛮和蒙昧中,平等必须死亡也必然死亡,发展停滞甚至倒退。而解救其停滞或倒退的根本之方中,总是必有"思想"一味药引,否则,一切皆空。所以,哲学的伟大在于阻止思想的瘫痪;思想的伟大在于打破思想的沉默,昧暗的世界被思想划破,其所透露出来曙光即平等和自由。

三 平等的基本方式

对于平等,既需要存在论考量,也需要生存论检视,但最终要落实于生活世界本身,审查生活的平等问题。**生活平等**,不仅是认知的,根本而言也是行为的。因而,也可将生活平等称为**行为平等**,它实际地展现出自由的有无和程度。因为自由与否,就在每日生活的言行之间,作为保障自由的平等,同样体现其日常气息。若归纳其要求,可概括为平身、平利、平权、平责四个基本维度,这四个基本维度建构起自由得以保障的基本框架。维系和保障自由的这一生活平等之基本框架的原则,却是起点平等、机会平等、人格平等、尊严平等、原则平等和运行原则的社会机制平等。

1. 平身与平利

平身 贯穿并敞开于日常言行之中的首要平等内容,就是**平身**。所谓平身,就是平等身段,即将观念、出生、环境、造诣以及权力、财富等因素造就的**身段**降下来平放、放平,就是平身。用更为文雅的词表述,就是**平等身份**,或使人成为人的身份平等。

人的身份之所以需要平,是因为身份之于人自身而言,它始终是外在的东西在身上的附加。这种附加既有来自生活者,也有来自生存者,更有来自存在者,概言之,身份概念有三层语义,即存在身份、存在敞开的生存身份和生活身份。其中,生存身份,是其存在身份向生活身份转换的中介形态,可看成是存在身份的敞开。所以,生存身份具有"隐逸"性质,有清晰样态的是存在身份和生活身份。托克维尔说:"上帝既没有创造完全独立的人类,也没有创造完全受奴役的人类。的确,上帝在每个人的周围画出一个他不可能越出的命中注定的圈子,但是,人在其广阔的领域中仍然是有力量的和自由的。"[①] 存在身份之于所有人言,都是天赋的,是决定论的,是不可改变的,这就是造物主给每个人划定的不可拿走的"命中注定的圈子"。与此不同,生活身份之于个体,却是在天赋框架下的活动性呈现,这就是造物主创造生灵的同时给予每个生灵以非确定性的"**力量和自由**"。

比较而言,存在身份是指在存在论意义上的身份。人的存在身份是本体的,也是大同的。存在身份的本体论,意指人的存在身份既不是由自己形塑,也不是由环境形塑。在原创化意义上,人的存在身份是造物主的创化,在这个意义上,人的存在身份是纯粹的天赋。比如,不管人类物种"化物为人"到哪种文明程度,人仍然是**人质动物**。只要人类物种仍然保持其物理学和生物学的性质,或者说人类物种的个体生命依然以肉身方式呈现,依然是肉身存在,那么人的本原性存在身份就依然是造物主原创所成

[①] [法]雷蒙·阿隆:《论自由》,姜志辉译,上海译文出版社2009年版,第5页。

的生物性存在，身份之中的本原性本性依然是造物主原创注入其中的生之本性和生生的生机。而在继创生的意义上，人类物种的个体生成，始终是天、地、人、神共同形塑使然，它既是天赋的，也是人赋的。由此形成人的存在身份的大同化，即因为存在身份的天赋，所以人的存在身份是相同的，是普遍平等的。

　　本体的和大同的存在身份是完全平等的。完全平等的存在身份一旦向人世敞开，必然保留、保存其完全平等的存在本身，但与此同时也开出了非完全平等和非平等的可能性。这种非完全平等的可能性，首先因为降生。人的生命降生，既完全平等，也并非完全平等。说完全平等，是因为人之为人而降于存在世界，必须经历出"生"，而出"生"这一过程总是面临"生死"的考验，这对于每个个体生命来讲都是平等的，没有例外（虽然现代临床医学创制了剖腹取生的方法，降低了人的生命"出生"的"生死"级别，但也仍然存在"降生"的风险）。降生也呈现非完全的平等，即你降生为女，他降生为男，男与女不仅是性别的差异，更是生存身份不平等的一个根源。但这种平等中的非平等既是天赋的，也是人为的，即这对男女使你生而为女，那对男女使你生而为男；既使同一对男女，30岁时使王三生而为男，35岁时使王四生而为女。这就是天地人神共塑生命的过程中人为造就的不平等。不仅如此，技术参与生命的降生过程，使人的降生既可是自然的，也可是技术的，人的自然降生，经历了最后的检验一关；而技术化的剖腹降生，却是在实行免检，免检而降生的生命，在生命的本体和存在的本质等方面，可能比检验而降生的生命更为脆弱，这种生命出"生"经历本身所生成的平等中的不平等，虽然是隐逸的却往往被人所忽视，但始终是客观的存在。

　　存在身份经历其存在敞开而生成性建构起来的生活身份，却存在着更多的不平等，出生、地域、环境、家庭、造诣等因素，可能将存在平等之客观性和倾向性大大压缩，而将不平等的因素和倾向大大扩张。如果再遭受时代的贫穷、社会的愚昧和政治的专制、统治的极权主义，人的生活身份就处于完全的不平等状态，也由此形成"在获得身份平等以前长期生活于自由之中的人民那里，自由所赋予的本性与平等所造成的倾向之间有一定的冲突。尽管中央政权在他们当中提高了自己的特殊地位，但他们作为个人却是永远不会放弃其独立的"①。

在生活世界里,身份平等必要以独立为前提。没有独立或丧失独立,无论如何不可能有真实的平等。不仅如此,在生活世界里,身份平等更要以尊严为行为表征。从本质讲,在生活世界里,人的身份平等的存在本质,是独立;身份平等的行动本质,是尊重和尊严。

身份从天赋的存在平等向生存领域敞开,耕耘生活的平等,是动态**生变**的进程,这个进程对个人化的社会和社会化的个人来讲,都是渐进发展的。"身份平等的逐渐发展,是事所必至,天意使然。这种发展具有的主要特征是:它是普遍的和持久的,它每时每刻都能摆脱人力的阻挠,所有的事和所有的人都在帮助它前进。"② 在生活世界里,人们诉求身份平等,必须破除迷信,破除盲信,破除一切"怪力乱神"的邪教信仰,破坏各种形式和方式的超自然的人为力量,尤其是那些被刻意放大的意见、观念、主义和谎言,以及虚无主义的历史虚构。"身份平等使人们对超自然的东西开始采取一种出自本能的不相信态度,而对人的理性却作出非常高的而且往往是过分的评价。"③ 因为"生活在这个平等的时代,不会把他们所信服的智力权威置于超人的位置,或到人类以外的地方去寻找这个权威。他们通常是从自己身上或从自己的同类那里汲取真理的源泉。这便足以证明,在这样的时代,不可能建立新的宗教,而建立新宗教的一切企图,不但要被人视为是邪恶的,而且要被人视为是荒谬的和不合理的。我们可以预言,民主国家的人民不会轻易相信神的使者,敢于嘲笑新冒出来的先知,并要从人类本身当中而不是到人类之外去寻找自己信仰的主宰"④。

纵观人类史,无论古今,造神运动本质上是生产不平等,制造不平等,扩大不平等,造神是生产、制造、扩大不平等的社会方式。造神的目的是生产、制造、扩大不平等,但造神的土壤却是愚昧、盲信和无知,因而,造神运动的前期工作和护卫工作都是生产邪教清洗头脑。造神是愚昧时代的产物,从历史观,愚昧的时代有两种,一种是自然愚昧。自然愚昧的时代,是人类

---

① [法] 托克维尔:《论美国的民主》下卷,董果良译,商务印书馆1996年版,第848页。
② [法] 托克维尔:《论美国的民主》上卷,董果良译,商务印书馆1996年版,第7页。
③ [法] 托克维尔:《论美国的民主》上卷,董果良译,商务印书馆1996年版,第525页。
④ [法] 托克维尔:《论美国的民主》上卷,董果良译,商务印书馆1996年版,第525—526页。

从自然人类学向文化人类学方向演化进程中必然出现的一个阶段，这是人类"化物为人"的最初阶段，也是最低阶段。在这个人类阶段，与其说是人的愚昧造神，不如是说是神造愚昧的人。所以，在自然愚昧时代，是神创造愚昧的人，唯有经历这种创造，神才可引导人经历愚昧而开化。另一种是人为愚昧。人为的愚昧时代，是个别的强人利用强权将众民造成愚昧存在的人。在人为愚昧的时代，强权者首先是制造等序，然后在严酷的等序框架下造神。"当身份不平等和人们之间有差别时，就会出现一些非常有见识、非常有学问和因智力高超而非常有能力的个人，而同时也会出现一大批非常无知和能力极其有限的人。因此，生活在贵族制度时代的人，自然要以某一个人或某一阶级的高超理性作为自己的思想指南，同时会不太愿意承认群众是永远正确的。在平等的时代，情形就与此相反。"①

反之，争取生活的身份平等，创建身份平等的生活世界，必驱逐邪教和盲信，解构任何形式的造神。因为，平等的时代不会造神，平等的世界塑造平等的人，这需要每个人的自觉和努力。因为身份平等的生活之于社会化的个人，没有恩赐，只有付出和争取；身份平等的生活世界之于个人化的社会，没有等待，只有共同的行动和携手的共建。

平利 平等始终是相对个人才有实际意义，但个人之间平等的社会基础，却是社会平等。社会平等的首先条件，是政治平等；政治平等的现实基础，却是经济平等。雷蒙·阿隆在《论自由》中将托克维尔与同时代的马克思做对比研究指出："托克维尔从社会平等推断政治平等，从政治平等推断在收入分配方面的平等趋向。在他看来，就长期而言，从前者到后者的过渡是很可能的，是受决定社会命运的深层次力量支配的。至于生产力的发展和技术革命，他不比当时有学问的人知道得更多和说得更多。但是，他极其简明地认为，**财富增加和民主气氛的结合将导致大多数人的命运的改善，而不会导致极端贫穷和极端富有之间的对立。**"（引者加粗）② 实际的情况是，财富的增加与民主气氛并非同时生成，而是具有内在的生成逻辑，即社会财富的增长一方面提升了社会的水平，不仅是物质水平，更为根本的是提升了认知和思

---

① ［法］托克维尔：《论美国的民主》上卷，董果良译，商务印书馆 1996 年版，第 526 页。
② ［法］雷蒙·阿隆：《论自由》，姜志辉译，上海译文出版社 2009 年版，第 26 页。

想水平，促进了民主气氛的产生，并推进民主社会的形成。另一方面也可能加速社会的分化和分层，促进等序的固化和集权、专制的形成。杜绝后者而促进前者的根本动力不是经济发展和财富增加，而是**平利**，以平利为动力推动经济发展和财富增加。

平利，不是平均利益，而是**平等利益**。平等利益的实质，是付出与获得的对等。所以，平利蕴含一个普遍平等的社会原则，这就是权利与责任对等的原则，简称**权责对等原则**。这一原则表述为：利益的获得，是享有权利，是权利的实项内容化。享有的权利合理（事理）、合法（合法则、合法律）和合德的具体呈现，就是担当与此权利相对等的责任。唯有如此，权责对等所谋得的利益，对己而言是合理、合法、合德的；对人而言，则是平等。

平利，是平等的**奠基**内容。从根本讲，没有平利，根本不可能有平等。即便是有平等，也是形式的，是自己之外的他者强制性赋予的**形式平等**。平利之构成平等的奠基内容，也构成平等的根本坐标，是因为**人是生而求利的**：人的生而求利，比人的生而求自由更直接、更迫切，因为利益是自由的存在本质，没有利益的自由，是虚幻的自由。只有求利，才可通向求自由之路，或者求利就是求自由。因为，不求利，人就无法继续存活其生命，生命不存，自由何在。更为根本的是，求利联系着人性之根和人生之本，即生。为其生，人必须求利。人因生而求利，必须平等，因为人因生而求利是以付出为代价，这种付出不仅包括智-力，也包括精力、体力、健康和时间、生命。时间是生命的刻度，为了明天有饭吃而每天必须早出晚归付出8—10个小时，这个8—10个小时就是具体的生命，所以，每个人因生而求利，都是以生命为代价来维持生命的继续存在或更好的存在。由此，第一，人人必因生而求利，主张人生而无私且无条件地无私奉献和自我牺牲者，其实本质上都是反人性的。第二，人人因生而本能地诉求平等其利，即按照付出与获得，或者说权利与责任对等的原则平利。所以，唯有平利，才有真实的市场；唯有平利，才可去资源、市场、财富的垄断；唯有平利，才可杜绝产生集权、专制、极权的经济基石；只有平利，才可促成市场的健康发展和经济的有序繁荣；只有平利，才可促进财富的合理增长和普遍受惠。从关联生成言，政治的基石是经济，经济的基石是市场，市场的基石是平利。反之，平利是市场的动力，平利的市场是经济的动力，平利的经济是政治的动力。因而，平利构成社会平等的动力。

平利，是一个被人们忽视的存在事实，它居于社会的中心位置，下沉为社会的基石，决定了社会平等的状况。但平利却以平身为前提，或可说，平身为平利提供了存在的依据。在平身的规训与牵引下，平利的行为敞开，只能是平权和平责。

2. 平权与平责

平权 平利，就是平权，它有两个层面的基本含义，并展开为两个维度。

首先，平利必以平权为先决条件，没有平权的社会机制，没有平权的社会现实，根本不可能有平利的产生。最实际也最典型的是经济的市场领域，当没有建立起平权的私有财产制度，就难以有普遍的平利。所谓普遍的平利，就是跨越阶层、跨越阶级、跨越领域和行业、跨越政治和制度阻碍的平利，其完全是按照付出与获得对等、权利与责任对等的原则行平利之能。这种性质的普遍的平利，是需要破除等序、特权和垄断等才可形成，有等序、特权、垄断发挥作用的领域，不可能通行平利的原则，形成平利的机制。畅行等序、特权、垄断的社会，不可能有滋生平利的土壤和环境。

另外，平利展开为平权。亚里士多德在《尼各马可伦理学》中讨论交换的公正、矫正的公正和分配的公正，都突出权利平等这个问题：交换的公正，是以平权为前提并敞开平权；矫正的公正，是以平权为准则敞开平权；分配的公正，是以平权为依据敞开平权。"上山打猎，人人有份"所表述的基本理念，就是平利与平权的生成关系："上山打猎"者，人人分享打来的猎物，这就是平利。这种"人人有份"的平利，既是以"人人上山打猎"的付出为前提，也表达出了"上山打猎"的"人人"都获得平等分享猎物的权利。

平权与平利的关系，实敞开为平权既构成平利的条件，又成为平利的实现方式。但平权之于平利之间的生成关联，并非如此单纯，它也呈现动变的复杂性。首先，平权必然要求平利，如果平权对平利的要求不能实现，平权则由此丧失自身意义、价值和内涵。这就是说，不能实现平利的平权，是没有实质内容的，它只是空壳式的形式，而形式的平权永不可能实现平利。人民当家作主，就是普遍的或者说社会化的平权，但只有人人实现付出与获得的平利时,当家作主的平权才是实质的,所以,当人民当家作主还停留于理念或口号上而无平利的实质内容,或者说社会总是以维护严格的等级和特权,并将它为目的而行保卫的圣责时,无论怎样喧嚣或者叫嚣"人民当家作主"都是虚幻、虚假或者行愚弄的演戏。一切形式的只有形式没有实项内容的平权,在本质上都是欺骗,而欺骗总基于某种或种种掩盖。其次,平利并非必然表征为平权,或者,平利并非都是平权的实现。这就是说,平利可以实现平权和平责,也可以不实现平权和平责。一般地讲,平利实现平权和平责,这是对个人言,个人的平利必然表征为平权和平责。平利并非实现平权,这是相对社会言,社会性的平利在许多方面表现对存在人权的照顾。这就是为弱者付出、为细节付出、为未来付出。为弱者付出、为细节付出、为未来付出而平利,始终是超越非基本权利之上的存在人权平等意义的,是实现存在人权平等。

社会是由人共同缔造所成,但人却是由弱者与强者组成。人类的社会既不是单一的强者的社会,也不是单一的弱者的社会,它一定是强者和弱者**共运**的社会。弱者是既相对强者而言,也相对生活而言。相对强者而言,弱者既是缺乏竞争能力的人,也包括缺乏强竞争力的人。相对生活而言,弱者是指没有独立的存在安全和生活保障能力的人。基于这两类群体的存在,社会在具有独立存在安全和生活保障能力的人群和强竞争能力的人群实施平利必须平权平责的同时,对弱者的平利实施非平权平责的要求。所以,不以平权和平责为要求的为弱者付出的核心指标有二:一是生、教、病、养有保障,必须是以平利为准则;二是使弱者有尊严地存在和生活,同样必须以平利为准则。

从根本言,为弱者付出而平利,是培育普遍平等的社会的重要方式。为细节付出和为未来付出而只求平利而不平权,则是在更为广泛意义上培育普遍平等的社会的两种基本方式,因为为细节付出而平利和为未来付出而平利不是针对弱者,也不是针对弱者之外某些特殊人群和阶层言,而是针对整个社会,针对社会共同体每个成员更自由或更大自由地生活,这种平利的付出虽然没有具体的、有针对性的平权要求,却是更为广泛、更为普遍地惠及每个人的平权,这是一种人人共享的福利化的平利。人人共享的福利社会,是必须通过平利来构筑的,但前提是在保障竞争性或者说创造性平权平利的基础上展开。

平责 平责，既相对平等和责任言，也相对权利和利益言。平责，既指平等的责任，也指责任的平等。平等的责任意指享有平等的权利，必为之担当相对应的责任；责任的平等意指担当起责任，应该享有与之对应的平等权利。这个平等的权利是什么？就是利益。利益的本质内容，是自由。

基于自由的要求，必须平等，平等始终具有实项内容，这一实项内容的显性部分或者说形态学部分，即权利和责任；这一实项内容的隐性内容或者说本质内容，即利益；这个实项内容的目标内容或者说本体内容，即自由。

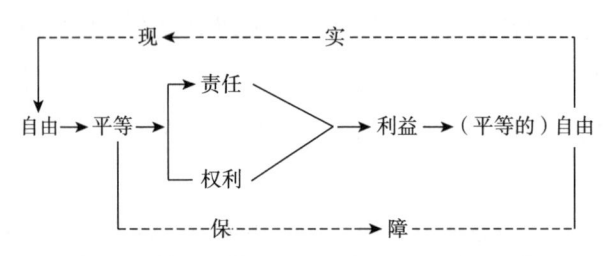

```
        ┌------ 现 ←------ 实 -------------┐
        ↓         ┌→ 责任                   │
       自由 → 平等 ┤           → 利益 → （平等的）自由
                  └→ 权利                   ↑
        └------ 保 --------- 障 -----------┘
```

[3-1：基于平等实现自由的平权-平责关系]

平等因为保障自由而成为普遍的需要，平等作为一种需要的实现方式，就是通过建构自身而实现自由。平等基于自由的要求而建构自身的基本方式，就是平等利益。平等利益的根本方法，就是分配获得利益的权利和责任，使获得利益的权利与为此利益而付出的责任相对等，这种对等相对权利言，就是平权；相对责任言，就是平等。运用平等分享权利和平等分担责任的方法来实现具体的利益，只属于自己的利益，凡属于利益，就是属于自己的自由；利益是自由的实物性形式，自由是利益的抽象性形式。比如，A遵照权责平等的准则而劳动贡献，月收入2万元；B亦遵照权责平等的准则而劳动贡献，月收入3万元；2万元收入和3万元收入，就是A、B付出所得的利益，这一有差异的利益收入也同时象征着有差别的自由，即月收入3万元表达着3万元的自由度，月收入2万元表达着2万元的自由度。利益，无论是物质利益还是精神方面的利益，都可以购买自由、兑换成自由。由此也可以看出，平等保障自由的真正实现方式，是**平等实现自由**；平等保障自由的根本方式，是保证付出与获得、劳动与收益必须平权平责，即做到权利与责任对等；平等实现自由的根本方法，就是遵从权责对等原则而获得平等的利益，平等利益的配享就是自由的实现。所以，平等实现自由和平等保障自由，必以平等构成自由的边界为基本准则，它要求权利对自由和利益必负举证之责，权利对自由和利益必负的举证之责，就是责任，即你享有其自由的权利，是否合理、合法（法则与法律）、合德，必须提供符合的证据，这个实质的证据即你是否为享有此自由的权利作出贡献，担当起了相应的责任。平等实现自由和平等保障自由，就是为自由划界，也是为自由护法。这个所划之界由权利与责任构成；这个所护之法，就是平等，具体地讲就是保证利益获得和自由实现必须权责对等。权利不负有举证之责而享有的利益和自由，都不是平等所保障的利益和自由，也不是平等所要实现的利益和自由。

四　平等的生活法则

皮埃尔·勒鲁（Pierre Le Roux，1797-1871）认为："凡是不愿看见人类平等原则的人，至少应当承认存在着一种公民平等的原则。我理解的公民平等是公民在刑法、政法、民法各个方面的平等。"[①] 因为在存在敞开生存的生活世界里，"每个公民所具有的信条就是平等，自我表现和行动的动机就是自由；正确行动的道德准则就是人类博爱。这样人类本性的三个方面都反映出来了。政治的原则和形而上学的原则正相对称。像后者一样，它也由三个词组合而成，这三个词没有一个是多余的，彼此互相配合，没有重复"[②]。客观而言，真正将自由和博爱贯通而开出广泛自由和博爱的社会的平等法则，应该是一个互为生成的体系，它包括基于平等的自然法则、边界法则、坚守法则和容忍法则。

1. 自然和边界

平等的自然法则　平等是基于保障自由和实现自由而产生。自由却既是天赋的存在权、物权和生命权，也是天赋的人权。人类作为存在世界的存在之物、作为自然人类学的生命和作为文化人类学的人，自然会通了存在权、

[①] ［法］皮埃尔·勒鲁：《论平等》，王允道译，商务印书馆1990年版，第25页。
[②] ［法］皮埃尔·勒鲁：《论平等》，王允道译，商务印书馆1990年版，第16页。

物权、生命权于一体而生成人权。人类物种从自然人类学向文化人类学方向展开"化物为人"的历史性努力所形成的会通存在权、物权、生命权于自身的人权，其本质的内容和本体的精神是生之本性和生生机制合生构成的**生的法则**，它生成自由、激发平等，构成因为自由而平等的法则，这就是平等的自然法则。这一自然法则表征为一种基于自由而生成的蕴含天赋性质和倾向的法权，也称**自然法权**。

平等作为一种体现天赋性质和倾向的自然法则或自然法权，它的基本内涵有三：其一，平等作为一种体现天赋性质和倾向的自然法则，可溯源造物主创世界的原创法则，其宏观方式是宇宙法则，即宇宙运动，自然运行，万物流变，生生不息。这一运动流变、生生不息的法则既是自由的来源，也是平等的来源。人类正是基于这一法则诉求平等，总是以生为原发动力。客观而言，不平等，即基于特殊的自由的特殊之生；平等，是基于普遍的自由的普遍之生。其二，平等作为一种体现天赋性质和倾向的自然法则，既表征为物理法则，也表征为生物法则。人类的自然主义出身，决定了它无论怎样"化物为人"，总既是一个物理存在，更是一个生物存在，人类作为物理存在和生物存在集中表征为其个体生命是以**肉身**的方式存在，是**肉身**存在的人。人的肉身不仅是生物结构的，也是物理构成的。人类基于保障自由和实现自由的平等的首要方面，就是平身，即平等其存在身份、生存身份和生活身份，必须以物理的和生物的身体为实存样态、本体方式，所以，人平等之基本方式——平身所遵循的根本法则，即其自然主义的物理法则和生物法则。其三，平等作为一种体现天赋性质和倾向的自然法则，亦表征为人本法则，也可称之为生命法则。人类的人本存在，即生命存在。生命存在的本体法则依然是自然法则，它是对宏观的宇宙法则和微观的物理法则与生物法则的**会通**形式。

会通宇宙法则、物理法则和生物法则的人本生命法则，才真正构筑起个体平等地屹立于社会和世界的法权，这即平等的**个体法权**。个体法权是人的本体构成，也是法权社会的主体样态。真正说来，**唯有平等的个体法权，才使平等成为保障自由和实现自由成为可能**。因为对每一名社会成员而言，"没有个体法权而生活，就意味着他没有形成自尊的机会；有了法权，才能'像人一样站立'，才能注视他人，并能根本感受到人人平等，因拥有法权而感到骄傲"①。当个体拥有构建天赋契约并制定规则的权利时,他便拥有了提出社会能够接受的要求的权利,这是他创造性表达自我并服务社会的契机。也正因如此,"个体主体被视为属于一个与其他所有成员共同享有的共同体之中并能够参与公共意志形成过程的人。这样,人们就可以把这种积极地关涉自我的可能性称为自尊,并明确承认自己已经享受到所有他人的尊重"②。

平等的边界法则 平等的自然法则是平等的**来源**法则。与此不同,平等的**边界法则**,却构成平等的**本质**法则。

客观地看,平等之所以成为可能,是因为它有自然的来源,有造物主原创化和继创生的依据,有会通宇宙法则、物理法则、生物法则的人本生命法则作支撑。平等之所以能**成为**现实和**成就**现实,是因为平等基于造物主原创化和继创生之生和生生对宇宙自然和万物生命的要求,即生和生生并不为某种存在或某类存在所独享,而是为所有存在所**共享**,所以,原创化和继创生之生是**共生**。原创化和继创生之生生,是**共生存在**和**共在生生**。以此共生存在和共在生生为原发机制和原发动力,平等基于保障自由而诞生,并为实现自由而生发存在的意义和价值,就在于它为自由划界并为自由护法。因为天赋人的自由,既有其界,也有其法。这体现在人类物种作为造物主创化的万物之一物和众生命之一生命的自然人类学状态,就是这样遵从存在之界并谨守生生之法的。但当人类在继创生进程中从自然人类学之物向文化人类学方向进化为人质取向的人,从动物存在演进为人文存在,其人质意识的不断进化和拓展而形成意识地思维方式和意识地生活努力的进程,人类也就按自己的文化人类学的方式来"化物为人",并化自然物为人造物。在这一进化敞开进程中,人逐渐意识地淡漠甚至淡忘了与世界共在、与万物共生的界与法,而自行划界和自行定法,由此强化了丛林法则之竞而弱化进而解构其"适",遂形成强权社会,天赋的自由演绎出"不自由的框架"。天赋的本原性自由沦陷于普遍的不自由之中,无限度地扩张了出生、地域、天赋等先在性的不平等,并源源不断地产出人力性的不平等,原本很简单的人类存在由此变得越来越复杂,问题越来越严重,以至于不自由的问题演绎出了根本的不得不谋

---

① 王凤才:《论霍耐特的承认关系说》,《哲学研究》2008 年第 3 期。
② 王凤才:《论霍耐特的承认关系说》,《哲学研究》2008 年第 3 期。

求解决的存在状况。为此，人类要重获其本原性的自由，必须求助于平等。自由求助于平等，就是**以平等为自由划界，并以平等为自由护法**。

平等为自由划界，即平等为自由护法。所以，平等为自由划界，构成平等为自由护法的前设条件。反之，为实现平等为自由护法，必须先行平等为自由划界。所以，生活平等的根本法则只能是**边界法则**。平等之所以能够为自由划界，是因为平等本身就是边界。你要平等，我要平等，他要平等，人人要平等，实际上你的平等成为我的平等边界，他的平等成为你的平等的边界，人人的平等成为人人的平等的边界。当人人的平等构成人人平等的边界时，人人的自由就必然成为人人的自由。

所以，平等的生活本质就是**边界**。平等的功能本质，也是边界。平等标识边界，边界构筑起平等；没有边界，不可能有平等。一旦边界分明，必然平等。哪里边界分明，哪里平等存在；处处边界分明，平等处处存在。

平等之所以以边界为内在规定和功能法则，是因为平等既有自然主义的依据，也有创化之生和创化生生的来源，更有人相共生存在和共相自由地生活在一起的群居需要与要求。基于此一自然的和人文的双重要求，平等的边界法则之基本构成内容有三，首先是**生**的边界法则。自由的本质是生，平等保障自由，就是保障其生；平等实现自由，就是促进其生。所以，平等的首要边界法则，就是**生的法则**。生的法则的正面表述，即保障人人之生；生的法则的反面表述，是不损人人之生，不伤人人之生。其次是**利害法则**。天赋的自由之所以沦陷于普遍不自由的枷锁之中，不仅因为出生、地域、天资、造诣等先在性的不平等因素所催发，也不仅是后天的人力对不平等的生产和制造之推进，更在于人的天赋的自由总是被置于"苦"与"乐"这个自然的"公主"的"主宰之下，只有它们才可指示我们应当干什么，决定我们将干什么，是非标准，因果联系，俱由其定夺"①，由此形成人的自由存在向生活领域敞开，自然地放大其趋利避害和避苦求乐的本能，这就要求平等实现自由和平等保障自由，必须**正视利害的存在与消长运动**，并以利害为基本的平等法则，才可真正地构建起自由对权利的**举证机制**，形成权责对等的付出与获

---

① ［英］边沁：《道德与立法原理导论》，时殷弘译，商务印书馆2000年版，第57页。

得的利益原则,使趋利避害和避苦求乐的本能性自由获得边界的约束和行为的规训。最后是**权界法则**,即平等实现自由和平等保障自由,必须遵从**己他权界**和**己群权界**的法则。

2. 坚守和容忍

如果说自由法则构成平等的来源法则和依据法则,边界法则构成平等的本质法则,那么坚守法则和容忍法则则分别构成平等的基本法则。

平等的坚守法则　平等保障自由,必须通过平等为自由划界的方式来实施;平等实现自由,只能通过护法的方式来进行。平等为自由护法,就是以维护、保护、捍卫平等的法则的方式来推进自由的平等实现,而要以维护、保护、捍卫平等的法则的方式来推进自由的平等实现,其前提是**坚守**平等法则。所以,坚守法则构成平等的基本法则。

所谓坚守法则,就是对法则的坚守,使其法则始终保持自身功能。坚守法则本身蕴含一个问题,即法则为何需要坚守?在发生学和本原论意义上,法则是创化所成,它蕴含于存在之中并构成存在本身的坐标,成为存在自为存在和相予存在的边界和限度。因而,法则成为法则而自为存在本身蕴含了坚守,即法则自为地坚守自身。在继创生进程中,人类物种从自然人类学向文化人类学方向展开"化物为人"的努力,以其意识地思维和意识地生活的方式创建起属己的法则系统,这些自创的法则可能完全遵从原创化之发生学和本原论意义的存在法则,也可能忽视或遗忘甚至悖离其存在法则,当这种存在法则在被忽视、被遗忘或被悖离的进程中,必然以这种或那种方式生成人类存在的局限甚至自为损害和对存在世界的伤害,在这种状况下,坚守的存在法则就成为人类继续存在和良性进化的根本问题。另一方面,人类自创的法则系统也处于修正、发展的进程之中,这种修正和发展可能更为普世化,也可能更狭隘和偏激,如后者出现甚至野蛮扩展,同样需要对更为普世的人造的智-力法则的坚守,使之发挥其普世的功能。

将如上两个情况落实到平等上来,平等作为保障自由和实现自由的根本法则之所以需要坚守,不仅在于不自由和不平等的双重现实,更在于普遍的不自由直接源于不平等的普遍化,因而,坚守平等,坚守平等的本质法则、来源法则和依据法则,则构成平等实现自由和平等保障自由的必要前提。

进言之，平等实现自由和平等保障自由，不仅需要坚守平等的本质法则和平等的来源法则、依据法则，即坚守平等的边界法则和平等的自然法则，还应坚守普遍平等的法则和比例平等的法则。普遍平等的法则，是指个人缔造社会作出同等贡献而必须享有同等权利、同等利益、同等自由的法则，这是社会共同体成员共同尊严、共同进步、共同发展、共同幸福的法则。比例平等的法则，是指个人创造社会财富的法则，包括创造物质财富和精神财富所应该且必须遵从的法则，这是鼓励个体优先发展的法则，也是鼓励人人通过创造、发展、贡献而获得个性自由的法则。为保障普遍平等的法则和比例平等的法则能平等地融会贯通于人人的自由诉求和平等实现其自由诉求之中，必须创建完全符合平等的自然法则、平等的边界法则和平等的坚守法则的**最低限度的强制法则**，即对侵犯、损害、破坏平等实现自由和平等保障自由的所有行为予以不伤害侵犯者、损害者、破坏者本身的平等和自由的最低限度的强制惩戒，使之放弃对平等实现自由和平等保障自由的侵犯、损害、破坏。所以，坚守最低限度的强制法则，构成平等实现自由和平等保障自由的保障法则。

平等的容忍法则 平等为自由划界，确定自由的界线和限度，在平等的界线和限度内是合法则的自由，所谋取的利益也是合法则的利益。超出平等的界线和限度，其所诉求的自由，即违背法则的自由，所谋取的利益也是违背法则的利益。由此，为保证平等的界线和限度不逾越，既需要坚守，也需要容忍。坚守平等和平等的法则，容忍一切符合平等法则的所有自由和一切利益，即凡是平等界线和限度之内的全部自由和利益都需要容忍。这就是平等的容忍法则。

容忍何以会构成平等之基本法则？这源于平等实现自由和平等保障自由，更直白地讲，就是自由需要容忍。自由需要容忍，是指平等的自由始终需要容忍来保障，即当你的自由与他者的自由发生关联时，你的自由就需要他人容忍，他的自由也需要你的容忍。关于自由需要容忍的问题，最早为胡适先生所关注，他基于当时社会缺乏无容忍的社会机制和生活风尚，从宗教自由史、政治自由史角度考察生活所需要的容忍的稀少与难得，撰写《自由与容忍》一文，阐发容忍对自由的根本，呼吁人与人行容忍，因为只有行容忍，人才可回归生活。也唯有容忍，才可营造出平等的自由社会：

> 在宗教自由史上，在思想自由史上，在政治自由史上，我们都可以看见容忍的态度是最难得，最稀有的态度。人类的习惯总是喜同而恶异的，总不喜欢和自己不同的信仰、思想、行为。这就是不容忍的根源。不容忍只是不能容忍和我自己不同的新思想和新信仰。一个宗教团体总相信自己的宗教信仰是对的，是不会错的，所以它总相信那些和自己不同的宗教信仰必定是错的，必定是异端，邪教。一个政治团体总相信自己的政治主张是对的，是不会错的，所以它总相信那些和自己不同的政治见解必定是错的，必定是敌人。
>
> 一切对异端的迫害，一切对"异己"的摧残，一切宗教自由的禁止，一切思想言论的被压迫，都由于这一点深信自己是不会错的心理。因为深信自己是不会错的，所以不能容忍任何和自己不同的思想信仰了。
>
> 容忍是一切自由的根本；没有容忍"异己"的雅量，就不会承认"异己"的宗教信仰可以享受自由。但因为不容忍的态度是基于"我的信念不会错"的心理习惯，所以容忍"异己"是最难得，最不容易养成的雅量。①

胡适论"自由与容忍"的关系，是要突出"**容忍是一切自由的根本**"，指出没有容忍，就没有自由。他从宗教思想史和政治思想史入手，考察宗教迫害和政治暴虐均源于容忍的缺乏。由于缺乏容忍，才形成宗教迫害和政治暴虐，而宗教迫害和政治暴虐造成社会无自由。他一针见血地指出："争自由的唯一原理是：'异乎我者未必即非，而同乎我者未必即是；今日社会大众之所是未必即是，而社会大众之所非未必真非'。**争自由的唯一理由，就是期望大家能容忍异己的意见与信仰。凡不承认异己者自由的人，就不配争自由**，

---

① 胡适：《容忍与自由》（上、下），《自由中国》（半月刊）第20卷第6期，1959年3月20日；第21卷第11期，1959年12月5日。

就不配谈自由。"（引者加粗）① 胡适关于"容忍是一切自由的根本"的思想，既基于历史的反思，更源于现实的考量，但容忍又从何产生？不容忍又源于什么呢？这两个问题涉及容忍与自由的发生学。自由与容忍之间的关系并不呈单向度的生成，从发生学论，容忍或不容忍，在于有无平等的社会机制：有平等的社会机制，必铸造出容忍的社会；没有平等的社会机制，必铸造出不容忍的社会。如果相对个人论，自由与容忍的关系呈或然性：在平等的社会环境里，人人都喜爱自由并享受自由，但未必人人都能做到容忍并以容忍为乐的源泉。虽然如此，在有平等的存在空间和社会机制里，大多数人会学会容忍，但也有个别的人虽然不会容忍，也会被容忍的社会所感化而最终变得平等地容忍。反过来看，在没有平等的存在空间和社会机制的环境里，更多的人缺乏学习容忍自由的热情，更愿意本能地或者适应性地容忍邪恶、强权或暴力，因为在没有平等存在空间和社会机制的环境里，对邪恶、强权或暴力的不容忍，会付出很高的生活成本。马克思关于"每个人的自由发展是一切人自由发展的条件"② 所道出的基本事实是平等："每个人的自由发展"构成"一切人自由发展的条件"，就是平等。所以，平等才是容忍自由的前提；平等更是一切的根本。

平等容忍自由有两个层面的含义，首先指个人，只有当自己具有平等的意识、品质和能力，才可容忍他人同样的平等的自由。另外指社会，唯有当社会具备平等的政体、平等的制度、平等的法律和平等的运行机制，才有容忍任何人的平等的自由。

平等之所以构成容忍的前提，是因为自由本身。因为在存在论意义上，自由是**天赋的人权**，它意指人人有权如此。但在生存论意义上，自由是**被规训的人权**，它强调人人**有权**"可以如此"和人人**有责**"不能如此"，前者从正面规定了自由"必当如此"；后者从反面规定了自由"决不能如此"："必当如此"的自由和"决不能如此"的限制自由，这二者之间不仅构成权

---

① 中国社会科学院近代史研究所编：《胡适来往书信选》（上册），中华书局 1979 年版，第 356 页。

② ［德］马克思、恩格斯：《共产党宣言》（单行本），中共中央马克思恩格斯列宁斯大林著作编译局编译，人民出版社 2014 年版，第 51 页。

责对等的机制,更构成自由与自由的边界,这个边界就是"权":己的自由权与人的自由权,以及己的自由权与群的自由权互不冲突、互避损害。在实践论意义上,自由是**实行的人权**,它既强调人人有权"必当如此",这就是权与责必须对等、公与私必须分明;更强调人人有责"必不能如此",这就是权决不大于责,私决不能侵犯公。由此可以看出,自由作为天赋权利降落为生活权利,贯穿了**相互为限**的准则。这个相互为限的本质规定就是平等,这个相互为限的认知准则,就是己他权界和己群权界;这个相互为限的权界行为准则,就是权责对等和公私分明;这个相互为限的行为方法,就是容忍。

容忍是实现自由于生活的行为方法,自由是生活容忍的前提条件和必为目的,它的依据是平等。以平等为依据所构建起来的容忍自由的法则,落实于个人生活中,有三个基本面向。

第一,"人不知而不愠"(《论语·学而》)。将孔子此语译成现代表述,即"学而日进其道,得不到人的理解和举荐,心无怨忿之情,不正是修养成德的君子所具有的吗?"孔子"人不知而不愠"的本义蕴含一个生活必普遍尊重的容忍法则,即尊重自由的不干涉原则。别人不理解你、不举荐你,是人的自由,何来怨愤之情?因为一旦产生对人的怨愤之情,就是主观上的干涉别人看待你的自由,也由此主观上的干涉而造成对自己之自在自由的干涉。反之,你面对别人而"不知",别人也不因此而"愠",也尊重你的自由和他本人的自由,这种互为尊重对方自由的态度和方式,都是源于对平等的理解,也是对平等的品质和能力的具备。普遍尊重的容忍法则既是人人自由所需要遵从的生活法则,更是任何健康的、人性的社会所必须建立的基本法则,这一法则要求社会必须**对所有人的自由表示尊重**,言论自由,思想自由,法无禁止的行为自由,都是社会遵从容忍自由的法则的基本体现,因为无容忍的社会机制,根本就没有言论自由、思想自由和法无禁止的行为自由。但无论是个人还是社会,普遍遵从容忍法则和容忍平等的自由,其根本前提是必须平等,社会普遍平等,人人平等,这是平等保障自由和平等实现自由的本义。

第二,"己所不欲,勿施于人"(《论语·卫灵公》)。费希特说:"自由是一切道德的绝对条件，没有这个条件，也就完全不可能有任何道德。"① 自由既是"道德的绝对条件"，也是道德实现自身的目的：遵守道德所应得的根本之物，就是自由。这是因为自由的本质是平等，平等的本质是边界和限度，边界和限度之于个人的言行，即一个"恕"字可概括，这就是子贡求教夫子能"有一言而可以终身行之者乎"之问，孔子以一"恕"字相勉，并解释说道："其恕乎！己所不欲，勿施于人。"②"恕"者，乃是己对人的容纳姿态和善待方式：己所不想为之事，不要鼓动、诱惑他人去做，这就是恕。恕就是容忍，容忍就是推己及人。推己及人的依据是天赋的人性。所谓天赋人性，是指个体以自身之力勇往直前、义无反顾的生之朝向，它落实到人"因生而活，为活而生，且生生不息的"生活进程中，就是利、爱，即因生而权衡利害，因利害而萌生爱恨。基于生、利、爱、群的人性要求，在生活进程中，人所最利的无疑是自己，最爱的也是自己。据此，自己不愿为之事，一定是对自己有害之事或无益之事。根据推己及人的方法，对自己有害或无益之事也一定对别人有害或无益，这是"己所不欲，勿施于人"的深层人性理由。以此观推己及人的准则，只能是"不损"的自由。以"不损"的自由为准则的容忍，既实现了自我自由，也实现了对他人自由的善待。

不损的自由，指既不损人也不损己的自由。人的存在始终既是世界性的，更是他人性的，人作为世界性存在者，始终与他者关联。在这种关联性生存中，不损的自由同时涉及不损己与他，这种既不损己也不损他的自由，既不是想干什么就干什么的自由，也不是不想干什么就不干什么的自由，而是己他权界和己群权界的自由。

由此不难发现，生活中的自由客观地呈现两种形式，一种是"必须如此"和"必不能如此"的自由；另一种是"想干什么就干什么"或"不想干什么就不干什么"的自由。前者是理性的自由，其行为指向必能容忍，最终实现既益己也益人的互惠、共赢的自由；后者属于任性的自由，其行为遵循甚至放大生物世界的丛林法则，这种自由必然造成损害，包括既损

---

① ［德］费希特：《伦理学体系》，梁志学、李理译，中国社会科学出版社1995年版，第234页。
② 黄克剑：《论语疏解》，中国人民大学出版社2014年版，第339页。

己也损他，也就是卢梭所讲的"自以为是其他一切的主人的人，反而比其他一切更是奴隶"①。任性的自由，总是意识地追求己利最大化而蔑视平等甚至消灭平等，所以这种没有平等的自由总是以损人为代价并最终收获自损。正是基于这样一种生存姿态和价值取向，追求任性的自由是绝不可容忍的。所以，容忍自由，既有条件规定，也有边界和限度的约束：这个条件，就是普遍的平等；这个边界和限度的约束，也是普遍的平等。这是平等为自由划界的理由，也是平等为自由护法的依据，更是平等实现自由和平等保障自由的本质呈现。

第三，"攻乎异端，斯害也已"（《论语·为政》）。孔子告诫门徒说，凡是盲目地攻习或攻击、诽谤异己之见，对于学而成己为政的君子来讲都是非常有害的。"攻乎异端"的态度和行为为何会对己对人甚至对整个社会有害而无益？这需从功能和本质两个方面来讲。

从功能方面看，人要成己为君子，社会要成己为文明，必须破除狭隘、封闭和自得，以求广纳，即只有广视野、开见识，方能立高远，才可慎取而当断。所以，攻乎异端之害，害在自为消解了广纳和慎取，一旦缺少广纳和慎取，也就自行了断了理性和明智，只有任性的自由，而任性的自由是制造不自由的根源。孔子反对攻乎异端，在于以此举证来强调广纳和慎取对人的重要和对社会的根本，因为只有广纳和慎取，才可克服攻乎异端之害；克服攻乎异端之害，就是为了无阻碍地广纳和慎取，唯有无阻碍地广纳和慎取，才可人人以己之智一力去培育充分尊重人的自由的文明社会。

从本质方面讲，攻乎异端之害，害在攻乎异端以己为准则去裁判一切，并以己为依据去解释一切，最终形成以己为绝对真理去审查一切，这既是十足的独裁，更是纯种的专制和极权。在纯种的专制、独裁和极权下，自由只属于一人或极少数人，所有人或者绝大多数的天赋自由被剥夺，社会陷入普遍的不平等之中。孔子之所以声讨"攻乎异端，斯害也已"，就在于"攻乎异端"的行为和做法消灭了平等，剥夺了自由。要使人人得自由，必得平等。平等要能保障自由和实现自由，必得消灭"攻乎异端"的狭隘、封闭、偏私、

---

① ［法］卢梭：《社会契约论》，何兆武译，商务印书馆2003年版，第4页。

独裁、专制和极权。借用富兰克林和华盛顿的话，那就是"只有道德高尚的人才能拥有平等。如果国家变得腐败和邪恶，人民就更需要主人"①，所以"本质上，美德或道德是大众或者共和政府主要的、必需的源泉"②。

---

① Jared Sparks（ed.），*The Writings of Benjamin Franklin*，Boston：Tappan，Whittemore and Mason，1840，Vol. X，p. 297.
② "Washington's Farewell Address 1"，Henry Cabot Lodge（ed.），*The Works of Alexander Hamilton*，（Federal Edition），Vol. 8 ［1774］；*The Works of Alexander Hamilton*（Federal Edition），Vol. 12，New York：G. P. Putnam's Sons，1904.

第4章 公道

人以个体方式降临于世，为其生而求群，于是相向走近他人而缔造社会、建立国家，但动机和目的是要过自由的生活。自由，是人的目的，因为自由而需要平等，只有平等才可实现自由并保障自由，由此，基于自由的人生目的，平等成为根本。人降生于世，原本不平等；人展开其存在，更是生产、制造或遭遇不平等，因为自由而消解或降低不平等以实现普遍平等，必寻求公道。公道的依据，是人道；公道的机制，是公正；公正的动力，是仁爱。所以，公道即以人道为依据、以公正为机制、以仁爱为动力的平等之道和自由之道。

一　人道

平等实现自由和平等保障自由，必诉求公道。公道的首要构成，是人道。人道，讲自由之道和平等之道，是自由和平等的人人之道，它从尊重和尊严两个方面展开，而生成平等实现自由和平等保障自由的**公意化社会框架**。

1. 人道的内涵构成

人道是一个本土词，最早出自郑执政大夫子产（公元前584－前522）之口。《左传·昭公十年》记载"有星孛于大辰，西及汉"，当时的鲁国大夫申说："彗除旧新也；天事恒象，今除于火，火出于必焉，诸侯其火灾乎。"他预言宋、卫、陈、郑四国将发生火灾，于是请郑国执政大夫子产以国宝祭禳免灾，子产不许。昭公十八年，四国果然发生火灾，于是许多人再次请示子产祭禳，子产仍旧不同意，于是道出："天道远，人道迩，非所及也，何以知之？焉知天道？是亦多矣。岂或信？"① 一番言论来。子产所言之"道"指规律，"天道"即天（宇宙自然）的规律，"人道"即人的规律。子产对举"人道"和"天道"，意在于表达人世规律与宇宙自然规律根本不同之认识，认为宇宙自然规律并不影响人世规律。《易经·系辞》释"'易'之为书也，广大悉备，有天道焉，有人道焉，有地道焉。兼三才而两之，故六；六者非它也，三才之道也。道有变动，故曰爻；爻有等，故曰物；物相杂，故曰文；文不当，故曰吉凶生焉。"②所涉及的"天道""人道"概念，同样是在对比宇宙自然与人世社会所遵从的规律的不同，子产此论意在强调宇宙自然规律的区分，即称宇宙规律为"天道"，自然规律为"地道"，人世规律为"人道"。并且，《易经》所论的天道、地道、人道虽各为一道，其内在本质却同构，那就是都遵从"变"的法则，即天道、地道、人道之间的差异性背后存在着本质规定的同一性。《周易》："天道下而济光明，地道卑而上行；天道盈亏而益谦，地道变盈而流谦，鬼神害盈而福谦，人道恶盈而好谦。"③ 其中"人道"做"恶盈求谦"讲，指凡事不过而行中道，就是人道。用现代汉语表述，就是凡事公平、公道，就是人道。但这种体现自然主义性质的中道人道观并没有朝着公平、公道方向发展，而是获得另一个方向，这就是"亲亲、尊尊、长长、男女之有别，人道之大者也"④。《礼记》中的这一"人道"概念，意指血缘亲情、内外有别、君臣尊卑、上下有秩构成人的一切行为的总法则。这种人道观一经形成，就获得超历史的定格而构成中国文化的基本价值取向和中国伦理的基本精神，这就是"人道经纬万端，规矩无所不贯，诱进以仁义，束缚以刑罚，德厚者位尊，禄重者宠荣，所以总一海内万民也"⑤。

西语 humanity 源于拉丁语 humanitas，本义是人类、人性，也指对人文学术和文明的关注，它是最早用以描述人类文明、教育和文学的概念。进入罗马时期，humanitas 表示对人类品质、教育、文学和道德的关注。其实，humanitas 可溯及希腊语 ανθρωπος（anthropos），本义为"人类"，希腊语表述

---

① （清）阮元校刻：《十三经注疏》，中华书局 2008 年版，第 2084—2085 页。
② （清）牛钮等撰：《日讲易经解义》，孙在丰注，中央编译出版社 2013 年版，第 582 页。
③ 《四部丛刊》，《周易上经·谦》。
④ 《礼记》，上海古籍出版社 1987 年版，第 182 页。
⑤ （西汉）司马迁：《史记》，岳麓出版社 1988 年版，第 151 页。

"人类"是有智慧、理性和道德的生物。humanity 的如此本义，使它在后来发展中更强调对人类的尊重、关怀和文明的发展，在现代化进程中，humanity 不仅涵摄对人权、慈善、同情心、善良和人类的整体福祉的关切，更强调对人类的关怀、同情和对人权的尊重。

概言之，人道的最初含义既不是伦理学的，也不是政治学的，而是文化人类学的，它指人类视域下的**人人之道**。作为人人之道的人道，其本质内涵有二，即尊重人人之道和人人尊严之道。

尊重人人之道，亦即人人尊重之道，它的基本内涵有三。一是把人当人看，使人成为人。这实际上涉及个人和社会两个方面，从个人讲，就是人把人当人看，人使人成为人；从社会讲，是社会把每个人当人看，社会使每个人成为人。无论是个人还是社会，"把人当人看，使人成为人"的基本准则只是平等。只有以平等为准则，个人和社会才可以做到把人当人看，并使人成为人。二是把人当大人看，使人成为大人，这同样展开为个人和社会两个方面，并且同样以平等为准则。三是把人当神人看，使人成为神性存在的人，这也需要个人和社会以平等为准则共同努力。

人道不仅是人人的尊重之道，也是人人的尊严之道。尊重人人之道，重在突出人的地位平等。每个人来于天地之间，都平等地屹立于天地之间，虽然有出生、地域、天资、造诣等方面的在先性不平等以及生存和生活方面的不平等，但在存在论层面，其存在身份并无差异性，其降生和存在本身却是普遍的平等。与此不同，人人尊严之道，重在强调人的价值平等，即每个人作为一个人而存在，其存在价值是等同的，并且，人作为人的价值是至高无上的，没有高贵与低贱之别。

人人的尊重之道和人人的尊严之道，伴随人的第二次诞生而诞生，人类物种从自然人类学向文化人类学方向展开，从动物存在上升为人文存在，就有了从自发到自觉地意识地生活之努力，对这种意识地生活之努力的普遍意识，就构成一种普世的存在认知和人本思想。最早提出这一人本思想的是智者普罗泰戈拉，他提出"人是万物的尺度，是存在者存在的尺度，也是非存在者不存在的尺度"。普罗泰戈拉此论构成人类思想史上最早的人道思想，他把人置于万物之上，或许从发生学讲——从造物主创世界——并不符合实际，但他所要突出的是人的存在价值和人的存在地位的独一无二性。在存在世界里，除造物主之外，再没有比人更尊贵的了，因为按《创世记》的设计，耶和华创造出了整个存在世界，为人的出生准备了所有条件之后才按照自己的肖像创造出了人，人是耶和华的对象形式，它本身具有神性，因为它本身是神的造物，是神性的存在者。所以，人很自然地并且也是得天独厚的最高存在者，是万物的尺度，是一切存在者存在的尺度，也是一切非存在者不存在的尺度。

普罗泰戈拉关于人是最高价值的人道思想，被苏格拉底、柏拉图、亚里士多德等人从不同方面论证，苏格拉底首先探求人作为万物的尺度的可能性道路，指出只要"认识自己"而消除无知，就可以使自己成为万物的尺度。柏拉图进而探讨在理论上是"万物的尺度"的人在实际上成为万物的尺度的条件，包括认知条件和环境条件，对前一个条件的探讨，形成"相"（或"理念"）本体论哲学，为人实际上成为万物的尺度提供了认知基础或者说哲学基础；对后一个条件的考察，形成以"节制、勇敢、理性、正义"为基本精神结构和伦理指南的理想国，这是人人能够成为万物的尺度的社会环境。柏拉图将苏格拉底的"认识自己"和解构"无知"具体化，对"认识自己"具体聚焦于"节制、勇敢、理性、正义"，对解构"无知"聚焦于对存在世界的认知。亚里士多德沿此继续向前，进一步打开和拓展解构"无知"的视域，构建两个实体世界；将"认识自己"具体化为对知德与行德的构建，前者即理智的德性，后者是伦理的德性。如果人人皆能如此做，必成为万物的尺度，由此人人皆以人人为道。

东方哲人孔子也认为存在世界里人为最贵，并指出人为最贵并不在于先天命定，而在于后天的努力，其根本之方是"学而时习之"，因为"学而时习之"可达于仁、知、勇、信、义、德。孔子认为作为"犁牛之子"的"雍也，可使南面"（《论语·雍也》），不仅揭示"学而习时之"可以改变人的命运，更是主张人生而平等。哪怕是无学或"不学"的民，也享有天赋的自由和平等，这即"民可，使由之。不可，使知之"（《论语·泰伯》）。"当民懂得礼仪文明，能够自觉遵守道德法令时，就任其自由生活；如果不会，就要教化民，使他们知晓并遵守道德法令、礼仪文明"，这是主张邦国治理必须行人道，治邦行人道的根本之方就是以人生而自由和平等为准则，尊重民的自由本性和权利，使每个民平等支配自己的自由。不仅如此，鲁执政大夫季康子向孔子咨询治民之道，"采用什么办法治理邦国，才能使民众恭敬、忠诚和相互劝勉？"孔子却告诉他："对民言谈举止庄重，就会赢得恭敬；以身作则使民各孝其老、各慈其幼，就会赢得忠诚；任用德才兼具的贤良，教化那些弱能的人，自然会促进民众相互劝勉。"① 门徒子贡向夫子请教如何治理邦国。孔子告诉子贡说，治邦的根本之策有三，即使邦国丰衣足食、武备强大和信用于民。子贡又问："如果出于不得已而使这三者必去其一，先应该去掉哪一个最为恰当？"孔子说，应先去其武备。子贡再行假设，如果出于不得已而一定要在这剩下的二者中再去其一，那应该去掉哪一个最为恰当？孔子指出，应该去掉丰衣足食。他说出为什么要做如此选择的理由：人自古以来都是要死的，但如果丧失了邦民的信任，邦国就会灭亡。② 孔子的如此思考和主张贯穿对人的基本认知，那就是人——无论君子还是民——都是高于一切的。尊重人人和使人人尊严，这是人道的本质，它贯穿于孔子的思考和日常生活之中。

  仲弓问仁。子曰："出门如见大宾，使民如承大祭，己所不欲，勿施于人，在邦无怨，在家无怨。"（《论语·颜渊》）
  子见齐衰者、冕衣裳者与瞽者，见之，虽少必作，过之，必趋。（《论语·子罕》）

2. 人道的理性结构

  人道作为尊重人人之道和人人尊严之道，其本质呈现出人人平等和自由。所以，人道也如平等和自由概念一样，既是一个个体主体的概念，也是一个社群的、社会的、人类的概念，这个概念定义了平等和自由，对平

---

① 季康子问："使民敬忠以劝，如之何？"子曰："临之以庄则敬，孝慈则忠，举善而教不能则劝。"（《论语·为政》）
② 子贡问政，子曰："足食，足兵，民信之矣。"子贡曰："必不得已而去，于斯三者何先？"曰："去食。自古皆有死，民无信不立。"（《论语·颜渊》）

等和自由分别赋予其自身规定，诠释了平等和自由的普遍和全面，人道就是普遍的和全面的平等之道和自由之道，揭示自由需要平等至于平等需要人道和人道实现平等至于平等保障自由的循环递进的路径，构筑一个以人为出发点和目的、以社会为半径、以人类为圆周的精神结构，这个精神结构即**公共理性**。

公共理性（public reason）概念由罗尔斯（John Rawls，1921－2002）提出，他在其《正义论》（*A Theory of Justice*）和《政治自由主义》（*Political Liberalism*）中运用 public reason 来描述现代化进程中多元化的社会如何需要一种可普遍接受的基本价值观、理性的话语体系及其诠释理由。由此，"公共理性"概念在政治哲学和社会理论中得到广泛讨论，其核心议题是如何在多元化的社会进程中建立公正的社会秩序，以确保公共政策和法律建立的基础不是特定的宗教、意识形态或文化观念，而是被广泛接受的理性。通俗地讲，公共理性即超越特殊群体、意识形态、文化观念和宗教信仰的具有广泛接受性的理性，是基于构建公正的社会秩序而解决普遍平等的问题，而普遍平等是最大限度地缩小不平等的社会结构，罗尔斯提出"差异法则"（*difference principle*）来定义不平等在什么意义上才是合理的，指出根据差异法原则，社会不平等只有在最大限度地造福最不 advantaged（"有利地位的"或"有优势的"）人时才是合理的。

客观地看，公共理性应该是解释其正义理论的方法。罗尔斯的正义理论关注的是平等的普遍性的社会结构问题，从古希腊以来所形成的传统看，平等的政治正义理论所力求解决的是少数人的暴政问题，但也同时遭遇自由的难题，public reason 概念遭受各种批评，是人们认为，public reason 主张最可能导致排斥某些特殊群体和少数人的声音和利益，以及在某些情况下过于理性化，忽视感性和文化差异，诺齐克的**自由优先**的"自由的平等"理论之所以与罗尔斯的"平等的自由"的平等理论针锋相对，实是要解决多数人的暴政问题。以此来看，罗尔斯的公共理性主张，不仅存在着排斥特殊群体和少数人的声音和利益的可能性，而且蕴含"多数人的暴政"潜在危险。

以更宽和的姿态，基于更广阔的视野观，罗尔斯的正义（或曰"平等的自由"）理论与诺齐克的自由（或曰"自由的平等"）理论，形成对人和政府的基本看待的差异性，前者更关注类的或社群意义的人，因而更强调政府和国家对社会和个人的功能；后者更关注个人或曰个人意义的具体的人，因而更弱化政府和国家对社会和个人的功能。客观地看，政府和国家对社会和个人的功能越强越大，社会和个人就越弱越小，虽然主张平等和自由，但实际上不平等和不自由越广泛；反之，政府和国家对社会和个人的功能越小越弱，社会和个人就越大越强，平等就越普遍，个人就越享有广泛的自由。

从根本讲，公共理性所存在的潜在局限不是公共理性的局限，而是罗尔斯赋予公共理性的局限，这种局限体现在两个方面，首先，公共理性主张意在构建多元化的社会对公共秩序提供可普遍接受的价值观、话语体系和解释理由，只是从平等出发，其真正的依据是平等，却忽视平等的依据是自由，即平等的动机和目的均是自由，虽然正义理论也强调自由，但那仅是平等的自由、是政治自由，而不是一般的、人类学意义的自由，不是作为平等的源头和正义的依据的自由。其次，公共理性可普遍接受的价值观和理性，是以平等为导向、以政治自由为落地形式的正义的价值观和理性，却忽视了人人之道的价值观和理性。

以此观之，完整的既可避免多数人的暴政之潜在可能性，也可避免少数人的暴政之潜在可能性的文化人类学和社会学意义的公共理性，必是以人道为依据、以自由为逻辑起点和实际目的，以平等为根本方法、以公意为凝聚力和释放方式的社会理性。客观而言，公共理性是一种社会理性，而非政治理性。公共理性之所以是一种囊括政治理性却必然地超越政治理性的社会理性，是因为公共理性不仅是一种社会解释方式，而且首先是一种应对和引导多元化的社会健康存在和发展的社会精神框架。这种社会精神框架是以人道为基石。人道，即人人之道，并不在于它超越政治和伦理并居于政治和伦理之上，而在于它本身构成政治和伦理的依据和指南。在人类文明进程中，适应于多元化的社会的政治和伦理，必须从尊重人人之道和人人尊严之道出发，以平等实现自由和平等保障自由为根本目的，以公意为滋润方式。所以公共理性作为一种多元社会的社会精神框架，则可以如下简图呈现：

[4-1：构成公共理性的社会精神框架]

客观地讲，人类现代文明的不可逆走向是多元社会，多元社会必须同时具备四个基本条件，一是超越阶级和阶层、超越民族和国家、超越地域和人种的人人之道；二是天赋存在目的的自由；三是实现人人自由和保障人人自由的平等；四是凝聚和释放人道、自由、平等的公意。因而，人道、自由、平等、公意，此四者构成多元社会的公共理性之社会精神框架。

客观地看，在以人道为依据、以自由为目的，以平等为方法、以公意为凝聚力和释放方式的公共理性社会精神框架中，人居于其中的位置也成为社会的唯一主体和社会的最高价值。这就决定了人——更具体地讲，个人——在社会结构中仍然居于中心位置。具体而言，以国家为基本单位的社会，其社会结构的原初形态即政体结构，然后通过对政体的定型而产生制度、法律，形成运行制度和法律的社会结构体系。但构成这一运行社会的结体体系的原初框架即政体结构，其实质构成就是对人权和权力的分配框架，以权力为导向的政体结构，也即社群取向的政体结构，简称**权力政体**；以个人取向的政体结构，简称人权政体，或曰权利政体。以人居于中心位置的社会精神框架为内在支撑的社会结构，即人权政体结构，它所生成敞开的制度和法律化的社会结构及体系体现两个特征，首先，社会结构体系的生成和建构，是选择的体现。这种对社会结构体系的选择体现了文化人类学的努力，它构成动物社会与人类社会的形态学区别，也标志人类从"化物为人"向"化人为人"方向发展进入较高阶段。所以，社会结构体系是人的后天作为使然，是缔造社会的人类对自己群化存在方式的选择。其次，这种以人权政体为导向的社会结构，是形成平等保障自由的他律机制及其体系，这个体系由社会框架、结构安排、运作机制三部分构成。其中，社会框架是以个人为中心、以人人为目的的社会精神框架，它构成社会结构的动机-目的体系或动力-目标体系。结构安排是对权的实质分配所形成的权利-权力结构，它定型社会框架并构成社会框架的内稳机制。运作机制是社会框架的动态生成方式，也是运作社会安排——运作社会权利-权力结构——的社会运行机制，它仍然是以尊重人人之道和人人尊严之道为原发动力，以人人自由为目标，以全面平等为社会方法，以公意为凝聚力和释放方式的社会运行机制，这一社会运行机制的个体构成是起点平等、机会平等、人格平等、尊严平等和原则平等以及运作其原则的机制平等。只有由其六个具体平等构成的运行体系，才可最大程度地避免发生多数人暴政或少数人暴政，才可能真正化解平等与自由之间的矛盾，促进平等的自由和自由的平等的真正统一，真正实现尊重人人之道的平等和人人尊严之道的自由。

二 公正

基于平等实现自由和平等保障自由而考量公道，必然引发人道关注。考察人道必将带出公正来，因为，人道的个体表达是尊重人人之道和人人尊严之道。尊重人人之道和人人尊严之道的社会实现，必求助于公正的社会原则和公正的社会方式，所以，人道的社会表达就是公正。在这方面，创建政治学和伦理学的亚里士多德为我们做出了基本的示范，他基于城邦作为一种"至高的善业"即实现人人能过上"优良的生活"之社会目的，考量尊重人人之道的养成必是知德与行德，前者是养成理智的德性；后者乃是具备伦理的德性，进而探讨人人尊严之道必须正视社会公正。亚里士多德认为公正涉及分配和交换两个领域，即分配公正和交换公正。但无论是分配公正还是交换公正，都不过是谋求中道，即在对他人的非义（过度）与对自我的非义（不及）之间谋求中道，因而，公正是作为德性实践于生活的总体的德性，或者说总体的德性的生活实施方式就是公正。公正的本质是中道。以中道为准则，解决非义——过度或不足——的公正方式，就是矫正公正。因而，公正是由分配公正、交换公正和矫正公正三部分组成，即尊重人人之道和人人尊严之道，必须在群化的社会生存中通过分配公正、交换公正和矫正公正来实现。

1. 公正区别于正义

在今天讨论公正问题，必不可回避"正义"问题。弗雷德里克·沃特金斯在《西方政治传统：近代自由主义之发展》中写道："'正义'的观念教导人衡量别人的同等权利，从而约束自己的要求，因此是能使**理性的人**在异中求同的原则。国家的功能就是要在永恒对立的力量中谋求理性的平衡，以达成'正义'的目的。不过，国家虽然可以用强制力达到这个目标，却不能像传统的主权论所主张的那样，可以绝对垄断。人（包括政治家）的自然倾向是强调自己的需求与经验而牺牲别人的需求与经验。冲突的经验能够说明一个群体不可能将非理性的意志强加在另一个群体身上，因此能启发人拼命努力，寻求理性的基础，来调和互相冲突的要求。因此，国家如果想实现'正义'，就不能强大到将自己的意志强加在其他社群身上。实际或潜在的'紊乱'是谋求公正的利益均衡的动因，由于人类进步的本质是'正义'，所以我们对'秩序'的企求就必须永远臣服在'正义'的企求下。"① 20 世纪后半叶以来，人们对正义问题的重视并因此而掩盖了公正的根本性，应该归功于罗尔斯。罗尔斯认为人类"价值来源于社会的正义和平等，正义和平等构成人类社会的基本原则，它们不仅是道德价值，也是政治价值"②，所以人应该追求正义和平等，因为正义和平等构成道德价值的基础。③

但需要正视的是，罗尔斯的正义理论不过是源自亚里士多德的公正理论，他是将亚里士多德的两个公正原则提取出来，运用近代的契约理论来解释它，为使之具有普遍的理论张力和解释空间，罗尔斯为之预设了一个可推论出其正义原则的"无知之幕"，然后构建"公共理性"的解释方法。虽然如此，但无论从来源观，还是从功能论，罗尔斯的正义理论与公正理论有根本不同。

麦考密克和魏因贝格尔在《制度法》中说"没有人能够客观地和确定地

---

① ［美］弗雷德里克·沃特金斯：《西方政治传统：近代自由主义之发展》，李丰斌译，广西师范大学出版社 2021 年版，第 171 页。
② John Rawls, *A Theory of Justice*, Harvard University Press, 2009, p. 3.
③ John Rawls, *A Theory of Justice*, Harvard University Press, 2009, p. 3.

知道什么是公正，公正也得不到证明"①。魏因贝格尔对"公正"问题的认知悲观并非毫无道理，因为自罗尔斯的正义理论产生并盛行以来，"公正"概念被"正义"概念取代，一切公正的都是正义的，所有正义的也是公正的，"正义"由此成为一个指涉一切的概念，社会正义、制度正义、环境正义、气候正义甚至"全球正义"等，各种正义主张和提法最终都以罗尔斯的正义理论为依据，但罗尔斯的正义理论却不能为这些不断"创新"的正义提法提供依据，因为罗尔斯的正义是以社会契约论为方法来重新探讨亚里士多德的两个公正原则的。亚里士多德的两个公正原则是社会规范的一般认知原则，罗尔斯却将这两个一般认知原则纳入国家框架下来考察社会制度正义问题，由此形成的是一种政治正义理论。罗尔斯的正义理论与亚里士多德的公正理论的根本区别有两个方面：

第一个方面，罗尔斯的正义理论是**政治**正义论，更具体地讲是制度正义论；亚里士多德的公正理论却是**社会**公正论。这种社会公正理论在亚里士多德那里是将公正与平等两个问题紧密联系来考察，揭示公正与平等的生成关系。人们普遍认为，平等比公正更为根本，它在事实上构成公正的本质规定，是公正伦理的基础。但亚里士多德认为，公正必须以平等为表现形态，平等又必然以公正为根本规范。因而，公正的必然是平等的："公正被认为是，而且事实上也是平等；但并非是对所有人而言，而是对彼此平等的人而言。不平等被认为是，事实上也是公正的，不过也不是对所有人，而是对彼此不平等的人而言。"② 很明显，亚里士多德的公正理论的思想基础，没有关于人的**存在平等**的思想奠基，仍然是在等级平等的意义上谈论平等的。由于其平等的思想并没有获得普遍的存在意义上的奠基，所以不可能有全面公正的思想产生。以此来看，如果没有将平等问题很好地解决，一切的公正理论都是片面的，因为"平等"问题涉及对人的根本看待与定位，要能很好地理解亚里士多德的平等思想，还必须从他关于平等的政治思想入手。亚里士多德把公正的看成是平等的，这种公正即平等的思想，却只相对部分人而论，相对另

---

① ［英］麦考密克、［澳］魏因贝格尔：《制度法》，周谦译，中国政法大学出版社1994年版，第266页。
② ［古希腊］亚里士多德：《亚里士多德全集》（第9卷），中国人民出版社1994年版，第89页。

一部分人来讲，公正的就是不平等的；反之，亚里士多德又认为平等的也是公正的，但同样是相对一部分人来说才有效，对另一部分人来讲，恰恰是平等的，却是不公正的。

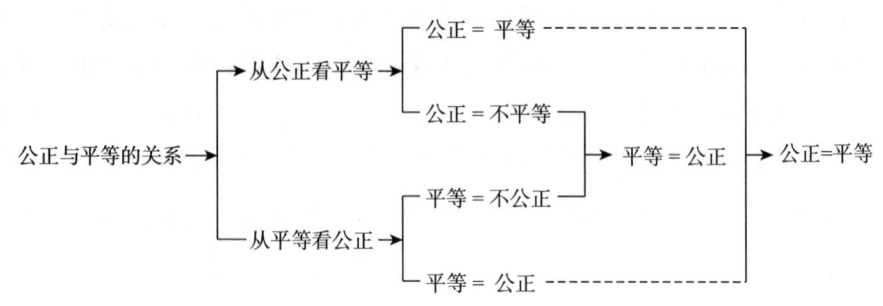

```
                        ┌─ 公正 = 平等 ─ ─ ─ ─ ─ ─ ─ ─ ─ ┐
          ┌─ 从公正看平等 ─┤                              │
          │             └─ 公正 = 不平等                  │
公正与平等的关系 ─┤                              平等 = 公正 ─→ 公正=平等
          │             ┌─ 平等 = 不公正                  │
          └─ 从平等看公正 ─┤                              │
                        └─ 平等 = 公正 ─ ─ ─ ─ ─ ─ ─ ─ ─ ┘
```

[4-2：亚里士多德公正-平等的逻辑体系]

在亚里士多德的思想体系中，完全的公正也是完全的平等只有一种，完全的平等也是完全的公正也只有一种，这两种形式合起来是：完全的公正等于完全的平等；完全的平等等于完全的公正。在这一意义上，公正与平等是可以互换的两个概念。但除了这种完全式的公正与平等外，还存在着两种形式，即公正等于不平等和平等等于不公正。前一种形式表述为：是公正的却必须是不平等的，如果要使它成为平等的就必然意味着是不公正的；由于它是公正的，虽然它不平等，但也是一种平等，即一种**不平等的平等**（即公正）。第二种形式则表示为：是平等的却必须是不公正的，如果使这种情况变成公正，那就必须使它变成不平等；由于它是平等的，虽然不公正，但也是一种公正，是一种**不公正的公正**（即平等）。将此两种情况合起来则为：不平等的公正和不公正的平等。概括地讲，亚里士多德对公正与平等之构成关系的分类依据是他对人的根本看待，即**人的存在的绝对不平等**构成亚里士多德公正与平等之关系构成类型的本质依据，也构成亚里士多德公正理论和平等观念的思想基础。亚里士多德是一位主张奴隶制君主政治的思想家，他从奴隶制君主政治角度出发，认为奴隶制是符合自然法则并且是不可更改的社会制度。基于这一认知，他得出对人的既定看法："人并不是天生平等的，而是有些人为当奴隶而生，另一些人为治人而生。"[①] 人天生就是不平等的，有的

[①] 苗力田编：《古希腊哲学》，中国人民大学出版社1990年版，第587页。

生来就是奴隶，有些生来就是主人，并且唯有当有了奴隶和主人，才构成了社会，产生了城邦，形成了政治。所谓政治，就是奴隶与主人之间的相辅相成的统治与被统治、奴役与被奴役的关系表达式。从奴隶方面说，他仅是主人"会说话的工具"，他存在于社会上的根本功能就是绝对服从主人的统治和奴役，他是主人的财产，"财产是工具的总和，奴隶是一件有生命的财产"①。

在人的存在根本不平等这一平台上，亚里士多德提出了两种公正和两种平等，即平等的公正和不平等的公正，与其相对应的却是公正的平等和不公正的平等，即人的存在的根本状况是不平等，这种不平等的原则是相对主人与奴隶之间存在的本质关系而言的：完全的公正和完全的平等（即平等的公正与公正的平等）只相对严格的等级、阶级分类才有意义，即主人与主人之间才存在公正的平等和平等的公正，奴隶与奴隶之间也可能存在公正的平等和平等的公正；奴隶与主人之间是绝对不可能有公正的平等和平等的公正。从现实生存角度论，主人有奴隶才成为主人，奴隶也因为有了主人才成为奴隶。主人与奴隶之间相互依存、共同生存的这种奴役与被奴役、统治与被统治的关系，必然联结起他们之间的公正与平等的生存问题，即奴隶能够接受主人的奴役"是有益的"，并且"是公正的"；主人奴役奴隶同样是"有益的"，并且也"是公正的"。因而，在亚里士多德看来，主人对奴隶的公正只能是一种不平等的公正，主人对奴隶的平等只能是一种不公正的平等。

第二个方面，亚里士多德的公正理论是普适理论，它从两个方面得到体现：一是普遍性、一般性："公正不是德性的一个，而是整个德性；同样，不公正也不是邪恶的一部分，而是整个的恶。"② 二是全体性："所谓公正，是所有人由之而做出的事情来的品质，使他们成为作为公正事情的人。"③ 在亚里士多德那里，公正不仅指涉所有人和所有事，更指涉分配和交往。仅分配论，亚里士多德的公正理论为财富、荣誉以及其他为合法公民所共享的东西的分配提供了尺度。就交往论，亚里士多德的公正理论指涉了包括自愿交往

---

① 苗力田编：《古希腊哲学》，中国人民大学出版社 1990 年版，第 588 页。
② ［古希腊］亚里士多德：《尼各马可伦理学》，苗力田译，中国社会科学出版社 1999 年版，第 97 页。
③ ［古希腊］亚里士多德：《尼各马可伦理学》，苗力田译，中国社会科学出版社 1999 年版，第 95 页。

和非自愿交往领域,前者如赎买、出售、抵押、放贷、寄存、租赁等;后者如偷盗、投毒、诱骗、淫媒、通奸、暗算、伪证、袭击、杀害、关押、抢劫等。亚里士多德提炼出公正的类型,即分配公正、交换公正和矫正公正,指出分配公正是谋求对他人的分配不公(过度)与对自我的分配不公(不及)之间的中道,矫正公正是谋求交往中一方得利与另一方失利之间的中道,交换公正是由第三者以仲裁的方式来强制实施,使当事人双方获得公正的主动方式,其根本的准则仍然是中道。由此三个方面,亚里士多德的公正理论获得了指涉功能的世界性、全球性,即世界性、全球性的道德问题都可为分配公正、交换公正和矫正公正所涵盖。

与此不同,罗尔斯的正义理论却是**局域**理论,它只局限于国家社会,不能跨越国家政治而达向日常生活领域发挥其规范功能。或许正因如此局限,罗尔斯后来才研究《万民法》,企图对"正义"理论的运用范围予以拓展:"80年代后期以来,我经常想发展我之所谓'万民法(the law of peoples)'的论题。首先,我选用'国民共同体(peoples)'而不是'民族(nations)'或'国家(states)',因我想赋予'国民共同体'一词以不同于'国家'的特征,因为传统意义上的以国家观念表现两种主权权利,这并不合适。"① 但罗尔斯最终发现,国家层面的政治正义理论要推向普世的国际正义,显然不可能。这是因为"当政治哲学之扩展至于普遍认为实际政治可能的限度,并且使我们与我们的政治与社会条件相协调,这样的政治哲学实际上就是乌托邦(realisticutopia)"②。在罗尔斯看来,"公平的正义"只产生于国家,它是国家内部政治、经济、社会结构安排的需要,因而它只适用于国家自身的基本结构,不能做无视不同标准和条件的外推,不适用于不同价值标准的不同环境和不同国家。所以罗尔斯根本不相信有什么"全球正义"。③ 但罗尔斯的学生托马斯·博格却要为这种不可能性而努力,他提出了"全球正义"概念及其主张④,其追随者哈士曼更是要将全球正义扩展到所有领域:"全球正义属于有

---

① [美]罗尔斯:《万民法》,张晓辉等译,吉林人民出版社2001年版,第1页。
② [美]罗尔斯:《万民法》,张晓辉等译,吉林人民出版社2001年版,第12页。
③ John Rawls, *The Law of Peoples*, Cambridge: Harvard University Press, 1999, pp. 115-116.
④ Thomas Pogge, *Human Rights and Human Responsibilities*, Pablo De Grieff, Ciarian Cronin, *In Global Justiceand Transnational Politics*, Cambridge: The MIT Press, 2002, p. 184.

关人权、全球性饥饿、环境保护,以及和平问题的范围。从全球正义的立场出发来看,为当今的世界所面临的种种问题寻求各种解答,这是所有各个民族的人们的责任,而不仅仅是某些个别的民族国家所关注的事情。全球正义把存在于民族国家自治和保卫人权之间的优先权问题突出表现了出来。"① 然而,"全球正义"主张只考虑现实和应该,却忽视了条件和限制。客观地看,从政治正义论向超越国家疆域达向对国际正义的构建,必须同时具备三个基本条件,即在制度、法律、道德三个方面都要具有实施正义的现实性。但事实上如康德所指出的那样:"国家是一个人类社会,除了它自己本身而外没有任何人可以对它发号施令或加以处置。它本身像树干一样有它自己的根茎。然而要像接枝那样把它合并于另一个国家,那就是取消它作为一个道德人的存在并把道德人弄成了一件物品,所以就和原始契约的观念相矛盾了;而没有原始契约,则对于一国人民的任何权利都是无法思议的。"② 康德揭示了国家制度框架下的政治正义要拓展成为国际正义之根本不可能的理由,它意味着要将罗尔斯的正义论理论拓展为全球正义、气候正义、环境正义亦为不可能,因为全球正义、气候正义、环境正义等问题,虽然也涉及国家层面的内容,但它更具备国际功能或者说全球功能。客观论之,全球功能和国家功能有其根本区别:前者主要依靠的是谈判与协商,后者却是通过制度而获得强制性保障机制。"正义是我们通过共享的制度而只对与我们共处于很强的利益关系中的人们所负有的责任。"③ 这种强制性只可能在一国范围内出现,国际社会并不存在这种强制性的制度安排。所以,"现实社会不能构建合理且普遍有效的正义原则体系。全球正义原则体系不像罗尔斯所阐述的那样,是由自由国家向非自由国家'扩展'而成的,而是要通过平等协商、和平对话机制来构建人人都遵守的、规范各种社会关系和所有社会成员的法律规则体系,来实现和维护人与人之间的和谐合理的关系。这种原则体系是绝对性和相对性的统一。就其合理性来说是相对的,会随着时间的变化而变化;就其普遍有效性来说是绝对的,它规范约束所有社会成员的行为。但政治的多元性、文化的差异性和

---

① [美]哈士曼:《全球正义:日益扩展的行动范围》,霍桂桓译,《世界哲学》2004年第2期。
② [德]康德:《历史理性批判文集》,何兆武译,商务印书馆1996年版,第99页。
③ Nagel, T., "The Problem of Global Justice", *Philosophy and Public Affairs* 33, 2005, p.126.

价值观的多样性的现实，再加上各民族风俗习惯的迥然不同，使得在全世界范围内建立一套人人都遵守的法律规则体系只能是一种空想"①。

进一步看，罗尔斯的正义理论只是对亚里士多德的两个公正原则的现代诠释。由于亚里士多德是基于人类伦理存在的自身要求提出的两个公正原则，构成了道德学的一般原则；罗尔斯却是基于现代社会的公平和制度分配的完善而提出正义原则，从而使其成为特殊的政治道德原则。所以，从亚里士多德公正理论到罗尔斯的正义理论，这是将道德的一般原则转换成特殊的政治道德原则，罗尔斯所做的第一步工作就是用"正义"概念替换"公正"概念。"公正"与"正义"这两个概念虽然有同构的词源学语义，但也有不同的语义区别，这种语义区别也包括了使用范围上的差异性。人们往往只看到这两个概念的语义同构，却忽视这两个概念的语义区别，由此造成了人们在使用时常常将公正与正义相混淆。"公正"与"正义"这两个概念的同义性使它们之间构成属种关系，罗尔斯本人应该是深知这两个概念间的属种关系：因为亚里士多德所论的"公正"，实际上表述的是赫拉克利特开创的一般道德传统，因而它是一般的社会道德原则；罗尔斯的正义理论是在一般社会道德原则规范下的政治道德原则，这是罗尔斯不用"公正"而用"正义"概念来考察国家框架下制度、社会基本结构的道德的根本考虑。

把公正问题当作正义问题或将正义问题当作公正问题。这既不利于理论上研究公正与正义，还会产生理论误导，不利于实践上的公正与正义。公正与正义是**属种**关系，而不是**种属**关系，也不是**交叉**关系。正义的内涵比公正丰富，而公正的外延比正义大，是正义的一定公正，公正的未必正义；不公正的一定不正义，不正义的未必不公正。公正与正义不仅有理论差异，还有实践差异：公正是社会制度的首要价值，尽管公正在实践中有相对性，但一个社会如果连起码的公正都做不到，就会人心背向、怨声载道。而正义是一种较高的要求，或者说正义是人生的追求、社会的追求，社会应该提倡正义、弘扬正义、赞颂正义的行为，但是社会不

---

① 陈红英：《论万民法与全球正义的局限性》，《思想战线》2006年第4期。

必要求人们的行为一定合乎正义，否则一个社会就会浮夸之风盛行。（引者加粗）①

正义，在罗尔斯那里只适用国家框架下的制度设计与运作，即制度的设计必须考虑基本的权利和自由与非基本的权利和自由的划定和保障问题。正义理论就是为其确定正义原则。正义的"第一个原则仅仅要求某些规范（那些确定基本自由的规范）平等地适用于每一个人，要求这些规范承认与所有人拥有的最广泛的自由相容的类似自由。确定自由的权利和减少人们自由的唯一理由，只能是由制度所规定的这些平等权利会相互妨碍"②；正义的"第二个原则坚持每个人都要从社会基本结构中允许的不平等获利。这意味着此种不平等必须对这一结构确定的每个有关代表人都是合理的，如果这种不平等被看作是一种持续的情形，每个代表人宁愿在他的前程中有它存在而不是没有它"③。但正义只是公正构成的一个要素，因为公正指涉的范围更广阔，它可以在人的生存的所有领域发挥功能。正义理论的局限性就在于它以道德评价的**要素原则**取代了道德评价的**整全原则**，更为根本的是，公正以其自身的整全存在，构成正义的来源和基础，罗尔斯以设置"无知之幕"的方式来取代正义的公正来源和基础，既是正义的自身规定所成，也是正义必须接受"要素"、脱离"整体"的必需代价。

2. 公正的人道本质

公正的生存论本质 讨论公正问题，首先是界定何为公正。

霍布斯说："公正就是给予每个人所应得的不变的意志。"④ 穆勒更为明确地指出："公正就是每个人得到他应得的东西（利益或损害）；而不公正则是每个人得到他不应得的利益或损害。"⑤ 罗伯特·施佩曼认为："公正对一

---

① 冯颜利：《公正（正义）研究述评》，《哲学动态》2004年第4期。
② [美]约翰·罗尔斯：《正义论》，何怀宏、何包钢、廖申白译，中国社会科学出版社1988年版，第59—60页。
③ [美]约翰·罗尔斯：《正义论》，何怀宏、何包钢、廖申白译，中国社会科学出版社1988年版，第60页。
④ Thomas Hobbes, *Leviathan*, Simon & Schuster Inc., New York, 1997, p. 113.
⑤ Robert Maynard Hutchin, *Great Books of The Western World*, Volume. 43, *UTILITARIANISM*, John Stuart Mill, Encyclop Aedia Britannica, Inc., 1980, p. 466.

个人而言可能每时每刻对待每个人都必需的，因为公正的要求只有将个人的好感、意愿、爱好和利益进行局限化。对我的行为来说，'这服从于我的利益'并非是充足的辩解理由，因为这个理由也涉及到了他人的利益。我的利益有可能优先于他人，但理由并非因为这是我的利益，而是因为内容上而言这个利益更重要。也就是说，若他人的利益更重要，那这些利益就应当优先。在利益冲突时，看到所涉及的是什么利益，而且能不计较危及谁的利益，这种人我们称其为公正的。我们总是在评价利益时尝试先采取一些措施，使自己处于优先地位，所以在持怀疑的情况下能服从一个公正的机构，这属于情愿公正。"[1] 质言之，公正就是**应得的利益与损害**。但威廉·葛德文（William Godwin，1756-1836）却认为，公正不仅蕴含了"每个人应得的东西所持有的恒常不变的意志"，还揭示了公正指向实际利益或损害的获得必须接受规范与限度，并且唯有这种规范与限度，"每个人的应得的"东西才可能得到保证。公正之限度精神不仅体现在实际的利害内容上，更体现在对"好感""愿望""爱好"这些内在化的、大体属于伦理行为动机方面的内容的限度，同时还体现在对实际的利益优先的策略选择与手段运用等方面的明晰与限度。由此看来，公正问题实际上涉及行为动机应当、行为手段正当和行为目的及其结果正义的问题。因为，行为之动机应当、手段正当、目的及结果正义之规范，恰恰是公正对"每个人应得的东西"之行为的全面规训与限度。

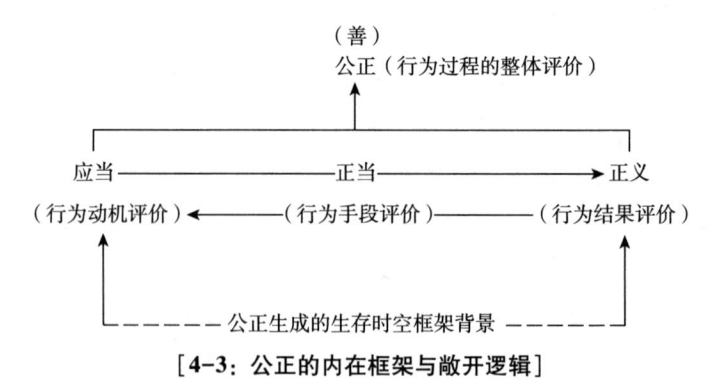

```
                    （善）
                    公正（行为过程的整体评价）
                         ↑
        ┌────────────────┼────────────────┐
        │                │                │
       应当 ──────────── 正当 ──────────→ 正义
  （行为动机评价） ←──（行为手段评价）──── （行为结果评价）
        │                                  │
        └──────── 公正生成的生存时空框架背景 ────────┘
```

[4-3：公正的内在框架与敞开逻辑]

---

[1] ［德］罗伯特·施佩曼：《道德的基本概念》，沈国琴等译，上海译文出版社 2007 年版，第 35—36 页。

公正概念之所以对"每个人应得的东西"之行为诉求必须予以"动机应当→手段正当→目的及结果正义"的系统规范和价值导向,是基于它必须为"一切人固有的、内在的权利为其基础",以"自然法面前人人皆有的社会平等"为本质要求。正是基于这一内在要求和行为规定,"公正"才有资格成为"一个社会的全体成员相互间恰当关系的最高概念",因为它"不取决于人们关于它究竟是什么的想法,也不取决于人们对自认为公正之事的实践,而是以一切人固有的、内在的权利为其基础的;这种权利源于自然法面前人人皆有的社会平等……**公正是恒久不变地使各人得其所得**"(引者加粗)。①《美国百科全书》对"公正"概念的这一描述性定义,至少揭示了三层含义:第一,公正问题产生于人类社会成员之实际生存关系,并在事实上表达了人类社会各成员之间的**恰当的**生存关系,并且这种"恰当的生存关系"就是一种**平等的权利关系**。第二,公正指涉的这一权利关系中的"权利",不是基于人为,而是源于**自然法则**:公正是根据自然法则明确地定位出人与人以及人与社会之间的权利关系。所以,公正的最终依据是自然法则,而不是政治或政治化的制度、法律。相反,政治、政治化的制度、法律都必须以公正为依据。第三,权利始终是(个体的)人的权利,并且,人的权利的实质的或者说本体内容却是利益。从根本讲,公正表达出来的人际关系定位恰恰是人与人、人与社会之间的利益定位,这种利益定位的具体表达就是"**各人得其所得**"。

概括地讲,公正就是每个人在多元复杂的和动态生变的社会关系中"各人得其所得",但这个"各人得其所得"的背后却隐含着另外两个历来被人们忽视的客观事实,即各人"不得其所得"的事实和各人"得其不当得"(即"得其不该得")的事实:当一个人"**不得其所得**",其行为是不公正的,也是不道德的和非善的,因为这涉及自我利益的损害;当一个人"**得其不当得**"时,必然涉及对他人利益或社会利益的侵犯,其行为是恶的、反公正的,当然也是反道德的。只有当一个人"**得其所得**"时,其行为才是公正、道德和善。一个人怎样才能避免"不得其所得"和"得其不当得"而真正做到"得其所得"呢?这一问题包含人们"得其所得"的前提,这个前提条件就是亚

---

① 引自陈立显《伦理学与社会公正》,北京大学出版社2002年版,第44页。

里士多德所讲的"比例":"公正就是比例,不公正就是违反比例,出现了多或少。"① 这就是"得"与"失"所构成的比例要公正:所得到的和所失去的东西必须在价值(而不是数量)上一样多。比如说一斤糖果值 20 元,10 斤苹果也值 20 元,用一斤糖果换 10 斤苹果,就是交换前后在得失上**价值相等**。在狭窄意义上,公正就是"**等利害交换**",即平等的利害交换。这种平等的利害交换所形成的最终结果,一定要是利益的得与失相等,利与害交换得到的最终结果一定要利与害相等,如果得与失不相等或利与害不相等,比如说得大于失或失大于得以及利大于害或害大于利,都是不公正的。在交换领域是这样,在分配领域也同样如此,分配得到的东西,一定要体现其担当的责任与配享的权利相等,其付出的贡献与实际获得的利益相等。

公正首先是一个伦理学概念,然后才是一个政治学、法学和经济学概念。从伦理学角度看,任何有关于道德的行为都涉及动机、目的、手段与评价标准的问题。"公正"作为表述人类社会生活的整体道德问题的概念,它指涉的是人与人的道德行为规范问题,因而不可避免地与动机、目的、手段、结果的评价尺度、标准、原则相联系。因为,在"各人得其所得"的平等交换行为和分配行为背后蕴含的双重生存逻辑关系,即"动机→手段→目的(结果)"关系。正是这一"动机→手段→目的(结果)"关系,才缔结起人类生活公正的基本逻辑框架,世界的普遍利益法则才构成公正的最终人道依据,并获得内涵上的本体规定。

在人类社会里,人们之所以要追求"各人得其所得",是因为每个人都存在于资源匮乏的荒原世界里,每个人都被抛于对生存资源需要、创造与消耗之链中生活,他的全部的存在状态、所有的生存行为都与利益相关联:要么是利益的付出或获得行为,要么是眼前利益的追逐或未来利益的想望行为,要么是物质利益的谋求或精神利益的创造行为,总之,无论如何,这些行为蕴含和彰显的**本质性的关系结构**都蕴含"动机→手段→目的(及结果)"逻辑。

权责分配:公正的根本问题 公正就是实现"各人得其所得"。"各人得

---

① [古希腊]亚里士多德:《尼各马可伦理学》,苗力田译,中国社会科学出版社 1999 年版,第 101 页。

其所得"的实践要求公正必须具备两个条件：一是必须付诸行为；二是必须在行为展开中追求**等利害交换**。质言之，所谓**公正**，乃是对人类社会生活中**我与你、我与他、我与它之间等利害交换行为的规范、引导方式和价值判断、评价方法**。

从概念的性质定位角度看，公正有两层含义：首先，公正不是等利害交换行为本身，而是对等利害交换行为的**规范、引导方式和价值判断、评价方法**。其次，公正就是根据普遍利益法则而对利害交换行为进行"平等三善待"（即平等地善待自己、他人和生命）的等同性规范、引导、判断、评价。由此不难看出，行为和对行为的规范、引导、判断、评价是截然不同的两回事：公正虽然不是等利害交换行为，但它却表征等利害交换行为，并且它对等利害交换行为的表征，是通过利害交换行为进行对等的规范、引导、判断、评价来实现的。

从概念范围方面讲，等利害交换的基本行为是实际生活语境中我与你之间的行为，等利害交换的派生性行为是我与他和我与它之间发动的行为。在这里，这个"他"即"他者"，包括了他人、群体、社会、政府等，因而，"我与他"的等利害交换行为，即我与他人、群体、社会组织、政府以及整个社会的等利害交换行为；"我与它"的等利害交换行为，是指我与地球世界上的其他存在物、其他物种生命之间的等利害交换行为。所以，在人类社会生活中，等利害交换行为涉及三个层面，并由此构成三个系统，即"我→你"系统、"我→他"系统和"我→它"系统。并且这三个系统是以"我→你"系统为基本形态、以"我→他"系统和"我→它"系统为派生形态而组成的一个巨型的、开放性生成的等利害交换系统。

公正指向实践的行为方式是**等利害交换**，但公正指向实践的本质规定却是平等三善待的普遍利益法则，并且这一普遍利益法则以多元意向的方式呈现自身：公正的**存在本质是平等**，平等的具体表述是平等三善待，平等的抽象表述是普遍利益法则。概括讲，公正是其人类生活世界之平等三善待和普遍利益法则的整合表述。以此观之，公正问题始终是人与人、人与社会、人与世界生命之间缔结起来的根本存在关系的表达式，等利害交换的本质规定恰恰是人的存在权利、生存利益和人作为人的价值。人的存在权利、生存利益、个人价值此三者之间构成的实际关系可表述为：**权利是利益的容器，利益是权利的实在内容，价值是利益的抽象形式**。人的存在权利和人的价值都可以用"利益"概念来表示。在社会生活中，以利益为本质内容，人与他人、社会、政府以及人与地球生命、自然环境之间所形成的等利害交换关系，实际上是分配关系，即通过分配而实现交换。分配的依据和尺度却是**普遍的公正**，分配的内容却是围绕利益而生成的**权利**与**权力**。但以公正为尺度来分配权利或权力，必然要牵涉出责任。因为只有当责任形成对权利或权力的对应之势，所谋取的利益才是合道德的，具体地讲才是公正的。所以，因交换而分配的具体内容是权利、权力和责任，它具体化为五种形式，即权利与权力分配、权力与责任分配、权力与权力分配、权利与权利分配、权利与责任分配。这五种分配形式中的关键分配形式，却是权利与权力分配。由此，权利与权力的交换平等，可表述为权利与权力的分配公正，它客观地存在着两种基本形态：一是个人权利与社会权力的公正分配；二是人的权力与地球生命权利、自然环境生态权利的公正分配。

只有当权利与权力之间实现了公正分配，才可能实现个人、个人权利与个人权利之间的公正分配，个人、群体、社会、政府之间权利与责任的公正分配，社会组织机构、政府、国家之间权力与权力的公正分配，权力者（个人、机构、政府）之间的权力与责任的公正分配。也只有当权利与权力之间真正实现了公正分配，才可能有人的权力与地球生命权利、自然环境生态权利之间的公正分配。客观地看，权利与权力分配、权力与责任分配、权力与权力分配、权利与权利分配、权利与责任分配这五种具体的分配形式，最终都表现为权利与责任对等：**权责对等**构成分配与交换的本质规定。比如，在权力与权力分配中，分配一份权力，实质上配享一份权利；但同时，享有一份权力（和权利），也必须为此担当一份责任。因为任何一种权力、权利、责任的分配关系，都必须遵循平等三善待和普遍利益法则；因而，任何一种具体的权力、权利、责任分配的本质规定，都是权利与责任的对等。

概言之，权利与责任分配应该且必须遵循的原则是**对等原则**，亦称为"权利与责任的逻辑相关原理"：一个人的权利必然是他人的责任，一个人的责任必然是他人的权利；同样，政府的权力获得和行使必须为国民担当对等的责任为体现；人类存在的权利必然以他向地球生命、自然环境生态担当相对等的责任为道德方式。无论你是谁，当你享有一项权利（或权力）时，你就为他人（或其他生命）赋予了某项责任，并且你自己也必须为此担当起另一项相对应的责任；假如你享有某项权利而并没有赋予他者为你担当某项相应的责任，你所享有的权利一定不是实在的权利，而只是某种权利的虚幻影像；假如你享有了某项权利，却并没有以此而担当起相对应的某项责任，你所享有的权利一定不是公正的权利，你所享有的这种权利是不应该的、不道德的，也是恶的。责任也一样，当你担当某项责任，你就赋予了他人某项权利，同时你自己也因此而获得了某项相应的权利；假如你只担当了责任，没有给予他人以某项实质性的权利，你所担当的责任同样是一种虚假的责任，比如你担当了某项特定的责任，却并没有获得相应的权利，你所担当的这种责任虽然是善的，但绝对是不应该的，也是非道德的；又比如你担当了纳税人的责任，却没有以此享有纳税人应有的、实质性的生有所教、病有所治和老有所养的权利，那么，相对于你所实际担当起的这份责任而言，社会、政治都是不道德的。

3. 公正的平等自由

权力分配：公正的基础问题　权利与责任是社会向人进行分配的产物。要真正实现权利与责任分配公正，首先得明确"分配者"的问题。概括地讲，社会向个人进行权利责任分配的分配者是"社会"。这里的"社会"首先是指自然社会，其次才指制度社会。由此，对权利责任进行分配的分配者客观地存在着两个，即自然社会和制度社会，并形成两种最基本的分配，即自然社会分配和制度社会分配。对个人进行权利责任的分配，同样客观地存在着"自然社会分配"和"制度社会分配"两种形式。

自然社会分配实际上是指自然权力（简称"自然力"）对人进行权利责任的分配，它的分配者是自然力。以自然力为分配者展开的分配，是对自然世界中所有物种生命的基本权利和责任进行分配，特殊地讲，是对人的诸如生命权利、资源需要权利、为谋求生存资源满足的劳动权利、生理平衡、健康（比如"性"）权利等基本权利的分配，同时也是对人的诸如生命延续（必须要活下去）、生命延展（繁衍、养育后代）等基本责任的分配。自然力对人进行基本权利和责任的分配（也包括对其他物种的权利与责任的分配）是绝对平等、对等的，因为这种分配是先行发生的，是以地域的方式呈现的，人类物种接受这种分配是由他对地域性存在的选择而成，这种对地域性存在的选择所形成的不平等，不属于自然分配的范畴。所以，自然力分配给予人的基本权利责任，是普遍平等和完全公正的自然权利责任。人的基本权利责任就是人作为自然社会人的自然权利责任，这种自然权利责任一旦伴随着人进入制度社会，就变成了作为制度社会的人的基本权利责任内容。

制度社会分配是指制度权力（即"制度化的社会权力"）对人进行权利责任的分配。当作为自然社会的自然人进入制度社会而成为社会人，其基本的自然权利责任就随其制度社会的组织化要求而衍生出新的基本权利责任和诸多非基本权利与责任。因而在制度社会里，人的权利责任产生了基本的和非基本的之分。虽然如此，在制度社会中，其权利责任体系内容仍然是以人的自然权利责任为基础内容。

制度权力对人的权利与责任分配存在着两个功能：一是对人作为自然人的权利责任进行一种制度社会的**转移性构建**，并在这种制度社会的转移性构建基础上对这些自然权利予以制度性的社会**定位**，包括对人的自然权利予以原封不动的明确定位（即分配）或修正性的明确定位（即分配）。二是根据组织化的要求而补充性地制造出相应的社会权利责任，然后进行社会化的分配，使之成为每个人的权利责任。

制度权力分配权利责任的基本方式、手段和途径是创建社会制度，其集中形式是法律权利责任、道德权利责任，即制度权力对人进行基本权利责任与非基本权利责任的分配，是通过制度的创建来定格，然后以法律和道德的形式来呈现（即落实和强化）。在制度社会中，人的任何权利责任的获得都是通过制度权力的分配而形成，制度权力对权利责任的分配，首先是对人进行一种能够获得多少权利责任的"资格"分配，这种权利责任资格分配是通过对人进行一种实质性的制度定位来实现。制度权力对人进行权利责任资格定位，是通过对具体的制度创建来完成，即在制度社会里，首先是创建制度，然后以制度本身为框架和准则来对人进行权利责任的分配。只有在完成这两个步骤的基础上，权利责任内容体系与权利责任规则体系才得以建立。权利责任内容体系与权利责任规则体系的建立,就是制度权力对人进行权利责任分配的最后完成式。

制度的创建不仅是对全社会每个公民进行权利责任资格分配,也是为权利责任内容体系与权利责任规则体系建立确定方向、划定范围、定位价值目标和空间疆域。更重要的是,制度的创建既是制度权力对自身进行组织化和结构化分配的基本方式,也是对制度权力本身进行实质性的空间边限定位和实践操作限度定位。这种分配与定位真实地决定了人的权利责任资格的实际拥有程度,并且成为人获得分配的权利责任有多少实际内容的根本性决定力量。从根本讲,**权利责任既是权力所保障的东西,也是权力所不保障甚至是权力所侵犯和剥夺的对象**。权利责任要成为权力完全保障的东西,首先要求制度权力在对权利责任进行分配时,必须充分考虑制度权力(简称"权力")本身的资格赋予问题和进行制度权力分配时应做到其本身的绝对公正。所以,权利责任分配公正的绝对前提,是制度权力**自身的**分配公正:制度权力自身的分配公正,构成社会公正的基础问题。

制度权力是制度化的社会权力。这种制度化的社会权力展开为社会公共权力(即国家立法权力、行政权力、司法权力)、社会职能权力、社会知识权力、社会财富权力;在技术化存在的当代社会进程中,制度化的社会权力还包括技术权力和社会媒体权力,但制度权力的集中表现形态却是社会公共权力,简称"权力"。

权力分配公正,必须解决两个历来被人们忽视的根本问题:一是权力的**来源**;二是权力的**公正性**和**社会对权力的服从范围**。

首先,权力的来源,实质上涉及权力与权利责任的**生成关系**问题。自现代社会以来,人类几乎达成了一种共识:一切权力来源于人民,一切权力归属于人民。如果对此一理念做更具体的表述,则是**一切权力来源于个人,一切权力归于个人**。更具体地讲,凡权力,都来源于全社会每个公民的生存权利与生活责任,并最终必须归属于社会每个人的生存权利和生活责任:权力是个人的生存权利和生活责任的具体构成内容,并且是必不可少的权利责任内容,因为每个人都是社会的人。每个人作为社会的人,不仅配享作为自然人的全部权利责任,也配享作为社会人的权利责任。参与对社会管理既是每个人的基本权利,也是每个人的基本责任。但由于第一,组成国家社会的个人成倍地增长太多,其分布的生存空间太广,由此造成人人直接参与国家社会管理的困难度太大;第二,人对生活资源的要求内容太过于广泛,形成社会劳动分工日益专业化和领域化,社会劳动日益专业化和领域化这一现实,同样造成人人直接参与国家社会管理的高难度性;第三,人的智力差异形成人的劳动技能和劳动才能不可全才性,这即有的人具有管理才能,有的人缺乏相应的管理才能,这种状况形成人人直接参与国家社会管理的非现实性。由此三个方面因素的制约,社会共同体成员达成了一种约定俗成的共识,即为了共同的权利得到普遍的保障与维护和保证普遍的责任能得到人人的担当,全社会每个公民按照平等的规则(即契约),将自己管理国家社会的基本权利和责任交付给某个公共机构,即国家机构,包括国家的立法机构、行政机构、司法机构等,让那些具有专门管理社会才能的人来运转这个公共机构,从而担当起代替全社会每个公民直接管理社会的职责。概言之,权力来源于权利,是对权利的责任,所以,权力是权利责任的集中体现,权利责任是权力必须要维护的对象和保障的内容。当明确权力与权利责任的来源关系,"权力的公正性和社会对权力的服从范围"问题,就可能得到真正的解决。

其次,权力的公正性问题,即权力如何才可能使自身获得应当、正当和正义的统一问题。要言之,权力实现自身之应当、正当和正义的统一的真正道路,是公民权利责任的对等。只有当全社会每个公民的权利责任得到对等的分配,并且这种对等分配的权利责任能够得到全面维护与保障时,权力才是应当、正当和正义的;反之,则是不公正的。所以,只有具有普遍(而不是个别团体、个别利益集团)应当、正当和正义的权力,才是全社会每个公民**必须**和**应该**服从的权力;反之,一切非应当、非正当、非正义的权力,全社会每个公民都有**不服从之权利**,如果服从了这种非应当、非正当、非正义的权力,就会促进有限绝对权力通向无限绝对权力的道路。因而,只有真正公正的有限绝对权力,才是保障人人权利责任对等的权力;只有充分而全面地保障人人权利责任对等的权力,才是全社会每个公民必须和应该服从的权力。相反,不公正的无限绝对权力,是不可能保障人人的权利责任对等;凡是不能保障人人权利责任对等的权力,都只能成为公民不应该服从和不能服从的权力。从根本讲，全社会每个公民的权利责任公正分配以及得到公正维护和保障的根本前提，只能是国家权力的分配公正和权力的限度运行。这一规定性决定了国家管理者不仅要拥有这种有限绝对权力，而且首要**绝对服从**这种有限绝对权力。基于这一要求，国家管理者的权利只能与全社会每个公民的权利一样多，即他作为一个人也只能是一个人，作为一个公民也只能是一个公民，而不能享受几个人或更多公民的权利，不能代表几个人或更多公民的权利。并且，国家管理者的责任同样应该担当起全社会每个公民**相等同**的责任内容，并且还必须担当起他享有权力的那一份责任。只有做到如此，国家管理者拥有的权力才成为维护和保障全社会每个公民的权力；否则，就只能构成侵犯全社会每个公民的权利的"**野蛮的权力**"。

最后，权利责任的本质内容是**利益**，因而，权利责任表现利益。从权利责任与权力的本质关系看，公正的有限绝对权力保障公正分配的权利责任，即权力保障全社会每个公民的正当的合法期待的利益。凡是通过有限绝对权力分配的权利责任（利益）都能够得到权力的保障，即公正的权力必须保障所有公正的利益（权利责任）。反之，公正的有限绝对权力不保障不正当的利益合作（权利责任）；无限绝对权力不保障正当利益（权利责任）。反过来看，只有得到权力的完全保障的权利责任（利益），才是我的权利责任，得不到权力的完全保障的权利责任始终不是我的权利责任；并且，能够保障全社会每个公民的合法期待的利益（权利责任）的权力才是有限绝对权力，凡是不保障或不能保障全社会每个公民的合法期待的利益的权力，都是不正当的权力。这种不正当的权力只能是无限绝对权力，这种无限绝对权力是全社会每个公民都有权要求取消的权力。

权责对等：公正的实践本质 根据权利责任对权力的本质规定和权力对权利责任的要求，真正的权利只能是**我的权利**，凡不属于我的权利始终是虚假的权利或真实的强制性权力，即**强权**；同理，真正的责任只能是我的责任，凡不属于我的责任同样只能是虚假的责任或真实的强制性权力，即强权。

客观而言，我的权利责任是指公正的权利责任，即我作为自然社会的人和制度社会的人**应该且必须**享有和担当的，并由制度权力予以公正分配的权利责任。这一公正的权利责任必须同时符合如下三个具体的条件：首先，这种权利责任对我来说是**应当**的;其次,这种权利责任对我来讲是**正当**的;最后,这种权利责任对我来讲是**正义**的。

当我们说只有当权利责任是我的权利责任且这种权利责任才是真实的权利责任时,其实已经彰显出权利与责任的存在性质和本质关系问题。权利责任的存在性质,是我与他者(他人、社会、地球生命等)的**存在关系**性质,即权利责任的形成是以人与他者的存在关系缔结为前提、为标志、为本质内涵。以此来看,权利与责任之间的关系本质上是人与他者相互存在的利益关系,即我的权利必然是他人的责任,他人的权利必然是我的责任。进一步讲,我的权利就是我所希望的利益和我所要得到的利益,我所希望的并要得到的利益必然涉及他人对某种利益的付出;同理,他人的权利就是他人所希望的利益和他人要得到的利益,他人所希望的和要得到的利益必然涉及我将要对某种利益的付出。

我的权利即(不定的)他人的责任,(不定的)他人的权利即我的责任,这种权利与责任的本质关系,不仅表现为"权利与责任的逻辑关联性"[①],更表现为权利与责任的**逻辑必然性**,即在我与他人缔结的存在关系结构中,我的权利等于他人的责任,他人的权利等于我的责任,权利与责任始终构成这样一种**实际情景定义**中的**对等关系**。在实际的情景定义中,一旦权利与责任之间构成某种非对等关系时,不外乎源于两种情况:一种情况是一方构成对另一方的强权,这时候人与人——包括人与社会——之间的生存关系,必然地沦为一种非公正的利益剥夺与被剥夺、占有与被占有的**压迫**关系;另一种情况是一方对另一方施予仁爱与慈善,这是一种超出平等、超出公正要求的美德生存关系。

在我与他者的存在关系结构中,权利与责任的对等这一必然的逻辑关系,必然衍生出我的权利与他人的责任的关系,即我的权利得到实现,必然要以他人对对等的责任的履行为前提;他人的权利要得到实现,也要求我以对对等的责任的担当为标志。这样,我的权利就构成我的责任,或者说我的责任也构成我的权利:我所享有的权利与我所该担当的责任相对等;同理,他人

---

① 王海明:《新伦理学》,商务印书馆 2008 年版,第 324 页。

的权利构成他的责任，他人的责任构成他的权利：他人所享有的权利与他所应该担当的责任相对等。

我的权利与他者的责任之间的这种对等的**逻辑必然**关系和我的权利与我的责任之间的这种对等的**逻辑必须**关系，直接来源于我与他人在社会现实中的存在关系，并且这种存在关系是经由社会分配的结果。社会分配权利责任遵循的基本原则是自然法则，具体地讲，自然赋予每个人的自然权利和自然责任是等同的，这一等同法则构成制度社会分配权利责任的基本原则只能是**等同原则**：社会分配给我某种权利，必然要分配给其他人相同等的权利；社会分配给我某种责任时，必然要分配给其他人相同等的责任。当社会遵循这一分配原则对全社会每个公民进行权利责任的分配，其获得的最终结果只能是：第一，我的权利与我的责任相对等；第二，我的权利与他人的责任相对等；反之，我的责任与他人的权利相对等。由此，根本的个人公正，是我的权利与我的责任对等；根本的社会公正，是我的权利责任与他人的权利责任对等。

由此，根本的社会公正与根本的个人公正实际上是同一个问题的两个面：从我与他人的存在关系看，只有社会分配给我的权利责任与社会分配给其他所有人的权利责任对等时，根本的社会公正才可能产生。只有当根本的社会公正真正形成时，即只有当我所获得的权利与他人所获得的责任，以及他人获得的权利与我获得的责任相对等时，我享有的权利与我应该担当的责任才对等。因为我的权利是他人的责任，我的责任是他人的权利，我与他人的权利责任（分配）的关系本质构成我与自己的权利责任（分配）的关系本质。但从我与我自己的存在关系讲，只有当我的权利与责任对等时，根本的个人公正才可能产生。只有当根本的个人公正真正产生时，即只有当我享有的权利与我应该担当的责任相对等时，我的权利才构成他人的责任，我的责任才构成他人的权利，我的权利责任与他人的权利责任才构成实际（实践上）上的对等关系。因此，我的权利与我的责任之间的**实践本质**，构成我的权利责任与他人的权利责任之间的本质关系。概言之，根本的社会公正与根本的个人公正之间的逻辑必然关系表述为：根本的社会公正为根本的个人公正提供了必须的社会平台；根本的个人公正为根本的社会公正开辟了实践道路，并提供了具体的动力。并且，根本的社会公正与根本的个人公正之间的逻辑必然关系所开出的空间，既是平等的空间，也是自由的空间。或可说，当根本的社会公正和根本的个人公正达成必然的统一时，既是平等的，也是自由的。平等实现自由和平等保障自由，也就在这一必然的逻辑关系的实际构成中得到展开。

三 仁爱

人作为世界性存在者和他者性存在者而存于由存在世界和人的世界相共构的社会中，因为天赋的催发而必要自由，人向存于其中的社会索要自由，必遭受来自先在性生成和人力性制造的不平等，由此使存在自由的问题必然演绎成平等的问题，这就是只有平等才可实现自由，也只有平等才可保障自由。能够实现自由和保障自由的平等要普遍形成，需要建设公道，这不仅需要以人道为依据和动力，也要以公正为原则和规范，更要以仁爱为主体间性的动力。

1. 仁爱的本质与基础

要理解仁爱何以可能构成公道的动力，需先了解何为仁爱。

仁爱的思想是一种普遍的存在论思想，它当然是伦理的，也是政治的，但首先是存在论的。仁爱之所以作为一种普遍的存在论思想，是人类物种从自然人类学进化为文化人类学的主体论的构成标志，是动物存在上升为人文存在的精神和神韵的呈现，它是超越人种、地域、天资、造诣而将造物主赋予的物性（即动物本性）纯化为生生主义的人性（即人文本性）的个体生命敞开和世界性照亮的方式。所以，仁爱既是本原化的文明光辉，也是本原性的伦理精神，更是本原性的政治智慧。无论古今还是东西，它始终存在，虽然它可能因为语言的差异而获得千差万别的表达的形态学个性，但其思想本质和人性情感却是**大同**的。

在人类仁爱史上，将仁爱的思想本质和人性情感表达得淋漓尽致的，在西方世界里，首当耶稣以献身方式为基督教注入的教义和信仰；在东方世界里，首当孔子终身不辍的探索。仅孔子论，他的生存哲学虽然敞开道德哲学、政治哲学以及表征其道德哲学和政治哲学的君子理论，但贯通其中的主题却是仁爱思想。孔子基于"道术将为天下裂"的时代现实而探求"修仁习礼"的文道救世路径,却自始至终围绕如何"学而时习"成己成人立世而展开,即如何通过成就自己而成就他人(和社会)以立于当代和来世,对这个既是时代性的又是超时代的永恒性质的主题,孔子用"君子"和"仁爱"两个词来概括。君子,是承载仁爱的主体形式;仁爱,是君子的本质内容和本体构成。从其本质内容和本体构成讲,孔子的生存哲学的主题可以概括为仁爱。

仁爱,是一个双音节的合成词,其构成内外表里两个维度。在孔子的生存哲学中,仁,是人成己成人立世为站立而在的人即君子的本体构成,可表述为个体主体(即君子)德性,什么是主体的德性呢?汉字是以形表意的象形字,仁之甲骨文, "从人、从二,字形待解"①,其言"仁"由"人"和"二"构成,意为**仁由己与人构成**。这一本义后来得到丰富和发展,《说文》释"仁,亲也。从人从二, 古文仁,从千心。 古文仁或从尸"。仁者,由本义的"从二"向"从千"方向演进,意为多人、社会大众;并且,其字形从 演绎为 ,再从"从二"到"从千心",更明确地揭示作为己与人之存在关系的"仁"的本义,是**将人置于己心之正中**,在其后的发展中,仁成为"从千心",极言其多,意为将所有认识的和不认识的人置于己心之正中,就是仁。将认识的或不认识的人置于己心之正中,即以己心待任何人,以己之心温暖任何人,这就是仁,亦是人之为人的德性。将认识和不认识的人置于己心之正中,并以行为来对待、来关怀、来温暖任何人,这就是"仁者,爱人",即将其仁心化为日常行为来爱人,就是人之为人的德行。质言之,**仁爱,就是以待己的方式待人,以爱己的方式爱人**。以待己的方式待人和以爱己的方式爱人的本质,就是平等。以待己的方式待人和以爱己的方式爱人所达及的实际结果——或是目的的合目的性,或是无目的的合目的性——既是助人实现了自由的同时也实现了自我自由。所以,以待己的方式待人和以爱己的方式爱人的平等的本质,是自由。

以此不难发现,仁爱,不仅是一种超越一切的普遍主义的存在论思想,更是一种超越一切桎梏的人的存在方式、行为方式和生活方式,它并不是以

---

① 马如森:《殷墟甲骨文实用字典》,上海大学出版社2008年版,第186页。

自己为唯一目的,而是与自己同样的所有人为目的,并通过将所有认识的和不认识的人置于己心之正中的方式去爱任何人的行为来实现自己作为人的目的。仁爱的根源是人性,是生、利、爱、群的人性,而且是以生他、利他、爱他的目的论方式来生己、利己、爱己,最后实现己与群或群与己的共生存在。所以,仁爱的根源不仅是人性,而且是大写的人性,是神性化的人性。

由于仁爱是人将认识的和不认识的所有人置于己心之正中,以待己的方式待人并以爱己的方式爱人,本原性质朴的仁爱必然获得宗教般的神圣性,这种宗教般的神圣性在平常的生活中化为了**信仰的源泉,希望的种子和耕耘的普世之爱**。或者,造物主的光辉总是因为仁爱而化为世俗的日常生活的信仰的源泉、希望的种子和耕耘的普世之爱,这就是人作为他者性存在者和世界性存在者的精、气、神韵的生活化呈现。以此观之,对任何个体存在者言,一旦缺乏仁爱,也就丧失了人性的光辉而沦为欲望和匮乏之物,哪怕你居于再高的位置并拥有无限的权力或占有不可数的财富,你都只是一物,其言其行没有人之为人的底线。用想象中看待上帝的眼光,宗教是一种**神道主义**,但从世俗存在的眼光,宗教是一种**人道主义**,因为宗教将个体的人成就为整体的人,"'宗教人'(homo religiosus)代表着'整体的人';因此,关于诸宗教之科学就必须成为一门整体的学科,因为它必须利用、整合,以及阐述从各种方法研究一种宗教现象所得到的不同结果。在某种文化中把握某一宗教现象,然后去解密'**信息**'(因为每种宗教现象都构成一个'**秘密**')是不够的,还需要研究并且理解其'**历史**',也就是说,厘清其变迁和转型,从而最终揭示其对整个文化的贡献"(引者加粗)[①]。但是,由于"'整体的人'并没有被完全去神圣化,人们甚至还怀疑这样的情况是否可能存在。世俗化在意识生活的层面上高歌猛进:古老的神学观念、教义、信仰、意识、机构等被逐渐褫夺了意义。但是,没有一个活生生的、正常的人能够被化约为他的意识的、理性的行为,因为现代人仍有梦想、谈恋爱、听音乐、上剧场、看电影、读书——总之,不仅生活在一个历史的和自然的世界,而且还生活在一个存在的、私人的世界,生活在一个想象的**世界**里。只有那些宗教史学家和现象

---

① [美]米尔恰·伊利亚德:《探寻宗教的历史和意义》,晏可佳译,上海书店出版社 2022 年版,第 8 页。

学家才能认识并破解这些私人世界或想象宇宙中'宗教'的结构和意义"（引者加粗）①。作为以信仰的源泉，希望的种子和耕耘的普世之爱为本质内涵的仁爱，虽然不是宗教，它本身却内具本原性的宗教般的神性，正是这种本原性的宗教般的神性，使它总是以信念、希望和普世化的日常之爱的方式，将个人成就为"整体的人"并为之开出向上通向本原、通向造物主、通向神性存在之域的博大之仁和永恒之爱的道路。

仁爱，既向上，也向下，并且仁爱的向上总是以向下的方式起步，以待己的方式待人并以爱己的方式爱人来敞开向上的道路。仁爱由下而上的基础，是平等和自由，是以自由为目的的平等，并通过平等的方式来敞开自由。所以，由下而上的仁爱，不仅以自由和平等为基础，更以自由和平等为一般方法，以结社互助为日常方法。"私人结社（private associations）的发展已将近代自由主义的期望放在一个比较坚实的基础上。在所有的自由社会里，满足各种需要的组织如雨后春笋般自动繁衍。商会、卡特尔、工会、合作社和其他经过组织的群体取代了个别的工人或雇主，而成为当代经济生活的媒介。人们已越来越仰仗社区组织、家校组织、农民组织和其他的特别结社，以弥补、制衡政府机构的活动。这些组织中有许多都密切关系到成员的日常生活利益，因此常常能吸引相当程度的公众参与，这是更大、距日常生活更遥远的社会生活单位所不能做到的。同时，它们也使一般公民对议会协商的仪式与程序有了相当的接触。"②仁爱盛行的社会是一个大社会，是一个大写着以挚诚之仁和真实之爱的成己成人的社会，仁爱的社会总是抵制专制和极权，而"极权主义的政权一旦确立，第一个目标就是要摧毁或打击任何形式的私人结社，并把一切的社会活动纳入经过仔细管制的极权国家的制度内。对仍然在运作的自由主义社会发动攻击时，他们同样会以渗透的方式去接受或摧毁私人结社的功能。对习惯管理自己群体的活动的人来说，听从指令的未来实在不怎么吸引人。习惯自由协商程序的结果，使这些人能够接受议会制政府的原则，对任何蓄意破坏这些原则与程序的人，不论是全国性或私人社团

---

① ［美］米尔恰·伊利亚德：《探寻宗教的历史和意义》，晏可佳译，上海书店出版社2022年版，第4页。
② ［美］弗雷德里克·沃特金斯：《西方政治传统：近代自由主义之发展》，李丰斌译，广西师范大学出版社2021年版，第232—233页。

的成员，他们都会强烈地反抗。这类经验虽然未充分散布，使任何自由主义社会都不受独裁政治的吸引，但是在许多国家，私人结社都已有长足的进展，足以显示出这可能是巩固近代自由主义的一种有效的方法"①。

2. 自律的方式和行为

在本原意义上，人性之生是利己的。以利己为本原性动力的人，在其由世界性存在和他者性存在共构的社会里能以待己的方式待人和以爱己的方式爱人，这需要**克己自律**。克己自律，是人成为人的普遍话题和永恒命题。在古希腊哲人为后世构筑起来的四德目体系中，第一个德目就是节制，并因为节制而勇敢，也因为节制而理性和正义。孔子"学而时习"修仁习礼的首要功夫也是克己自律：门徒颜渊请教夫子如何修仁，孔子告诉他"克己复礼为仁。一日克己复礼，天下归仁焉。为仁由己，而由人乎哉？"（《论语·颜渊》）翻译成现代汉语即："约束自己的身心包括言行，心无旁骛地践履和光大生活之礼，就是仁。只要这样坚持不懈，你哪一天做到了克制自己的本能和野性，以共守的规范来指导自己的生活，那么整个天下就会归于你的仁心之中。一个人要获得仁成为仁人，全在于你自己，怎么可能希望于别人呢？"颜渊进而再问：怎样才能做到克己呢？孔子告诉他说，克己修仁，只能在日常生活中展开，只能化为日常生活，具体地讲就是"非礼勿视，非礼勿听，非礼勿言，非礼勿动"，即在日常生活过程中，以日常庸行的方式做到凡是违背公共规范的东西不要看，违背公共规范的话不要听，违背公共规范的消息不要传播，违背公共规范的事情不要做。礼是什么？具体地讲，礼即人相生活在一起的共守行为规范与边界。抽象地讲，礼是人类对存在法则和人性法则予以归纳和提炼出来的**共守信念**和**公共信条**，它实际地构成人们相与生活在一起所必须遵守的言行规范。孔子之所以倡导践履和光大其共守的信念和公共的信条及其由此形成的言行规范，是因为这些最为基本的使人与人能够共生存在的约束被破坏了、被抛弃了，要重建人与人共生存在的秩序生活，须得重建性弘大其言行规范，但前提只能是克己。所以，克己复礼，就是仁，

---

① ［美］弗雷德里克·沃特金斯：《西方政治传统：近代自由主义之发展》，李丰斌译，广西师范大学出版社 2021 年版，第 233—234 页。

这不仅在孔子时代是这样，在当世和未来亦是如此，克己复礼而修仁，是人类存在的永恒课题，它落实到个体身上，构成每个人的终身修行的主题。这是因为，对于命运地存在于世界和他者构成的社会中才可获得存在安全和生活保障的人来讲，在其必须求群、适群、合群的生活努力中获得自由存在，必须诉求平等，而平等的本质是边界和限度，通过平等来实现自由和借助平等来保障自由，其实质就是遵从互为平等的边界和限度。这一遵从互为平等的边界和限度的原发性形态，就是被人类祖先代代归纳提炼为习俗性的生活之礼。因此，平等实现自由和平等保障自由的日常方式，就是克制自己的过度利欲而遵从共守的习俗性之礼，这是人能养成以待己的方式待人和以爱己的方式爱人的仁爱的必为路径和日常方式。

要言之，克己复礼是**根本的**自律，也是远古而来的习俗性的自律；克己守法是**基本的**自律，也是文明走向现代生活的自律，但即使进入现代世界，古老的代相承传和发展起来的生活习俗，即礼，也仍然是克己自律的基本内容。客观地看，自人类进入法律的时代并实施法治的社会，人相共生存在的礼，也就客观地敞开为两个扇面，即习俗性之礼和强制性之法，前者是对人的言行的一般规范；后者是对人的重要言行的普通规范。从功能讲，前者是人们成己自律的奠基性规范，牵引人如何成为人，即如何成为有德的人；后者是人们成己自律的提升性规范，牵引人怎样成为社会人，即怎样成为公共理性的人。由此两个方面，自律展开两个维度，即权利自律和权力自律。**权利自律**的基本要求是权利**尊重**权利，因为权利的存在本质是平等，权利的行为本质是自由，权利自律的本质是：己的权利的边界是人的权利；人的权利的边界是己的权利。就人与人生活在一起而言，**权利自律，不过是人互为尊重权利**，即尊重他人的权利，更尊重自己的权利。**权力自律**的基本要求是权力**敬畏**权利，因为权力的存在本质是服从，权力的行为本质是服务，权力自律的本质是：权力的边界是权利，因为权力来源于权利，权力必须驯服于权利。权力自律，就是权力**无条件地**接受权利的约束，无条件地服务权利，并无条件地尊重权利对权力不服从的权利。为此，权力自律必须同时具备三个基本条件，即政体选择必须是人本的，制度确立必须是平等的，公权必须是分立和互为制衡的，社会治理必须是"一切断于一法"的，并且法外无法，而且法无禁止。权力自律必须通过权利他律来强化实施，权利他律权力的前提却是权利自律。权利自律的核心是**利益自律**。所谓利益自律，就是在财物、权力、性欲三个基本方面克制贪婪之欲和占有之心，这就需要礼与法的主体性塑造而养成仁和爱。

主体性塑造是人走向自律的基本方式，包括权利主体和权力主体的自律性塑造，这种主体性的自律塑造，从认知与观念层面言，就是构建客观性认知、思想、知识、方法体系，形成自觉**走出主观性**。因为无论是有德地存在，还是有公共理性地生活，都必须成为客观性的人。"**人不能永远生活在主观世界里**，因为他的生活范围并不完全局限于此，而是会远远超出这个范围，他必须思考超出他范围之内的东西——总之，要考虑**宇宙的无限性**。正是在这里，人才感觉到有义务决定他的立场。他必须以**这个整体**为依据来观察——不仅是观察，还要经历——她的生活。只要他这样去做了，他就不能不反感这个纯粹封闭的体系：**它让生活停止在纯粹的个性上，自身的能和情感被压制在偶然和有限存在的狭窄道路上，让我们每个人都承受他的特性的约束，而他并没有能力去挣脱这种局限，缺少大家共有的真理和将心灵结合在一起的爱。个人主义的生活以及它的多样性和智谋，有着难以形容的狭隘和贫乏。**"（引者加粗）① 存在于存在世界和人的世界之中的个人，始终是狭小的和仄逼的，这种狭小和仄逼导致人的主观化，而主观化恰恰是在生存和利欲方面本能地放大权利、权力和利益的催化剂，克己自律形塑主体能力的根本作用，就是解构自为放大的权利、权力、利益冲动，突破自我构筑起来的狭小和仄逼，尽可能恢复存在的客观而走出主观性。唯有走出主观性，我们作为个体存在之人才能看到世界的真实、生命的存在、自己的真相。因为，人的自私、唯我独尊、狂妄、浅薄、贪婪等，都来源于人被自己囿于主观性中。只有在主观化的世界中，我们才把自己无限放大，将存在和世界、生命和他者无限缩小。从本质论，人的主观性始终是一个可以无限地予以自我扩展的放大镜，越是主观化，其放大功能越是成倍地增长。走出主观性，就是还原**身体**的眼睛和心灵的眼睛，发现自己的本相。

---

① ［德］R. 奥伊肯：《人生之意义与价值·奥伊肯卷》，张蕾译，北京联合出版社2015年版，第50页。

人的本相，静止地看，是孤立、孤独的渺小，这种渺小感滋生出无助、匮乏、贪婪。动态地看，是弘大、生成的**关联存在**，这种关联存在滋生出富有、富足、阳光、希望、爱。所以，人通过克己自律形塑主体性，恢复客观走出主观性的根本性自我成就，就是获得关联存在。因为，从行为讲，人的主体性自律就是获得坚定的边界意识和约束能力，这种边界意识和约束能力的生活呈现，就是走向关联存在。关联存在是存在世界的本来方式，它是造物主原创世界赋予宇宙自然和万物生命的基本样态；关联存在，也是人的世界的本来，它是造物主继创世界赋予人类的基本样态，这一基本样态的敞开方式，就是**人与世界关联存在，人与事物关联存在，人与人关联存在，人与人所缔造的社会关联存在**，唯有关联存在，才生发出自由、平等、公道、仁爱等问题，也唯有关联存在，才成为解决平等实现自由和平等保障自由的根本方法，才激发出公道的存在世界和仁爱的人世生活来。因而，克己自律地走向关联存在的基本方式，就是学会自我**省审**，因为"在省审人生的过程中获得的认识本身会逐渐渗透到生活之中，引导它的方向。亲历经过省察的人生就是创作一幅自画像"①。对你我来讲，真实的"省察和反思并非仅仅与人生的其他组成部分有关；它们被添加到人生之内，与其他组成部分并存，而且通过它们的在场，形成新的总体模式，改变对人生的每一部分的认识方式"②。自我省审的基本成效，就是主动自为地走出主观性，走出自设的狭小和仄逼的圈子，走向人群，走向行为，过一种己与人和己与群、己与社会和世界相与存在的质朴伦理生活，这种性质和内容的质朴伦理生活，既是平等的，更是自由的，或者说既是自由的，更是平等的，因为它在骨子里是仁爱的，是尊重人人的和人人尊严的关联存在。

---

① ［美］罗伯特·诺齐克：《经过省审的人生：哲学沉思录》，严忠志译，商务印书馆2015年版，第2页。
② ［美］罗伯特·诺齐克：《经过省审的人生：哲学沉思录》，严忠志译，商务印书馆2015年版，第4页。

参考文献

"Washington's Farewell Address 1," Henry Cabot Lodge (ed.), The Works of Alexander Hamilton(Federal Edition), Vol. 8 [1774]; The Works of Alexander Hamilton(Federal Edition), Vol. 12, New York: G. P. Putnam's Sons, 1904.

Berlin, I. *Four Essays on Liberty*, Oxford: Oxford University Press, 1969.

Friedrich Hayek, *The Constitution of Liberty*, University of Chicago Press, 1960.

H. L. A. Hart, *Essays in Jurisprudence and Philosophy*, Oxford: Oxford University Press, 1983.

F. A. Hayek, *The Road to Serfdom*, Chicago: University of Chicago Press, 1976.

J. M. Robson (Ed.), *The Collected Works of John Stuart Mill*, Volume XIX, published by Routledge and Kegan Paul, 1981.

Jared Sparks (ed.), *The Writings of Benjamin Franklin*, Boston: Tappan, Whittemore and Mason, 1840.

Jeremy Bentham, *An. Introduction to the Principles of Morals and Legislation*, J. H. Burns and H. 1. A. Hart, ed., London, 1970.

Jeremy Bentham, *Correspondence*, VI, Timrothy L. S. Sprigge, ed., London, 1968.

Jeremy Bentham, *Of Laws dn General*, H. L. A. Hart ed., London, 1970.

John Rawls, *A Theory of Justice*, Harvard University Press, 2009.

John Rawls, *The Law of Peoples*, Cambridge: Harvard University Press, 1999.

Thomas Pogge, *Human Rights and Human Responsibilities*, Pablo De Grieff, Ciarian Cronin, In Global Justiceand Transnational Politics, Cambridge: The MIT

Press, 2002.

Thomas Hobbes, *Leviathan*, Simon & Schuster Inc., New York, 1997.

Karl Marx, *Critique of Hegel's Philosophy of Law*, Marx-Engels Collected Works, Volume 1, Dietz Verla, 1844.

Max Weber, *Collected Papers on Scientific Theory*, Paris：Long Book Publishing Company, 1965.

R. Dworkin, *Taking Rights Seriously*, London：Duckworth, 1987.

Robert Maynard Hutchin, *Great Books of The Western World*, Volume. 43, *UTILITARIANISM*, by, John Stuart Mill, Encyclop Aedia Britannica, Inc., 1980.

［德］乌尔里希·贝克：《什么是全球化？全球主义的曲解：应对全球化》，常和芳译，华东师范大学出版社2008年版。

［德］马克思、恩格斯：《共产党宣言》，中共中央马克思恩格斯列宁斯大林著作编译局编译，人民出版社2014年版。

［德］R. 奥伊肯：《人生之意义与价值·奥伊肯卷》，张蕾译，北京联合出版公司2015年版。

［德］斐迪南·腾尼斯：《共同体与社会》，林荣远译，商务印书馆1999年版。

［德］费希特：《伦理学体系》，梁志学、李理译，中国社会科学出版社1995年版。

［德］康德：《历史理性批判文集》，何兆武译，商务印书馆1990年版。

［德］康德：《实用人类学》（外两种）（注释木），李秋零译注，中国人民大学出版社2013年版。

［德］罗伯特·施佩曼：《道德的基本概念》，沈国琴等译，上海译文出版社2007年版。

［德］瓦尔特·施瓦德勒：《论人的尊严：人格的本源与生命的文化》，贺念译，人民出版社2017年版。

［德］卡尔·雅斯贝尔斯：《论历史的起源与目标》，李雪涛译，华东师范大学出版社2022年版。

［法］雷蒙·阿隆：《论自由》，姜志辉译，上海译文出版社2009年版。

[法] 卢梭：《社会契约论》，何兆武译，商务印书馆 2003 年版。

[法] 皮埃尔·勒鲁：《论平等》，王允道译，商务印书馆 1990 年版。

[法] 托克维尔：《论美国的民主》上下卷，商务印书馆 1996 年版。

[法] 谢和耐：《中国社会史》，黄建华、黄迅余译，江苏人民出版社 2014 年版。

[古希腊] 亚里士多德：《尼各马可伦理学》，苗力田译，中国社会科学出版社 1999 年版。

[古希腊] 亚里士多德：《亚里士多德全集》第 9 卷，中国人民大学出版社 1994 年版。

[古希腊] 亚里士多德：《政治学》，吴寿彭译，商务印书馆 1983 年版。

[美] 布莱恩·格林：《直到时间的尽头：追寻宇宙、生命和意识的最终意义》，舍其译，海南出版社 2003 年版。

[美] 杜威：《人的问题》，傅统先、邱椿译，上海人民出版社 1987 年版。

[美] 弗雷德里克·沃特金斯：《西方政治传统：近代自由主义之发展》，李丰斌译，广西师范大学出版社 2021 年版。

[美] 郝大维、安乐哲：《孔子哲学思微》，蒋弋为、李志林译，江苏人民出版社 2012 年版。

[美] 路易斯·亨利·摩尔根：《古代社会》上册，杨东莼、马雍、马巨译，商务印书馆 1981 年版。

[美] 罗伯特·诺齐克：《经过省察的人生：哲学沉思录》，严忠志译，商务印书馆 2015 年版。

[美] 罗尔斯：《万民法》，张晓辉等译，吉林人民出版社 2001 年版。

[美] 米尔恰·伊利亚德：《探寻宗教的历史和意义》，晏可佳译，上海书店出版社 2022 年版。

[美] 约翰·罗尔斯：《正义论》，何怀宏、何包钢、廖申白译，中国社会科学出版社 1988 年版。

[美] 安德鲁·德斯勒、爱德华·A. 帕尔森：《气候变化：科学还是政治？》，李淑琴等译，中国环境科学出版社 2012 年版。

[日] 池田大佐、[英] 阿·汤因比：《展望 21 世纪》，荀春生译，国际文化出版公司 1997 年版。

［日］佐佐木毅、［韩］金泰昌：《地球环境与公共性》第 9 卷，韩立新、李欣荣译，人民出版社 2009 年版。

［匈牙利］安东尼·德·雅赛：《重申自由主义：选择、契约、协议》，陈茅、徐力源、刘春瑞等译，中国社会科学出版社 1997 年版。

［英］约翰·穆勒：《约翰·穆勒自传》，吴良健、吴恒康译，商务印书馆 1992 年版。

［英］阿克顿：《自由与权力》，侯健、范亚峰译，商务印书馆 2001 年版。

［英］边沁：《道德与立法原理导论》，时殷弘译，商务印书馆 2000 年版。

［英］边沁：《政府片论》，沈叔平等译，商务印书馆 1994 年版。

［英］洛克：《政府论》上下篇，瞿农菊、叶启芳译，商务印书馆 1987 年版。

［英］麦考密克、［澳］魏因贝格尔：《制度法论》，周叶谦译，中国政法大学出版社 1994 年版。

［英］约翰·密尔：《论自由》，许宝骙译，商务印书馆 1986 年版。

［英］约翰·穆勒：《论自由》（又名《群己权界论》），严复译，上海三联书店 2009 年版。

（清）牛钮等撰：《日讲易经解义》，孙在丰注，中央编译出版社 2013 年版。

（清）阮元校刻：《十三经注疏》，中华书局 2008 年版。

《礼记》，上海古籍出版社 1987 年版。

《马克思恩格斯选集》第 1 卷，人民出版社 1995 年版。

蔡禾：《城市社会学：理论与视野》，中山大学出版社 2003 年版。

陈立显：《伦理学与社会公正》，北京大学出版社 2002 年版。

黄克剑：《论语疏解》，中国人民大学出版社 2014 年版。

黄伟合：《英国近代自由主义研究：从洛克、边沁到密尔》，北京大学出版社 2005 年版。

马如森：《殷甲骨文实用字典》，上海大学出版社 2008 年版。

苗力田编：《古希腊哲学》，中国人民大学出版社 1990 年版。

（西汉）司马迁：《史记》，岳麓出版社 1988 年版。

唐代兴《生态理性哲学导论》，北京大学出版社 2005 年版。

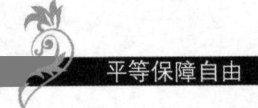

唐代兴：《生成涌现时间》，中国社会科学出版社 2023 年版。

唐代兴：《生境伦理的知识论构建》，上海三联书店 2013 年版。

唐代兴：《限度引导生存》，中国社会科学出版社 2023 年版。

王海明：《新伦理学》，商务印书馆 2008 年版。

袖珍本：《圣经》，思高圣经学会译，香港天主教方济会 1988 年版。

中国社会科学院近代史研究所编：《胡适来往书信选》上下，中华书局 1979 年版。

周辅成：《西方伦理学名著选辑》上下卷，商务印书馆 1996 年版。

索 引

安 2，5，28，30，39，41，46，47，54，56，61，74，86—88，105，122—124，126—128，130—132，134，143，149，152—154，164，175，197，202，203，223

把人当大人看 191

把人当人看 191

把人当神人 191

保守主义 10，58，59，60—63

暴政 6，10，107—115，118，194，195，197

本分 36，44，46—50，53，76

本性 4，10，13，19，21—24，26，28，32，36，41，54—64，74，76，80，83，90，96，102，116，119，130，138，139，142，149，154—156，159，160，163，167，170，177，178，193，198，213，218，225

本原 2，4，9，12，15，17，19，20，21，25—27，29，33，35—38，40，42，52，53，55，56，58—64，66，78，97，109，126，128，131，132，134，136，141—143，145—151，158，160—163，169，170，179，180，181，198，217，218，220—222

必然 6，8，12，20，22—24，27，32—34，42，52，54，56，60，61，70，78，88，95，98，101，104，107，108，110，111，116，118，121，124，125，133，138，142—148，154，159，160，161，168，170，172，174，175，180，181，186，195，197，199，200，201，207，210，211，216—218，220

边界 28，35，49，50，62，63，69，71，74，75，77—83，85—87，97，103，104，106，107，110—113，115，121—124，127—129，148，149，154—159，161，163，177，179，180—182，185—187，222，223，225

边界法则 122，123，155，177，179—182

不服从 96，99，157，214，223

不平等 10，12，76，78，101，103，130，132—140，142—152，160，163，167，168，170—172，178—181，187，189，191，194，195，199—201，205，212，218

财产制度　134，145—147，174

出生　3，10，67，72—74，78，91，135—144，150，169，170，179，180，191，192

慈善　191，216

从生开出生　72—74

存在自由　6，9，69，70，73，74，81，84—87，89，91，97，98，104，106，120，128，130，132，155，218

存在逻辑　28，32

存在自由　6，9，69，70，73，74，81，84，85—87，89，91，97，98，104，106，120，128，130，132，155，218

大社会　10，20，28，32，42，50—53，60，63，95，146，151，157，221

大社会小政府

大同　169，170，218

诞生　3，4，5，17，18，21，24，26—28，33，34，37—39，41，55—57，61，63，72，81，86，136，179，191

道　7，8，13，16，20，22，28，30，39，41，43，47，52，66，68，72，79，80—85，92，93，101，102，106，107，109，110，113，119，123，127，131—134，137，142，146，155，156，160，162—166，172，177，180，184—186，188—199，201—215，217—221，223—225

道德　16，20，22，41，43，47，52，66，68，80，92，101，109，119，123，127，131，132，160，162，165，166，177，180，186，188，190—192，198，202—208，210—212，218

道德行为　208

得其所得　207，208

德　8，14—16，20—24，41，43，47，52，53，59，61，66，68，75—77，80，86—88，92，95，101，105，108，109，113，114，119，122—124，126—128，131，132，134，152，153，160，162，165，166，173，174，177，180，184—186，188，190—193，197—208，210—212，216，218—224

地域　10，16，17，19，30，31，34，36，37，39，45，46，79，82，103，134—137，139—144，149，150，170，179，180，191，196，212，218

地域性　30，31，34，36，103，149，212

等级平等　76，199

等利害交换　208—210

等序　75，95，106，138，139，147，149，150，151，172—174

动变　9，26，35，37—39，52，58，59，138—140，174

动机应当　206，207

动物存在　5，23，41，54，55，66，72，73，85，92，142，156，179，191，218

对等原则　173，176，210

发现　12，14，19，23，38—40，43，57，79，84，90，94，104，108，123，128，139，143，162，167，168，186，202，219，224

法律制度　36，148，156，158，162

法权平等　159，166，167

法权宪法　148，156—159

索　引

法权政府　157

法治　18，31，77，99，100，101，106，147，152，158，165，193，223

繁衍　5，18，21，22，24，27，28，35，54，85，137，211，221

返本开新　39，40，42

分配　4，10，12，29，78，102，104—107，110，123，134，135，142，145—147，150，151，155，156，164，172，174，176，196—198，201，202，204，208，210—215，217

分配公正　197，198，202，210，211，213，215

富民富邦　28

个人利益　88，119，145，154，158

公道　142，165，189，190，191，193，195，197，199，201，203，205，207，209，211，213，215，217—219，221，223，225

公共理性　46，106，194—196，198，223，224

公共信条　222

公民社会　21，30，31，52

公私分明　46，185

公意　18，19，20，44—46，48，49，53，96，97，108，110，189，195—197

公正　31，51，101，108，133，152，153，162，165，166，174，189，194，197—202，204—218

共生　10，19，20，51，61，63，64，103，117，121，125，127，128，163，179，180，220，222，223

共生存在　19，51，117，121，125，127，128，179，180，220，222，223

共守信念　222

共同　2，7—10，13，15—20，26，30，31，33，37，45，51，65，83，86，100，105，110，116，118，122，136，140，141，143，144，170，172，175，179，182，191，201，202，214

共同体　13，15—20，45，110，175，179，182，202，214

共享　15，112，175，179，201，203

共在　179

关怀　89，128，191，219

关联存在　70，86，93，121，163，164，225

关联的自由　70

关联性　25，26，186，216

惯例的自由　86，87

合法期待　215

合理利己　146

合群　9，146，161，223

化人为人　137，196

化人为神　66

化物为工具　14

化物为人　43，44，54，56，57，60，65，66，72—74，78，137，142—144，152，154，156，168，169，172，178，179，181，196

机会平等　113，114，169，197

己群权界　181，185，186

己人权界

继创生　13，41，54，55，59，62，65，72，74，83，84，89，90，136，140，170，

233

179, 181
家先在于国 28
价值判断 209
坚守 177, 181, 182
节制 7, 10, 27, 35, 39, 42, 46, 53, 61—63, 93, 106, 121, 122, 192, 222
结构 9—12, 14—21, 23—26, 32, 34, 35, 37, 40, 42, 44—50, 52, 53, 60, 75—77, 88, 91, 95, 111, 135, 136, 138, 139, 141—144, 148—152, 178, 192—194, 196, 197, 202, 204, 205, 208, 213, 216, 221
结构性动力 42
结构性分配 150, 151
结果正义 206, 207
经济制度 145, 147
精神 2, 8, 10, 16, 32, 33, 37, 39, 42—49, 52, 62, 65, 79, 82, 108, 109, 113, 119, 130, 133, 138, 167, 176, 178, 182, 190, 192, 194—197, 206, 208, 218
敬畏 223
静持 26, 38—40, 52, 58, 59, 139, 140
举证之责 123, 177
绝对自由 2, 6, 12, 83, 89, 91, 94, 104
君子 185, 187, 193, 218, 219
开放主义 56, 58—60, 62
克己自律 222—225
劳动分配 151
乐 2, 5, 7, 10, 18, 33, 35, 63, 64, 66, 99, 119, 120, 139, 153, 180, 181, 184, 220
理解 10, 12, 15, 25, 29, 38, 40, 41, 45, 50, 66—68, 86, 87, 89, 92, 94, 98, 99, 112, 113, 123, 127, 131, 133, 135, 139, 166, 177, 185, 199, 218, 220
理性 1, 8, 12, 27, 39, 41, 46, 48, 56, 68, 79, 84, 88, 89, 91—93, 102, 106, 117, 123, 132, 146, 154, 156, 166, 171, 172, 186, 187, 191—196, 198, 203, 220, 222—224
历史 8, 13, 16, 17, 21, 22, 28, 29, 37—42, 44, 48, 49, 51, 57, 66—69, 73—76, 78—81, 85, 92, 105, 134, 136, 137, 140, 152, 160, 171, 178, 184, 190, 203, 220, 221
历史进序 28, 29
利害法则 180
利己 42, 43, 145, 146, 161—163, 168, 220, 222
利益 6, 7, 16, 18, 31, 43, 45, 46, 49, 50, 59, 88, 101, 108, 109, 111, 118—120, 122, 123, 133, 144, 145, 148, 154, 158, 162, 173, 176, 177, 181, 182, 194, 198, 203, 205—210, 214—216, 221, 224
利益法则 208—210
利益自律 224
联合 15, 24, 30, 67, 115, 119, 126, 168, 224
垄断 93, 147, 151, 173, 174, 198
伦理 16, 17, 19—22, 43, 68, 76, 80, 109, 146, 160, 165, 174, 186, 190—192, 195, 197, 199, 201, 204, 206—

208, 216, 218, 225

伦理团结 16, 17, 19, 20, 21, 22

伦理学 43, 68, 76, 160, 165, 174, 186, 191, 197, 201, 207, 208, 216

美 8, 10, 14, 19, 23, 29, 33, 36, 47, 48, 53, 57, 59, 61—64, 67, 83, 84, 90, 91, 93, 95, 106, 113, 130, 145, 153, 161, 162, 164, 166, 167, 171, 172, 188, 198, 202, 203, 205, 207, 216, 220—222, 225

民 10, 12, 15, 17—21, 25, 28—32, 34, 36—39, 42, 44—48, 50—52, 60, 67—69, 74—78, 82, 85, 86, 92, 94—97, 101, 104, 106—108, 112, 113, 115, 117, 118, 134, 137, 139, 140, 146, 147, 152, 153, 157—159, 160, 167, 168, 170—175, 177, 184, 186, 188, 190, 192, 193, 196, 199, 200, 201—204, 210, 213—215, 217, 221

民生 10, 29, 30—32, 36, 37, 42, 44—48, 51, 52

民生社会 30—32, 37, 45—48

明智 46, 89, 93, 187

平等 7, 8, 10—13, 20, 31, 34, 36, 44—46, 49, 51, 53, 61, 63, 64, 71, 73, 74, 76, 77—80, 82, 93, 96, 97, 99—101, 103—107, 112—115, 117, 119, 122, 123, 125—163, 165—189, 191—201, 203, 205, 207—212, 214, 216, 218, 219, 221, 223, 225

平等保障自由 130, 132, 159, 176, 177, 180—182, 185, 187, 189, 194, 195, 197, 218, 223, 225

平等的自由 63, 71, 73, 78, 82, 103, 112, 115, 117, 131, 182—185, 187, 194, 195, 197

平等利益 101, 173, 176, 177

平等三善待 209, 210

平等实现自由 176, 177, 180—182, 185, 187, 189, 195, 197, 218, 223, 225

平等之道 189, 194

平利 168, 169, 172—175

平权 97, 168, 174—176

平身 168, 169, 174, 178

平责 168, 174—176

普遍利益 208—210

普遍平等 64, 71, 74, 77, 79, 82, 105, 112, 149, 151, 170, 173, 175, 182, 185, 189, 194, 212

普世之爱 220, 221

起点平等 169, 197

契约 8, 11, 16—20, 33, 84—89, 105, 108, 122—124, 126—128, 131, 132, 134, 147, 153, 179, 187, 198, 199, 203, 214

契约原则 127

强制 7, 27, 34, 87, 88, 99, 103, 107, 109, 124, 125, 127, 134, 168, 173, 182, 198, 202, 203, 215, 223

情感 5, 16, 17, 19, 20—22, 32, 33, 42, 43, 49, 64, 82, 133, 138, 166, 218, 224

求群 9, 143, 146, 161, 189, 223

趋利避害 16, 33, 180, 181

权本逻辑　31，33—37

权本社会　32

权界法则　181

权界精神　46

权力　7，8，10—12，16—18，34，50，52，53，60，63，75，77，80，81，94，95—97，100，101，104—111，114—118，121，128，129，132，134，135，144—152，155—159，162，169，196，197，210—215，220，223，224

权力本位　53，60，63，145，148

权力分配　210—213，215

权力制衡法　156

权力主导权利　149

权力自律　223，224

权利　6，8，10，14，16，18—20，23，31，34，36，46，49，50，51，53，58，60，61—64，67，68，75，79，80，93，95—101，104—111，113，114，116—125，127，128，131，134，144—150，154—159，173—177，179，180，182，185，193，196—198，202，203，205，207—217，223，224

权利本位　53，60—64，147，148

权利博弈权力　97，104

权利形式化　110

权利原则　109

权利主导权力　149

权利自律　223，224

权益　35，36，127，145，154，157

权责对等　129，173，176，177，180，185，210，215

权责分配　208

权责精神　46

人本逻辑　25，31，33—37

人本社会　30

人道　93，106，189，190—197，205，208，218，220

人道主义　220

人格平等　169，197

人人之道　189，191，193，195—198

人人尊严　191，193，195，197，198，225

人文存在　5，23，41，54，55，66，72，73，85，92，142，156，179，191，218

人性　7，8，10，16，26，27，29，32，33，35，36，38，40—42，44，48，54，64，92，100，103—105，111，114，125，128，134—136，142，145—147，155，156，159，160—164，166—168，173，185，186，190，218，220，222

人性向善　161

人造物　14，179

人种　41，45，46，69，72—74，82—85，86，96，136—138，140，148，196，218

仁爱　189，216，218—221，223，225

认识自己　192

任性　2，6，27，34，46，52，80，81，89，91，92，94，95，97，107，108，110—112，114，115，186，187

任性的自由　81，91，94，95，107，111，112，115，186，187

容忍　113，177，181—187

善　4—6，10，30，33，36，41，43，45，47，48，61—64，68，93，102，106，

112, 126, 131, 134, 161, 164, 172,
186, 191, 193, 197, 204, 207, 209,
210, 211, 216

善美 10, 36, 61, 62, 63

善业 197

少数人暴政 6, 197

社会福祉 29

社会公意 18, 96, 97, 108, 110

社会公正 31, 101, 197, 199, 207, 213,
217, 218

社会机制 36, 37, 58, 97, 146, 169,
174, 182, 184, 185

社会进步 56, 158

社会框架 30, 97, 143, 189, 197

社会民生化 29, 30, 32, 36, 37, 45, 51

社会平等 8, 10, 131, 134, 146, 147,
157, 172, 174, 207

社会先在 21, 22, 32

社会型式 13, 17—20

社会优先 10, 21, 22, 32, 54

社会优先发展 22

社会责任 31, 52

社区 15, 19, 20, 82, 168, 221

身份 15, 45, 46, 67, 73—78, 80, 81,
103, 104, 149—151, 167, 169, 170—
172, 178, 191

身份的自由 74

神道主义 220

生成 4, 6, 11—13, 20—22, 25—27,
32, 35—38, 40—42, 44, 48, 55, 56,
58, 66, 71—74, 79, 81, 83—87, 89,
91, 92, 96, 97, 100, 102, 103, 107,

108, 110, 112, 122, 128, 132, 136,
138, 140, 146, 148, 149, 156, 167,
168, 170, 172—174, 177, 178, 181,
184, 189, 196, 197, 199, 209, 210,
213, 218, 225

生存 2, 7, 10, 12—14, 16, 19, 21,
24—26, 30—32, 38, 39, 41, 46, 51,
54—57, 65, 67—69, 73, 81, 82, 84,
85, 87—89, 91—100, 103, 110, 112,
113, 117—119, 121, 125, 127, 128,
132, 133, 140—142, 144, 146, 150,
151, 154, 163, 166, 168—171, 177—
180, 184, 186, 187, 191, 198, 201,
205, 207—209, 211, 213, 214, 216,
218, 219, 220, 222—224

生存关系 207, 216

生存权利 95, 213

生存自由 69, 88, 89, 91, 93, 94, 97

生的法则 156, 178, 180

生活的自由 66, 74, 78—81, 89, 97—
99, 101—105, 107, 121, 122

生活在一起 15, 64, 99, 121, 132, 180,
222, 223

生机 24, 26, 41, 44, 54—63, 65, 71,
90, 93, 111, 117, 130, 159, 160,
161, 163, 170, 178

生命权 177, 178, 210, 211

生生 19, 21, 24, 26, 27, 40, 41, 44,
53—58, 62, 63, 71—74, 78, 83, 84,
90, 97, 117, 130, 137, 143, 148,
156, 159, 160—163, 167, 168, 170,
178—180, 186, 218, 220

生性　24，26，40—44，48，50，54，55，
　　　58，59，61，65，72，93，117，156，
　　　159，160—162，209

实质自由　89，93—97

市场制度　80，145，147

适群　9，146，161，223

手段正当　206，207

司法独立　158

司法制度　148

思　2，4，6—11，14，16，23，25，26，
　　31—33，41，43，46，54，62，65—68，
　　73，74，76，80，81，84，89—92，96，
　　98，105，106，108，109，112，113，
　　116，117，119—121，124，126，133，
　　152，153，163—168，172，179，181，
　　183—185，191—193，199，200，203，
　　204，218，219，224，225

思想　2，8，10，14，33，41，46，62，
　　　66—68，76，80，81，84，90，98，105，
　　　106，109，112，113，116，119，120，
　　　121，133，153，163—168，172，183—
　　　185，191，192，199，200，204，218，
　　　219，224

特权　4，7，14，18，23，45，75，100，
　　　101—103，106，110，113，115，147，151，
　　　157，174，175

天赋　11，41，42，46，52，61，63，75，
　　　76，78，81，84，85，87，89—91，98，
　　　104，107，116—119，123，130—132，
　　　135，141，144，146，149，150，151，
　　　160，161，163，166，167，169—171，
　　　177—180，184—187，192，196，218

团结　14—17，19—22

违宪审查　148，158

违宪诉讼　158

为我　91，154，180，197，217

位态　68—71，98，110，122

文化人类学　4—6，9，11—13，22—24，
　　　　　　41，44，54—56，61，63，65，72—75，
　　　　　　84—86，108，137，140，142，149，
　　　　　　150，156，160，168，172，177—179，
　　　　　　181，191，195，196，218

无限政府　110，111

无支配原则　126，127

物权　150，151，158，177，178

物种进化　5，66，69，71—74，83，137，
　　　　　138

希望的种子　220，221

先在　10，21—23，27，28，32，54，60，
　　　78，83，132，135，141，142，152，179，
　　　180，218

限度　6—10，27，39，49，50，52，55，
　　　62，71，75，79，80，82—85，87，
　　　89—95，97，102，104，109，110，
　　　112，113，115，140，141，143，146，
　　　148，150，151，154，155—157，161，
　　　162，179，181，182，186，187，194，
　　　202，206，213，215，223

相对自由　83，135

小政府　10，32，50—52，95，157

小政府大社会

信仰　2，7，16，32，33，39，44—46，48，
　　　49，53，61，62，64，66，67，77，79，82，
　　　146，171，183，194，218，220，221

信仰的源泉　220，221

形式的权利

形式平等　173

形式自由　89，93，94，95

型式　12，13，17—20，24，70，71，101

需要　8—10，12，21，24，25，27，29—31，33，34，38，40，42，43，46—48，51，52，55，58，61，62，66，71，72，83，87，88，94—96，99，101—103，105—107，109，112，120—122，124，128，130，131，133，134，136，138，139，143，148，151，154，158，160，163，164，166，168，169，172，174，176，180—182，185，188，189，191，194，198，202，208，211，218，220，221，222，224

选择意志　16，17

血缘　14，16—22，26，59，75，81，82，84—87，111，130，138，166，190

言论制度　148

言论自由　105，106，148，185

意识地生活　6，7，9，11，14，43，65，74，92，108，179，181，191

意识地思维　6，7，9，11，14，43，65，73，74，92，108，179，181

意志　1，2，7，8，10，12，16，17，21，23，53，67，68，73，88—91，93—102，108—110，116，118，131，134，141，179，198，205，206

应当　109，177，180，206，207，214，216

优先原则　127，128

有限政府法　156，157

原创　13，24，39，54，55，57，59，65，70—72，74，83，84，86，89，90，140，156，169，170，178，179，181，225

原则平等　169，197

造物主　4，5，13，22，24，26，39，41，44，49，54，55，57，59，61，62，65，69—74，83—87，89—91，93，130，136，140，148—150，156，159，163，167，169，170，178，179，191，192，218，220，221，225

造诣　10，75，135，140—144，169，170，180，191，218

责任　15，18—20，31，36，39，46，47，50，52，64，97，113，117，124，133，162，166，173，174，176，177，203，208，210—217

真理　8，38，61，62，164，171，187，224

真相　38，61，62，224

整合　20，40，135，209，220

正当　8，76，109，133，134，165，166，206，207，214—216

正义　155，156，162，165，192，194，195，198，199，202—207，214，216，222

政治平等　152—155，159，163，166，167，172

政治正义　194，199，202，203

政治制度　31，147

直接民主　18，75

职责　101，148，157，214

制度　8，10，14—18，22，23，31，36，37，55，58，75—77，79，80，82，93—97，99，104，107，110，111，127，134，

135，142—151，156，158，161，162，172，174，184，196，198，199，200，203—205，207，211—213，215，217，221，223

制度性分配 150，151

中道 190，197，202

主体 14，25—31，35—38，42—51，63，64，98，102，105，113，114，125—127，131，132，145，149，152，154，157，178，179，193，196，218，219，224，225

自律 148，222—225

自然法 62，100，105，116，155，156，177—179，182，200，207，217

自然法则 62，100，105，116，155，156，177—179，182，200，207，217

自然环境生态 210，211

自然力 211，212

自然权利 212，217

自然人类学 4—6，9，11—13，22—24，39，41，44，54—56，61，63，65，72—75，84—86，108，137，140，142，149，150，156，160，168，172，177—179，181，191，218

自然物 14，92，179

自然意志 16，17

自然责任 217

自我 7，8，16，42，43，47，48，52，53，57，58，87，88，91，99，103，109，110，113，117，121，133，138，161，164，166，173，177，179，186，197，202，207，219，224，225

自我防卫 8，109，110，113，121

自由 1—12，17，18，20，21，27，30，31，34，44，46，48—53，58—61，63—135，140—143，148，150，151，153，157，159—161，163，167—170，172，173，175—187，189，192—198，203，205，211，218，219，221—223，225

自由存在 2，10，74，81，82，84—86，117，129，155，180，223

自由的律法 71，90

自由的平等 129，131，155，168，178，181，194，196，197，218

自由的权界 10，106，107，115，121，122

自由意愿 31

自由意志 10，12，21，68，89—91，98，102，108，110，141

自由优先 194

自由之道 189，194

族群 17，26，30，31，34，36，39，46，65，66，68，69，82，83，86，96

族群化 26，30，31，34，36，66

尊严 92，96，106，113，133，164，169，171，175，182，189，191，193，195，197，198，225

尊严平等 169，197

尊重 31，62，64，113，161，164，166，171，179，185，187，189，191，193，195，197，198，223，225

尊重人人 191，193，195，197，198，225

后　记

　　哲学，在狭窄意义上是形而上学，展开对存在的本体之问和方法之问。但由于要改变作为"无用之学"的观感而生成"有用"功能，这需要面向人的生活，于是就开启通向生活之路的形下论，即所谓的实践哲学，这就是形而上学打开人的世界的生活之门的学问。将哲学的形上论与形下论贯通起来的，是知识论，它既使形而上学获得形式呈现，形成人间的元知识，承载思想和真理，并使之传播思想和真理成为可能，又为哲学向人的生活世界的开启，提供尺度方式和价值蓝本。

　　"实践哲学"是一个现代人生产出来的概念，它实是对形而上学成果的运用方式，这种方式其实与哲学同步发生于轴心时代哲学从天启转向人为之途。在古希腊，可以说智者运动开其实践哲学的端绪，苏格拉底打开它第一扇门，这就是道德哲学，或曰伦理学，同时也带出了教育的哲学问题；柏拉图为之打开第二扇门，即政治哲学，也就是他的"理想国"；亚里士多德在系统整理苏格拉底和柏拉图的如上遗产基础上，新开了哲学实践论的另外两扇门，这就是美学（即诗学）和技艺之学，即后来的技术哲学。在轴心时代的东方思想世界里，有一座高峰就是孔子的生存哲学，他既先于苏格拉底、柏拉图、亚里士多德，又率先将政治哲学、道德哲学、美学（"诗"和"乐"）和教育哲学四者整合成人与人、人与家、人与邦怎样"生活在一起"的整体生存的学问，并以知识论来统摄之。

　　客观而言，哲学走向生活的探讨，实际上是一个体系，这在很大程度上不是缘于形而上学，而是因为形而上学所要面对的人的生活本身，人的生活本身就是一个不断生成的关联世界，这个不断生成的关联化的生活世界，使哲学走向生活之思，也自然敞开不同的各道生活之门，其中最重要的却是道德哲学和政治哲学，前者是奠基的，它面对人的伦理生活；后者是根本的，它面对人的政治生活。就二者的关联存在言，伦理是政治的本体，政治是伦理的实用。由于伦理构成政治的本体，所以道德哲学成为实践哲学的奠基之学；因为政治是伦理的实用，所以，政治哲学成为道德哲学的实现之学。比较而言，政治哲学成为哲学走向生活世界的核心问题和焦点对象。

哲学走向生活的永恒主题，是人。因而，政治哲学必须且必然是人学，是人的**社会学**（道德哲学是人的**个人学**），这是政治哲学的基本性质和存在位态。以人的社会存在及其敞开为主题的政治哲学，所必须关注的第一个问题，也即是政治哲学的逻辑起点问题，即是人的自由。具体地讲，人为何需要自由？人的自由何以可能？人怎样才可实现自由和保障自由？这三个问题互为缠绕而展开为本卷的宏观思路，对它的展开就生成本卷的基本内容。

《生存论研究》的思考能够陆续问世，实有赖于中国社会科学出版社高瞻远瞩的扶持，仅致挚诚感谢！责任编辑刘亚楠女士的严正把关和悉心学术指导，才使本著避免许多错误而得以顺利出版，诚致感恩之情。

二零二五年一月十六日书于狮山之巅